KB221070

칸트 철학에의 초대

칸트 철학에의 초대

한자경 지음

서광사

칸트 철학에의 초대

한자경 지음

펴낸이―이숙
펴낸곳―도서출판 서광사
출판등록일―1977. 6. 30.
출판등록번호―제 406-2006-000010호

(10881) 경기도 파주시 회동길 77-12 (문발동)
대표전화 · (031)955-4331 / 팩시밀리 · (031)955-4336
E-mail · phil6161@chol.com
http://www.seokwangsa.co.kr / http://www.seokwangsa.kr

제1판 제1쇄 펴낸날 · 2006년 6월 30일
제1판 제9쇄 펴낸날 · 2023년 2월 10일

ISBN 978-89-306-1038-4 93160

지은이의 말

아무리 온 마음을 다해 쓴 연애편지라고 해도 다시 읽어보면 또 뭔가가 빠진 것 같고 흡족지 못한 것처럼, 그래서 끊임없이 또 다른 구절을 떠올리고 고치고 또 생각하고 고치고 하게 되는 것처럼, 이 책도 다 써놓고 다시 읽어보니 서론부터 뭔가 빠진 듯한 느낌이다. 도대체 무엇일까? 한 인간도, 그에 대한 사랑도 말로 다 표현될 수 없는 것처럼, 한 인간의 정신, 철학의 정신도 말 너머에서 빛나는 광채처럼 잡히지 않는 것이기 때문일까? 차라리 말이 없었으면 그 투명한 빛이 느껴질 수 있을 것을, 쏟아놓은 말이 베일처럼 드리워져 오히려 빛을 가리는 것일까? 결국은 개념적 규정도 떠나고 의식적 분별도 넘어서야 철학정신의 핵심에 제대로 나아간 것일까?

그런데도 나는 또 다시 이렇게 칸트와 그의 철학을 생각하며, 사족처럼 지은이의 말을 덧붙여 본다. 말이 길어지는 것은 무엇 때문일까? 핵심에 이르지 못하고 주변만 맴돌기 때문일까? 광채에 휩싸여 춤추고 싶은데, 이미 안개처럼 퍼져있는 개념에 숨 막혀하면서, 마치 고요에 머물고자 하는 자가 주위의 수근대는 소리를 견딜 수 없어 '조용히 하라!'고 소리치는 것처럼, 그렇게 자신의 원(願)을 배반하는 어리석은 몸짓인지도 모른다. 그런데 칸트의 철학 속에서도 그와 비슷한 고뇌를 발견한다면 그건 지나친 억측일까?

칸트가 세 권의 비판서에서 시도했던 것, 그것은 의식에서 의식의 내용을 치워보는 것이다. 마음을 비우는 것이다. 인식적 판단, 도덕적 판단, 미적 판단, 그 모든 의식활동에서 그 의식을 채우는 경험적 내용들을 모두 치워놓는 것이다. 그런데 그렇게 의식 내용을 모두 제거하면, 그렇게 마음을 비우면, 무엇이 남겨지는가? 구체적 내용으로 남는 것은 아무 것도 없다. 그래서 경험주의자들은 '영혼은 백지'라고 말했다. 그 백지에 구체적 내용을 남기는 것, 마음을 내용으로 채우는 것은 경험이다. 그리고 각자 무엇을 경험하는가는 각자가 처한 시대마다 지역마다 문화마다 다르다. 그러므로 영혼의 내용은 다 다를 수밖에 없으며, 따라서 인식이나 도덕 또는 미적 판단의 내용에서 보편성을 얻는다는 것은 불가능하다. 그러므로 경험주의의 결론은 회의주의이다.

그런데 칸트는 그렇게 텅 빈 마음에서, 아무 내용도 없이 텅 빈 마음에서, 거기서 무엇인가를 본다. 그리고 그 무엇을 내용이 아니라는 의미에서 형식이라고 부른다. 인식의 형식, 의지규정의 형식, 미감의 형식. 그것은 마음을 채우는 의식의 내용을 모두 비웠을 때 비로소 발견되는 마음 자체의 광채이다. 칸트는 그 마음의 광채가 하나의 빛이라는 것, 그 마음의 형식이 하나의 보편적 형식이라는 것을 주장한다. 그것은 오히려 경건한 기도가 아닐까?

경험의 내용으로부터는 상대주의와 회의주의에 이를 수밖에 없다는 것, 마음을 채우는 내용으로부터는 어떠한 보편적 진리인식도 보편적 도덕도 보편적 미학도 불가능하다는 것, 그게 인간 의식의 한계로 자각되지 않는다면, 그리고 그 한계가 절망이나 고통으로 느껴지지 않는다면, 형식에서 보편성을 구하는 칸트 철학의 절박함이 가슴에 와 닿지 않을 것이다. 철학의 광채가 비움의 정신 안에서 왜 하나됨의 광채로 드러나는지, 그 이유를 납득하기 힘들 것이다.

　이 점에서 나는 칸트의 철학을 '비움의 철학'으로 떠올리며, 칸트 철학의 깊이는 바로 이 비움에서 오는 것이 아닐까 생각한다. 우리가 칸트 철학에서 느끼는 매력도 바로 이 비움 때문일 것이다. 동양에 서양철학이 처음 소개된 뒤로 지금까지 한국이나 중국에서 가장 많이 주목받고 가장 많이 연구되는 서양철학자가 칸트라는 것도 우연이 아니라고 생각된다. 나는 동양의 정신은 근본적으로 '비움의 정신'이고 서양의 정신은 '채움의 정신'이라고 생각한다. 그런 서양철학전통 안에서 채움에서 비움으로의 방향전환이 칸트에서 일어났으며, 그것이 바로 칸트의 코페르니쿠스적 전회의 의미라고 생각한다. 그 비어있음을 철저히 자각한 후, 그 빈 것을 다시 절대지에 이르도록 내용으로 채우고자 한 것이 칸트 이후의 독일관념론의 시도일 것이다. 부정과 해체를 주장하는 포스트구조주의의 논리가 우리에게 매력적인 것도 그 안에 담겨있는 비움의 정신 때문일 것이다. 그 비움이 공(空)에 이르도록 철저해지면, 그 공의 자리에서, 모든 현상적 차이와 분별이 사라진 그 빈 자리에서, 그 하나됨의 광채와 거기 휩싸인 형이상학적 정신을 호흡할 수 있지 않겠는가?

　비움에서 오는 매력이 수년 아니 수십 년이 지나도록 칸트 철학을 마음에서 떠나가지 못하게 하는 것 같다. 칸트를 주제로 한 책을 내는 것은 이 번이 두 번째이다. 1992년에 칸트의 이론이성과 실천이성을 하나의 체계로 연결지어 설명한 《칸트와 초월철학》을 서광사에서 출판하였는데, 그것은 1988년 독일에서의 박사학위논문의 완역이기도 하였다. 그리고 나서 얼마 후부터 그 책을 볼 때마다 그 책에서 다룬 인식과 윤리와 종교 문제뿐 아니라 미학이나 정치, 역사철학 등에 관한 것을 더 보충해서 칸트 철학 전체의 내용을 담은 증보판을 내야겠다는 생각을 해왔다. 그러면서 다시 너무 긴 시간을 그냥 흘려보내다가, 몇 년 전에야 비로소 좀더 구체적으로 새 책을 구상해보았다.

막상 전체적으로 책의 윤곽을 그려보니까, 전체 여덟 장 중에서 처음 책에 들어있던 부분은 전반 네 장에만 국한되기에 증보판이라고 하기에는 너무 바뀌었다는 생각이 들었다. 그렇다면 전반 네 장도 앞의 책의 반복이 되지 않도록 다른 방식으로 서술하는 것이 필요하다고 판단했다. 그래서 이번 책에서 새로 시도해본 것은 처음부터 그냥 칸트 관점에서 칸트 철학을 설명하고 풀이하는 것이 아니라, 철학 일반의 관점에서 내 나름대로 문제제기를 하고 그 문제의 지평 위에서 칸트 사유의 길을 밝혀보고자 한 것이다. 그것이 철학적 물음에 관한 나 자신의 생각을 정리하는 기회도 될 수 있을 것 같고, 읽는 사람도 단지 칸트 철학체계를 공부하는 차원을 넘어서서 철학적 문제를 스스로 생각해보는 데에 도움이 될 수 있을 것 같기 때문이다. 전반 네 장의 주제에 대한 칸트 철학에서의 좀더 상세한 설명을 원하는 사람은 《칸트와 초월철학》을 참조할 수 있을 것이다.

칸트 저서의 인용은 다음과 같은 식으로 하였다. 《순수이성비판》은 흔히 하는 방식대로 1781년 제1판과 1787년 제2판을 표시하는 A와 B의 기호를 따라 인용하였고, 《실천이성비판》과 《판단력비판》은 해당 장과 절을 표시하되 괄호 속에 Felix Meiner 판의 쪽수를 제시하였다. 그 이외의 칸트 저작도 제목과 장이나 절을 표시한 후 베를린 Deutsche Akademie 판 전집을 따라 그 권수와 쪽수를 괄호 속에 기록하였다. 칸트의 주저들은 거의 다 국역되어 있으며 그것을 참조하였음에도 불구하고 원문의 쪽수만 밝힌 것은 번역을 그대로 따르지 않고 내 식으로 번역했기 때문이기도 하고 또 원문을 확인하고 싶은 독자를 위해서이기도 하다.

　빨리 스쳐지나가는 시간 속에서 비움을 생각하는 것은 그래야 그 시간을 타고 가볍게 춤출 수 있기 때문일까? 그래서 어디로 나아가고자 하는 걸까? 바람을 타고 날리는 낙엽을 바라본다. 우리가 아직도 칸트를 생각하고 철학을 사랑하듯, 저 나뭇잎도 바람을 사랑할까?

2005년 가을
한자경

목차

서론: 인간이란 무엇인가?

1. 초월철학의 정신

아주 오래 전부터 내가 물어온 물음은 단 하나, '나는 누구인가?'이다. 그래서 나는 나를 알게 되었는가? 내게 속하는 속성들을 나 자신으로부터 구분할 수는 있을 정도로만 알게 되었다. 적어도 내가 나를 찾고자 하고 알고자 한다면, 내가 있을 그 자리에서 찾아야지 애당초 찾을 수 없는 곳에 가서 찾는다는 것은 무의미하다는 것은 알게 되었다.

이것은 인간 자체를 그 인간에 속하는 여러 성질들, 외모나 집안이나 학벌이나 성격 등으로부터 구분하는 것을 의미한다. 이것은 눈앞의 개별적 책상을 그 책상이 가지는 모양, 크기, 냄새, 맛, 감촉 등의 성질로부터 구분하는 것과 마찬가지이다. 좀더 정확히는 의식에 주어지는 의식내용, 마음내용과 그런 내용들을 떠올리는 의식

자체, 마음 자체를 구분하는 것을 의미한다. 나는 나에게 속하는 마음내용들이 아니라, 마음 자체이다. 그러므로 나 자신을 알고자 하고 나 자신을 마주하고자 한다면, 의식내용이 아니라, 그 내용을 갖는 의식 자체를, 마음내용이 아니라 마음 자체를 마주해야 하는 것이다. 나는 영혼의 상(像), 즉 세계와 나에 대해 영혼이 그리는 상이 아니라, 영혼 자체, 영혼의 핵에서 찾아져야 한다.

그러나 나는 철학을 하는 사람으로서 이런 주장을 한다는 것이 얼마나 무모하게 보일 수 있는지를 안다. 오늘날의 철학은 사물 자체와 사물의 속성, 자아 자체와 자아의 속성, 마음 자체와 마음내용을 구분하지 않는다. 그런 구분을 해온 서구 실체론이나 형이상학을 비판하기 위해서만, 즉 그런 구분이 무의미하다는 것을 보이기 위해서만 가끔 구분할 뿐이다. 플라톤적 이원론, 진속(眞俗) 이원론은 비판되고 반박되고 조롱당할 뿐이다. 결국 세속 너머의 초월, 현상 너머의 주체는 철저히 부정되고 해체된다. 마음내용 너머 마음 자체, 영혼의 잡다한 상 너머 단일한 영혼의 핵은 한갓 거짓과 허구로, 현상억압을 위한 권력의지로만 해석된다. 모든 것은 영혼의 상으로, 이미지로, 기호로 바뀌고, 상 너머 성, 이미지 너머 실재, 기표 너머 기의를 구하는 것은 구시대의 유물, 제국주의적 잔재로 간주된다. '주체는 죽었다'는 포스트모더니즘의 구호가 이 시대의 진리가 된 것이다.

그러나 나는 그 안에서 철학의 비애 그리고 자아의 역설을 본다. 영혼의 핵이 비어있다는 것, 자아가 없다는 것, 그것을 단지 논리적으로 추론하여 아는 것은 진정으로 아는 것이 아니다. 영혼의 상 너머 그 핵이 비어있다는 것을 진정으로 알려면, 스스로 그 영혼이 상 너머로 나아가서 그 순간 자신이 비어있다는 것, 자신이 존재하지 않는다는 것을 확인하여야 한다. 그러나 진정 존재하지 않는다면, 자신이 존재하지 않음을 어떻게 확인할 수 있단 말인가? 영혼의 상 너머로 나아가는 것은 영혼의 잠, 죽음으로 나아가는 것이다. 그래서 소크라테스는 철학을 죽음의 연습이라고 했으며, 그 철학의 고통은 양초날개를 달고 태양을 향해 날아가는 이카루스의 마지막 소멸의 순간으로 집약되는 것이다.

그런데 현대철학에는 그 역설과 고통이 없다. 일체는 마음내용이고 이미지이고 기호일 뿐, 이미지와 상들과 개념 너머로 나아가 얻게 될 자기부정, 영혼의 공성(空性)의 자기 확인, 핵이 무화(無化)되는 순간의 아픔이 없다. 영혼의 핵, 자아가 존재하지 않음이 상식처럼 받아들여지고 나면, 영혼은 애써 자신을 상으로부터 구분할 필요가 없고, 스스로의 무화를 위해 태양으로 날아오를 필요도 없다. 영혼은 또 하나의 기호로서, 영혼을 채우는 수많은 다른 기호들과 더불어 그냥 그렇게 기호의 세계를 떠다닐 뿐이다.

그런데 이 현대의 한가운데에서 내가 나 자신을 마음내용이 아닌 마음 자체로서, 영혼의 상이 아닌 영혼의 핵으로서 그려보는 이유는 무엇일까? 의식내용이 아닌 의식 자체를 어떻게 직면할 수 있단 말인가?

나 자신과 직면하려는 시도, 의식내용과 구분해서 의식 자체를 붙잡아보려는 시도는 어쩌면 철학이라기보다는 명상이나 수행에 속할지도 모른다. 아니 진정한 철학은 수행적 철학일 것이다. 불교의 선(禪)수행, 지눌의 무심법(無心法)이 그렇고, 유가의 존심양성(存心養性), 퇴계의 정좌법이 그렇고, 신비주의자 에카르트의 무심법이 그렇다. 불교 선수행에서는 감각을 없애고 사량분별을 없애라고 한다. 감각내용이나 사유내용들을 넘어서라는 말이다. 상을 없애라는 것이다. 상을 없애고 마음내용을 없애 마음을 비움으로써 마음 자체의 공성을 자각하라는 것이다.

그렇게 해서 마음이 마음내용들 너머 그 자신을 공(空)으로 자각 하면, 그 때부터 마음과 세계의 존재론적 위상은 뒤바뀌게 된다. 일 상의 의식에서는 마음이 세계에 의해 규정되는 세계 속의 마음(경 험적 자아)이고, 세계는 마음을 규정하는 마음 바깥의 실재(경험적 실재)라면, 마음의 공성의 자각을 거치면 오히려 마음이 세계를 그 리는 세계 포괄의 지평(초월적 자아)이고 세계는 그 마음에 의해 그 려진 마음의 산물(초월적 현상)일 뿐이다. 그렇게 해서 우리는 경험 적 시점을 넘어선 초월적 시점, 절대의 눈을 가지게 된다.

내가 칸트의 초월철학에서 느끼는 매력은 그것이 사변적 철학이 면서도 동시에 종교적 수행을 통해 얻을 법한 그런 통찰을 제시해 주기 때문이다. 우리가 경험하는 세계가 우리 자신의 마음이 그린 상이라는 것, 현상이라는 것, 여기에서 나는 유식의 '유식무경(唯識 無境)', 화엄의 '일체유심조(一切唯心造)'를 떠올린다. 우리가 인식하 고 경험하는 대상세계는 우리 자신의 인식형식인 시공간과 범주형 식에 따라 구성된 현상이다. 우리가 인식하는 세계가 우리의 심성 을 떠난 객관적 물자체가 아니라 우리 자신의 심성의 활동에 따라 시간화하고 공간화하여 드러난 현상이라는 것, 이 시공간의 세계가 객관 실체가 아니라 우리 심성에 비쳐진 영상, 홀로그램과 같은 존 재라는 것, 이것이 바로 칸트의 '초월적 관념론'이 밝히고 있는 것 이다. 초월적 관념론은 곧 경험적 실재론이다. 홀로그램우주는 밖 에서 보면 없는 것이지만, 그 안에서 보면 있는 것이다. 우리가 경 험하는 모든 대상, 시공간 안에서 직관 가능한 모든 것은 경험적 관 점에서 보면 실재하는 것, 경험적 실재성을 가지는 것이다. 그러나 마음의 공성에 입각한 초월적 관점에서 보면 그것은 어디까지나 마음이 그린 현상일 뿐이다.

이처럼 우리가 경험하는 대상세계가 현상이라는 것, 초월적 관점에서 보면 우리의 관념에 지나지 않는다는 것을 주장하는 칸트의 초월적 관념론은 단지 세계의 존재론적 위상에 대해서만 언급하고 있는 것이 아니라, 그보다 더 절실하게 세계를 보는 인간 자신의 존재론적 위상을 논하고 있다. 즉 인간은 그 자신에 의해 구성된 현상세계를 넘어서는 초월적 존재라는 것이다. 인간은 홀로그램의 이 현상세계 속에 갇힌 존재가 아니라, 그것을 초월한 존재라는 것이다.

이것을 깨닫는 것이 곧 본성의 자각인 견성(見性)이며 자유와 영성의 깨달음이 아니겠는가? 이것이 곧 존재의 이치에 대한 활연관통이며 해탈이 아니겠는가? 나는 세계와 자아에 대한 이런 방식의 이해가 칸트가 말하고자 한 초월적 관념론의 핵심과 근본적으로 다르지 않다고 생각한다. 아니 칸트뿐 아니라 내성적 자아성찰의 방식으로 도달된 형이상학은 모두 이 점에서 상통하리라고 생각한다. 어느 형이상학이든 궁극적 지향점은 결국 초월이다. 형이하의 현상세계를 바라보는 초월적 눈을 얻기 위한 사유의 고투 끝에 그 눈은 세계의 경계에서 또는 세계 너머에서 빛난다. 나는 태양에 다가간 이카루스의 마지막 초가 다 녹아내리는 순간 이카루스가 그 이름(개체성)을 버리고 빛으로 다시 깨어나리라는 그런 믿음을 가지고 있다. 그런데 형이상학자들은 왜 그런 초월을 꿈꾸는 것일까? 세계를 보기 위한 눈이 왜 시선을 돌려 눈 자신을, 자기 자신을 보고 싶어하고 확인하고 싶어하는 것일까?

눈은 일상적으로 세계를 보고, 자기의식은 일상적으로 대상의식이 되지만, 그 눈은 세계로 다 채워지지 않고, 자기의식은 대상의식으로 만족되지 않기 때문이다. 그래서 헤겔은 '자기의식은 다른 자기의식을 통해서만 자기만족에 이른다'고 했다. 결국 눈이 보고 싶어하는 것, 눈이 마주하고 싶어하는 것은 보여진 현상세계가 아니라 현상세계를 보는 눈인 것이다. 눈이 보고자 하는 눈은 누구의 눈인가? 현상세계의 나와 너의 경계를 벗어 도달한 눈, 그 눈은 나의 눈이면서 또 너의 눈이기도 한 눈, 우리의 눈이다. 그래서 불교는 '석가 성불 시 산천초목 동시성불'이라고 하고, 유교는 '성기성물(成己成物)'을 말하며, 신비주의자는 '내가 당신(신)을 바라보는 시선이 곧 당신이 나를 바라보는 시선'이라고 말한다. 결국 초월을 꿈꾸는 것은 초월적 만남을 꿈꾸는 것이고, 자기 자신을 영혼의 핵으로 확인하고 싶은 것은 타인의 영혼을 향한 그리움, 영원한 하나됨에 대한 동경의 표현이다. 우리는 서로의 영혼을 상(像)으로 인한 막힘 없이 마주보고 싶어하는 것이다. 나와 네가 죽어 다시 하나의 빛으로 태어날 때, 그 빛의 융합이 얼마나 깊은 환희이겠는가를 느끼게 하는 그런 인간적인 만남, 오직 그 만남에 대한 기대만이 우리를 이 세상 삶의 절망으로부터 건져내는 것이 아니겠는가?

칸트가 《순수이성비판》을 통해 현상세계를 넘어선 초월적 자아의 초월성을 확보한 것은 그 초월성 안에서만 윤리와 종교, 아름다움과 생명의 비밀, 사회와 역사의 궁극적 의미가 밝혀질 수 있다고 보았기 때문이다. 따라서 여기에서는 《실천이성비판》과 《판단력비판》 그리고 그 외의 정치철학이나 역사철학적 저술의 내용들도 모두 이러한 초월적 관념론의 체계와 정신에 따라 설명해보고자 하였다.

2. 칸트의 초월적 관념론의 체계

칸트의 전체 초월철학 체계가 일관성 있는 하나의 체계가 될 수 있는 것은 인간의 의미 있는 삶의 방식이 모두 그러한 내면적 초월의 행위에 기반한 것이기 때문이다. 초월적 주체로서의 자기 자신, 세계를 보는 눈으로서의 마음 자체를 자각함으로써만, 인간은 다른 인간과의 진정한 인격적 교류나 신과의 접촉, 자연과의 교감이나 생명의 소통 등이 가능해진다. 이하에서는 칸트 철학 전체를 서술하는 이 책의 각 장에서 다룰 주된 물음을 간략히 정리해본다.

《순수이성비판》분석론 부분에서는 인식론적 고찰을 통해 초월적 관념론의 존재론이 정초된다. 우리가 사는 이 세계는 경험적으로는 실재성을 가지지만 초월적 관점에서 보면 관념성만을 가질 뿐이며, 따라서 '현상'이라고 불린다. 현상을 인식하는 우리의 주관적 형식인 인식조건은 바로 그런 현상존재 자체를 가능하게 하는 존재조건인 것이다(1장). 그러나 현상이 초월적 관념성을 가질 뿐이라는 것은 현상을 보는 주체의 관점이 초월적 관점에 설 수 있기 때문에 비로소 가능한 것이다. 그리고 그것은 현상을 형성하는 주체가 인간 자신이기 때문에 가능한 것이다. 세계가 현상이라면, 초월적 주체는 현상을 보는 눈이 된다. 경험적 세계에 매이지 않은 채, 세계의 경계에서 세계를 보는 주체는 비트겐슈타인의 '세계를 보는 눈'이며, '형이상학적 자아'이다. 이는 세계 속에서 세계를 구성하는 자연인과성에 의해 규정된 자아, 즉 경험적 자아가 아니라, 현상 너머의 자아, 인과필연성을 벗어난 자아, 즉 자유로운 초월적 자아이다. 세계가 영혼의 상이라면, 세계를 보는 인간 자체는 영혼의 핵이다. 그 영혼의 핵이 바로 초월적 자아이며, 초월적 자유이다(2장).

이 자유로운 초월적 주체는 다른 초월적 주체와 어떤 관계에 있는가? 초월적 주체의 어떤 행위가 도덕적 행위일 수 있는가? 도덕이 성립하는 기준은 무엇이며, 우리가 따라야 할 도덕법칙은 어떻게 얻어질 수 있는가?(3장). 도덕성은 인간의 자유에 기반한 자율적 의지로부터 나온다. 하늘의 별처럼 인간 심성에 깃든 자유의 의식, 순수한 도덕의식, 보편적 도덕법칙, 양심이 곧 도덕의 자리이다. 그러나 우리의 도덕적 심성이 궁극적으로 지향하는 것은 도덕적으로 완성되는 그 덕에 상응하는 행복이다. 덕과 복이 일치하는 그런 삶을 희망하는 것이다. 그러나 덕복일치는 과연 가능한가? 인간의 도덕성의 완성 그리고 덕복일치를 가능하게 하는 조건은 무엇인가? 덕복일치의 최고선을 지향하는 도덕적 의지는 과연 무엇을 요청하고 있는 것인가?(4장).

현상세계는 구체적 사물의 세계이고, 초월세계는 자유의 세계, 인격적 주체의 세계이다. 이 초월적 세계와 가시적 현상세계가 이원화되지 않고 합치하는 길은 없는가? 자연과 자아, 개체와 보편, 형식과 실질, 주관과 객관이 일치하는 조화의 상태, 그 조화의 느낌이 바로 쾌이다. 쾌의 느낌에 근거한 미적 판단의 보편성은 어떻게 확보될 수 있는가?(5장). 인간 정신이 가시적 현상성을 넘어서듯, 자연 자체 또한 가시적이고 인과적인 기계적 필연성을 넘어서는 초현상적 측면이 있다. 자연에 깃든 무한한 생명력과 자연 자체의 목적성을 어떻게 이해할 것인가? 인과필연성의 기계론적 자연관을 넘어서서 자연을 바라볼 때, 자연은 어떤 존재인가?(6장).

도덕과 법, 내면과 외면은 서로 어떤 관계에 있는가? 내면의 도덕적 완성을 꾀하는 내성(內聖)과 외적으로 세계완성에 이바지하는 외왕(外王)은 서로 어떤 관계에 있는가?(7장). 그렇게 내적으로 도덕성을 완성하고 외적으로 문화를 형성해가는 이 인류 역사는 어디에서 출발해서 어디로 나아가는 것인가? 인류 역사의 지향점, 우리가 나아가야 할 방향은 과연 어디인가?(8장).

1장 인식과 존재

아는 나와 알려진 세계는 어떤 관계인가?

1. 문제제기

1) 내(인식주관)가 어떻게 세계(인식객관)를 인식할 수 있는가?

창밖을 바라보며 나는 나뭇잎이 초록색에서 이미 갈색으로 바뀌었다는 것, 이제 늦가을로 접어들었다는 것을 알며, 그 나뭇잎의 흔들림을 보고 밖에 바람이 분다는 것을 안다. 어제 만났던 그 친구의 이름을 알고, 지금 마주보고 있는 이 친구의 생각과 느낌 등 그 마음을 안다.

그런데 나는 이것들을 어떻게 아는 것일까? 나뭇잎 색은 눈을 뜨고 밖을 보니까 알 수 있는 것일까? 그렇다면 보이지 않는 친구의 생각은 어떻게 알 수 있는가? 물리적인 자연세계야 눈에 보이고 손에 만져지니까 그것을 보고 듣고 만져봐서 알 수 있지만, 타인의 마

26

음은 보이지도 들리지도 않으니, 알 수 없는 것 아닌가? 그래서 우리는 흔히 '천 길 바닷속은 알아도 한 길 사람 마음은 알지 못한다'고 말하지 않는가?

그러나 정말 남의 마음을 모르는가? 환하게 미소짓는 얼굴을 바라볼 때 그 사람의 마음이 기뻐하고 있다는 것, 비탄에 젖은 눈을 마주볼 때 그가 맘속으로 슬퍼하고 있다는 것, 그런 것들을 우리는 알지 않는가? 비록 그 마음이 보이지도 들리지도 만져지지도 않아도 말이다.[1]

그렇다면 어떻게 다른 사람의 마음을 알 수 있는 것일까? 내가 내 마음상태를 직접 알고 그 때의 나의 신체적 표현을 알기에, 다른 사람의 신체적 표현으로부터 그 사람의 마음을 유비적으로 추론하여 아는 것일까?

나의 신체적 표현 : 나의 마음 = 타인의 신체적 표현 : x

마치 $1 : 10 = 2 : x$에서 x의 값을 20으로 알 수 있듯이, 나의 신체와 마음의 관계에 입각해서 나는 타인의 신체적 표현(말이나 표정이나 행동)에 따라 타인의 마음상태를 알 수 있는 것일까? 그러나 이런 유비적 설명은 타인의 마음을 알 수 있는 근거에 대한 충분한 설명이 되지 못한다. 왜냐하면 타인의 신체적 표현에 근거한 유비

---

1) '보거나 들을 수 있는 마음의 표현 이외에 보이지도 들리지도 않는 마음 자체란 것은 존재하지 않는다'라는 입장도 물론 있을 수 있다. 마음의 1인칭적인 자기 자각성을 부정하면서 일체를 3인칭적인 대상적 앎으로 환원하려는 관점이다. 그러나 이 입장은 형이상학의 영역에서뿐 아니라 우리의 일상적 의식에서의 '나는 나다'라는 자기의식조차도 제대로 설명하지 못하는 한계가 있다.

만으로써 타인의 마음을 알 수 있는 것이라면, 왜 나와 신체적으로 유사한 표현을 보이는 마네킹이나 로봇 또는 소나 개에게도 유비를 적용하여 그 마음을 알 수 있다고 주장하지 않는지 설명되지 않기 때문이다. 다시 말해 어떤 경우에 유비를 적용할지 아닌지에 대한 판단 자체가 이미 타인의 마음에 대한 앎을 전제하는 것이다. 즉 유비에 입각해서 비로소 다른 사람의 마음의 존재와 상태를 알 수 있는 것이 아니라, 오히려 반대로 다른 사람의 마음에 대한 앎을 전제로 한 후 비로소 유비의 적용 자체가 가능해지는 것이다. 결국 유비에 앞서 다른 사람의 마음의 존재와 상태에 대한 앎이 이미 전제되는 것이므로, 유비만으로 타인의 마음을 알 수 있다고 말할 수 없는 것이다.

이에 대해 다른 사람도 나와 마찬가지의 사람이기 때문에, 같은 마음을 갖고 있기 때문에 다른 사람의 마음을 알 수 있다고 주장한다면, 여기에는 '같은 것이 같은 것을 알아본다'는 원리가 전제되어 있다. 괴테는 고대의 신비주의자 플로티누스를 다음과 같이 인용한다.

눈이 태양과 같지 않다면,
우리가 어떻게 빛을 볼 수 있겠는가?
우리들 속에 신 자신의 힘이 살아 있지 않다면,
신성이 어떻게 우리를 매혹시키겠는가?[2]

동일한 것이 동일한 것을 알아본다는 것이다. 과부 마음은 홀아

2) 괴테, 정희창 역, 《색채론》, 민음사, 1966, 40면.

비가 안다. 뭔가의 동일성, 같은 점이 있어야만 서로 상통하여 알 수 있다. 같은 인간이기에, 같은 마음을 가진 존재이기에, 한 인간이 다른 인간의 마음을 알 수 있는 것이다.

그러나 이처럼 '동일한 것이 동일한 것을 알아본다'는 것을 인식의 원리로 간주할 경우, 앞서 당연하게 생각되던 많은 것들이 다시 문제로 등장하게 된다. 즉 창 밖 나무의 존재와 나뭇잎의 색과 모양을 내가 어떻게 알 수 있단 말인가? 그런 것들을 보며 아는 인식주체로서의 나와 그 나에 의해 보여지고 알려진다고 생각되는 인식객체로서의 대상들은 서로 판연히 다르다. 물리적 사물들은 시공간 안에 자기 위치를 가지지만 그것들을 아는 나의 마음은 시공간 안의 특정 위치로 규정될 수가 없다. 사물들은 색깔이 있고 무게가 있지만, 나의 마음은 색깔도 없고 무게도 없다. 그렇게 서로 다른 존재인데, 같은 것이 없는데, 어떻게 내가 세계를 알 수 있는 것일까? 어떻게 인식주관인 내가 나와는 다른 존재인 인식객관을 인식할 수 있는 것일까?

2) 주관적 표상과 객관적 대상, 인식과 존재는 어떤 관계인가?

인식주관이 어떻게 인식객관을 인식할 수 있고, 내가 어떻게 세계를 알 수 있는가의 물음에 대해 과학은 우리에게 한 가지 답을 제안한다. 시각에 국한시켜 보자면, 내가 나무의 존재와 나무의 색깔 등에 대해 알 수 있는 것은 눈을 뜨고 나무를 볼 때 나무로부터 반사된 빛이 나의 눈의 망막에 거꾸로 선 나무의 상을 그려내고 그 상이 시신경을 따라 대뇌피질까지 전달되면 다시 머리에 똑바로 선 나무의 상이 그려져서, 내가 그 상을 인식할 수 있으며 따라서 나는 그 상을 통해 내 바깥의 나무를 알 수 있다는 것이다.

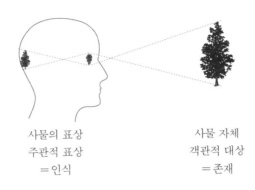

사물의 표상   사물 자체
주관적 표상   객관적 대상
=인식   =존재

  이 설명방식에 따르면 객관적 사물과 사물의 주관적 표상은 서로 구분되며, 우리의 인식은 객관적인 **사물 자체**의 인식이 아니라 주관적인 **사물의 표상**의 인식이다. 즉 우리가 직접적으로 아는 것은 객관적 사물 자체가 아니라 그 사물에 대한 **주관적 표상**일 뿐인 것이다. 나는 사물이 나의 머릿속에 그려주는 표상만을 알며, 따라서 사물이 내게 어떻게 보이는지만을 알 뿐이지, 사물 그 자체가 객관적으로 어떤 존재인지를 아는 것은 아니다. 이처럼 나의 인식은 주관적 표상에 국한된 인식이기에 거짓일 수 있으며, 그 인식이 참인지 거짓인지를 판가름할 수 있는 기준은 인식 자체가 아니라 객관적 사물에 놓여 있다. 즉 인식의 참 거짓은 내가 인식한 주관적 표상이 내 밖에 존재하는 객관적 사물과 일치하는가 아닌가에 의해 결정된다. 예를 들어 내가 창 밖을 보며 '저 나무는 푸른 잎의 소나무다'라고 인식한다면, 그것은 그 나무가 내게 그렇게 보일 뿐임을 말해줄 뿐이며, 그 인식 자체가 그 인식의 참 거짓을 결정짓지 못한다. 그 인식이 참인지 아닌지는 나의 인식과 독립적으로

존재하는 나무 자체에 의해 결정된다. 즉 창 밖 나무가 진짜 푸른 잎의 소나무이면 내 인식이 참이고, 그렇지 않으면 내 인식은 거짓이 되는 것이다. 따라서 진리는 '표상과 대상의 일치'로 간주되며, 여기서 표상은 인식 영역에, 대상은 존재 영역에 속하는 것으로 간주된다. 사물과 사물의 표상 간의 구분은 존재와 인식의 구분으로 이어진다.

그러나 이처럼 존재하는 객관적 사물과 인식된 주관적 표상을 구분하고, 인식과 존재를 서로 다른 차원의 것으로 구분할 경우, 그럼에도 불구하고 진리를 표상과 대상의 일치로 주장할 수 있는 근거는 무엇인가? 우리가 인식하는 것이 단지 주관적 표상에 제한되는 것이라면, 어떻게 사물의 표상에 상응하는 객관적 사물 자체에 이를 수 있단 말인가? 만일 사물 자체에 이를 수 없는 것이라면, 어떻게 객관적 사물 자체를 우리의 주관적 인식의 참 거짓의 기준으로 삼을 수 있단 말인가? 만일 인식과 존재가 완전히 분리되어 있어 표상 너머의 사물 존재로 나아갈 수 없는 것이라면, 우리는 결국 존재 자체, 대상세계 자체를 알 수 없다는 회의론에 빠지게 되지 않는가? 더구나 그럴 경우 우리가 인식할 수는 없지만 그럼에도 불구하고 인식의 상관항으로 설정되는 존재 자체란 과연 무엇을 의미하는가? 인식과 존재는 서로 어떤 관계에 있는 것인가?

3) 객관적 대상세계에 대한 보편타당한 인식은 어떻게 가능한가?

존재와 인식을 철저하게 분리해서 생각하면 우리의 인식은 존재 자체에 이르지 못하고 회의론에 빠져들게 되지만, 실제로 우리는 창 밖 나무에 대해, 나무 옆 건물에 대해, 그리고 밤하늘 별들의 운동이나 우리가 발 딛고 있는 지구의 자전과 공전에 대해 이미 많은 것을 알고 있다. 그렇다면 우리가 세계에 대해 아는 것들은 단지 주관적인 환상일 뿐인가? 그 인식들이 단지 우리의 주관 안에서 임의적으로 형성된 우연적이고 상대적인 인식들에 지나지 않는 것일까? 세계에 대한 절대적으로 참인 인식, 보편타당한 객관적 인식은 불가능한가?

그러나 서양 근세 이후로 수학적 법칙이나 물리학적 법칙들은 단지 주관적 상대적 진리가 아니라 객관적이고 절대적인 진리, 따라서 보편타당한 진리로 간주되어 왔다. 특히 수학적 원리는 근세에 들어 그 절대성과 보편타당성 때문에 학문 중의 학문으로, 학문의 전형으로 간주되었으며, '신도 사유한다면 수학적으로 사유할 수밖에 없다'는 주장이 가능할 정도로 절대시되었다. 수학이 학문의 전형이라는 것은 다른 학문들도 그것이 학문인 한, 수학적 원리들에 입각한 것이어야 하며, 따라서 수학적 공식들로 풀이되고 규정될 수 있어야 한다는 것을 의미한다. 근세 이후의 물리학이 그 이전의 물리학과 다른 점은 바로 그것이 수학적 공식에 따라 서술되고 있다는 점이다. 수학적 공식으로 서술된다는 것은 결국 수학적인 수량으로 양화 가능하다는 말이다. 근세 학문은 일체의 자연현상을 질적 차이가 아닌 양적 차이로 설명하게 된 것이다.

수학을 보편타당한 절대적 학문으로 여긴 것은 수학적 진리를 단지 인간의 주관적 표상 영역에 국한되는 주관적 인식으로만 간주하지 않고 자연 세계의 존재 자체에 대해 타당한 객관적 진리로 간주한다는 것을 의미한다. 이는 또한 수학적 원리가 도출되는 시간과 공간을 임의적이고 주관적인 것으로 간주하지 않고 객관적으로 존재하는 절대 시간 절대 공간으로 간주한다는 것을 의미한다. 수학의 절대화는 뉴턴 물리학의 절대 시간과 절대 공간의 개념과 함께 한다. 뉴턴의 물리학이 절대 시간과 절대 공간에 기반하고 있다는 것이 곧 물리학이 수학에 기반하고 있음을 말해준다.

이와 같이 근대에는 수학과 물리학이 이미 물리적 자연 세계에 대한 객관적이며 확실한 진리로 간주되고 있었다. 세계에 대한 객관적이며 절대적인 인식, 따라서 보편타당한 인식을 인간이 이미 갖고 있다고 간주한 것이다.

이런 상황에서 철학이 해결해야 할 문제는 과학이 주장하는 객관적인 보편타당한 인식이 인간에게 과연 가능한 것인지, 그리고 만일 그런 인식이 가능하다면, 어떤 근거에서 가능한 것인지를 밝혀야 하는 것이다. 철학적으로 분석해 볼 때 수학이나 물리학적 인식이 정말 과학자들 자신이 생각하듯 그렇게 객관성과 절대성 그리고 보편타당성을 확보하고 있는 것인가? 아니면 그런 인식조차 실질적으로는 단지 주관적이고 상대적인 인식에 그치는 것인가? 만일 과학에서 주장하듯 그런 인식이 정말 객관성과 보편타당성을 지니는 것이라면, 그런 객관적 인식은 도대체 어떻게 해서 가능한 것인가? 인간에게 인간 밖의 객관 사물세계에 대한 보편타당한 인식을 획득할 수 있는 능력이 과연 있는가? 있다면, 그것은 어떤 능력인가? 경험인가? 이성인가? 상상력인가?

단지 경험으로부터 귀납적으로 얻어내는 인식이라면, 귀납의 논리 자체가 가지는 한계로 인해 그런 인식이 절대적 확실성을 가진다는 것은 불가능하다. 그러므로 절대적 보편타당성을 가지는 인식이라면, 그것은 단순히 경험으로부터 귀납적으로 얻어진 인식이 아니라, 경험에 앞선 인식, 즉 선험적 인식이어야 한다. 그러나 그러면서도 단지 머릿속 논리만 밝히는 분석적 인식이 아니라, 객관 세

계 자체에 대한 종합적 인식이어야 한다면, 그것은 어떻게 가능한
가? 즉 선험적 종합판단은 어떻게 가능한가?

2. 칸트 이전 대답의 유형들

인식 주관이 인식 객관과 완전히 다른 것일 경우, 즉 같은 것이
나 동일한 것이 전혀 없을 경우, 어떻게 인식이 가능하겠는가? 인
식주관인 마음이 그 마음과 전혀 다른 물질 세계를, 내가 나 아닌
세계를 인식한다는 것이 도대체 어떻게 가능하겠는가? 인식이 가
능하다는 것은 인식 주관과 인식 객관 사이에 모종의 동일성이 존
재함을 말해주는 것이 아닌가? 이렇게 해서 '같은 것이 같은 것을
알아본다'는 원리를 전제하면, 인식주관이 인식객관을, 내가 나 아
닌 세계를 인식할 수 있는 인식의 가능근거는 그 둘 사이에 존재하
는 모종의 동일성이 된다. 인식주관과 인식객관이 표면적으로는 서
로 상이한 것처럼 드러날지라도, 그 근저에는 그럼에도 불구하고
그 둘을 완전히 다른 것이 아니게끔 하는 모종의 동일성이나 동질
성이 존재해야 하는 것이다. 둘 사이의 표면적 차이 근저에 그 둘
을 매개하여 서로 같은 것이게끔 하는 심층적 동일성이 있어야 하
는 것이다.

이런 이유에서 주와 객, 나와 세계가 서로 다른 것으로 나타나는
경험적 현상차원을 넘어서서 그 근저에 그 둘을 같은 것으로 엮는
초경험적인 초월적 차원의 동일성을 논하게 된다. 인식주관과 인식
객관, 나와 세계가 서로 다른 것으로 나타나는 현상차원이 형이하
의 세계라면, 그 둘을 하나로 연결짓는 초월적 차원은 형이상의 세

계이다. 그 두 차원을 함께 고려하면, 그 때 '주와 객, 나와 세계는 다르면서도 같은 것이다'라고 말할 수 있게 된다.

형이상학이란 바로 이 형이상의 차원에서 인식주관과 인식객관을 매개하는 공통의 근거를 찾는 과정이라고도 볼 수 있다. 인식주관과 객관의 분리, 나와 세계의 분리, 인식과 존재의 분리가 성립하는 현상세계에 대해, 그 둘을 매개하는 근원적 동일성을 찾아가는 것이다.

플라톤에서 인식과 존재, 인식주관과 인식객관을 매개하는 동일적 근원은 바로 선(善)의 이데아이다. 선의 이데아는 인식자에게 인식하는 능력을 부여하고, 인식대상인 사물들에게는 인식가능한 것으로서 존재하게끔 하는 힘을 부여하는 것이다. 인식과 존재를 매개하는 궁극적 실재인 것이다.[3] 플라톤의 신화적 설명방식에 따르면 인간은 이 현세의 현상세계에 살기 이전에 이데아의 세계에 살았으며, 거기에서 선의 이데아뿐 아니라, 그 아래의 이데아들에 대해서도 알고 있었다.[4] 이데아는 현상 세계의 개별자들의 존재의 근거이면서 현상세계에 살고 있는 우리가 그 현상적 개별자들을 인식할 수 있는 근거이기도 하다. 모든 현상적 개별자는 이데아에 참여함으로써 그 존재성을 부여받고, 우리의 이성은 그 이데아를 회상하고 상기함으로써 현상세계의 참된 질서를 인식할 수 있는 것이

---

3) 플라톤은《국가론》제6권에서 '선의 이데아'를 태양에 비유한다. 태양의 빛은 인간으로 하여금 사물을 인식할 수 있게 하고, 사물로 하여금 인식가능하게 하고 또 존재가능하게 한다. 이것의 의미는 제6권에서의 '선분의 비유'와 제7권에서의 '동굴의 비유'를 통해 좀더 구체화된다.
4) 플라톤은《국가론》제10권 말미에서 '에르의 신화'를 통해 인간의 전생과 윤회 과정을 신화적으로 설명하고 있다.

다. 이처럼 선의 이데아와 기타 이데아들에 근거해서 인간 정신은 현상세계를 인식할 수 있으며, 인간의 인식은 존재의 인식일 수 있는 것이다.

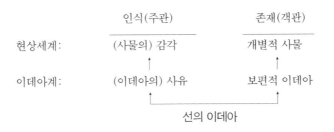

중세 스콜라철학에서 궁극적 존재로서 플라톤의 선의 이데아에 해당하는 것, 인식과 존재, 나와 세계, 정신과 물질을 포괄하는 것은 신(神)이다. 절대 무한자인 신이 무(無)로부터 이 세계를 창조하였는데, 피조물인 이 현상세계는 정신과 물질의 두 종류로 구분된다. 따라서 정신과 물질이 서로 다름에도 불구하고 정신으로서의 내가 물질적 세계를 인식할 수 있는 것은 그 둘 다 신의 피조물이기에, 좀더 구체적으로는 신의 **창조이념**에 따른 피조물이기에 가능한 것이다. 신은 자연세계를 우연히 생각 없이 창조한 것이 아니라, 일정한 창조이념에 따라 창조했다. 그런데 그 창조이념 자체는 그에 따라 창조될 물질적 자연과는 달리 이념적인 것이며, 인간의 정신역시 이념적인 것이기에, 결국 인간 정신은 신적인 창조이념을 이해한다. 그리고 인간이 그러한 신의 세계 창조이념을 아는 한, 세계는 바로 그 이념에 따라 창조되었기에, 결국 인간은 세계의 존재와 그 질서를 알 수 있는 것이다.

　근세의 데카르트는 '나는 사유하는 한, 존재한다'라는 것을 명석 판명한 제1의 진리로 확인한다. 그리고 나서 '그런 내가 어떻게 내 의식 바깥의 외부세계의 존재와 그 성질들을 알 수 있는 것인가? 인간 정신이 어떻게 물질 세계를 인식할 수 있는 것인가?'라는 물음을 제기한다. 연장적 실체로서의 물질은 사유적 실체로서의 의식이나 정신과는 완전히 다른데, 그럼에도 불구하고 어떻게 나의 사유가 연장적 사물을 인식할 수 있는 것일까? 데카르트가 이 물음에 답하는 길은 나의 사유성과 세계의 연장성을 넘어서면서 그 둘을 매개할만 한 절대적 실재인 신의 존재를 먼저 확인하는 것이다. 나의 의식과 사유의 유한성과 상대성을 넘어선 신은 그 무한성과 절대성에 따라 현실적으로 존재한다.[5] 그리고 존재하는 신은 절대적 존재이기에 기만적이지 않은 성실한 신이다. 바로 이 신의 성실성이 내가 세계에 대해 갖는 인식의 진리성을 보장해준다. 즉 신이 나의 이성과 상상력을 거짓 기관으로 창조하지 않은 한, 내가 세계에 대해 이성적으로 아는 앎 또는 감각기관을 통해 경험적으로 아는 앎이 실제로 있지도 않은 세계에 대한 거짓된 앎일 수는 없다는 것이다.

---

5) 데카르트의 신존재 증명에 대해서는 데카르트의 《성찰》, 제3권 참조.

의식내재적으로 확실한 것   그 존재와 본질을 증명해야 할 것

사유자─사유─사유된 것(사물의 표상)   외부 세계(사물 자체)

본유 관념

신의 성실성

합리론자들이 세계에 대한 이성적 앎, 수학적 앎의 절대성과 보편타당성의 근거로 제시하는 본유관념은 스콜라철학에서 논의된 신의 세계 창조이념에 해당한다. 본유관념은 인간이 태어날 때부터 본래 천부적으로 타고나는 관념이다. 그것은 경험을 통해 비로소 얻어진 획득관념도 아니고 인간이 임의적으로 만들어낸 가상관념도 아니다. 수학적 관념은 인간이 일체의 경험에 앞서 경험과 독립적으로 천부적으로 타고나는 관념이다. 그러면서도 그것은 세계 자체에 관한 진리이다. 왜냐하면 신이 우리에게 부여해준 그 본유관념은 바로 신이 그것에 따라 세계를 창조한 그 관념이기 때문이다. 신이 우리에게 부여한 본유관념에 따라 세계를 만들지 않고 다른 방식으로 만들어 세계가 우리가 아는 본유관념과 다른 질서로 존재한다면, 그것은 신이 우리를 기만했다는 말이 된다. 성실한 신이 그럴 리가 없다. 이것이 바로 데카르트가 신의 존재와 성실성에 입각해서 외부세계의 존재와 본질에 관한 우리의 인식의 타당성을 증명한 논리이다. 세계 경험에 앞서 경험과 독립적으로 우리는 신이 부여해준 본유관념에 따라 세계의 본질적 구조를 이성적으로 알 수 있다는 것이다.

그러나 경험론자들에 따르면 합리론자들이 본유관념의 존재를 주장하는 것, 나아가 수학이나 물리학을 신적 본유관념에 기반한 절대적 확실성의 인식으로 간주하는 것은 단지 독단일 뿐이다. 만약 인간에게 정말 본유관념이 있다면, 인간은 누구나 영혼에 그것을 갖고 태어나며 따라서 누구나 그것을 알고 있어야 하지만, 실제는 그렇지 않다는 것이다. 어린아이나 어른 중에서도 백치를 보면 그런 관념이 없다는 것을 알 수 있다.[6] 이는 곧 그런 관념은 경험과 교육을 통해 비로소 획득되는 것임을 말해준다. 이렇게 그들은 천부적인 본유관념을 부정한다. 신으로부터 부여된 천부적 본유관념이 있다면 세계의 질서에 대해서 경험에 앞선 인식이 가능하겠지만, 경험론자에 따르면 그러한 본유관념은 없다. 날 때부터 타고나는 관념이나 앎이란 존재하지 않으며, 따라서 인간의 영혼은 백지와 같고, 모든 관념이나 인식은 세계와의 접촉과 경험을 통해 비로소 얻어질 뿐이다. 이와 같이 경험론자들은 일체의 인식은 경험을 통해 비로소 획득된다고 주장한다.

주관적 인식 ◀──────── 객관적 외부세계
경험

　경험은 특정 시공간에서 개별적으로 발생하는 것이며, 경험으로부터 얻어낼 수 있는 명제는 특수한 개별명제일 뿐이다. 그런 개별명제로부터 보편타당성을 지닌 일반명제로 일반화시키는 논리가 귀납논리이다. 이 땅 위에서 어느 날 해가 비치면 돌이 뜨거워지는 것을 보고, 다음날 또 해가 비치면 돌이 뜨거워지는 것을 보고, 그러기를 수없이 하다가 '햇빛을 받으면 돌이 뜨거워진다'라는 일반

---

6) 로크는 《인간 오성론》, 제1권에서 합리론자들의 본유관념을 비판한다. 라이프니츠는 《신인간 오성론》에서 다시 로크의 비판을 조목별로 비판하며 본유관념의 실재를 주장한다.

명제를 얻어내는 것이다. 일단 귀납을 거쳐 일반명제가 확립되면, 이미 뜨거워진 돌에 대해 '왜 뜨거워졌는가?'를 **설명**할 수 있게 되며, 나아가 햇빛이 비치는 날에는 '이 돌이 뜨거워질 것이다'라는 **예측**도 가능해진다.

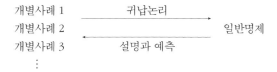

그러나 개별사례를 통해 귀납적으로 얻어진 일반명제는 단지 개연적 확실성만을 가질 뿐 절대적 확실성을 갖지는 못한다. 경험이란 현재까지의 경험일 뿐이며, 그 다음의 경험이 반드시 지금까지와 마찬가지일 것이라는 보장이 없기 때문이다. 우리의 일상적 인식 또는 학문적 인식들이 정말로 모두 개별적 경험으로부터 귀납적으로 얻어낸 것이라면, 그 어느 것도 절대적으로 확실하다고 말할 수가 없게 된다. 일상이나 과학에서 당연한 것으로 전제하는 '실체'(사물 자체)나 '인과성'의 개념조차도 구체적 경험에서 그에 상응하는 감각적 내용을 확인할 수가 없다. 우리가 직접적으로 보거나 듣는 것은 사물 자체가 아니라 사물의 속성일 뿐이며, 원인과 결과에 해당하는 각각의 사건일 뿐이지 그 두 사건을 인과관계로 결합시키는 관계성 자체는 아니기 때문이다. 결국 우리의 세계 인식은 우리의 경험과 귀납논리의 한계로 말미암아 이성이 요구하는 바의 필연성이나 보편성은 결코 얻을 수 없다. 경험으로부터 얻어낸 인식은 우연성과 개연성을 넘어설 수가 없다.[7] 그러므로 경험론자에 따르면 세계에 대한 정보를 제공하는 자연과학적 명제는 모두 개연성만 가질 뿐이며, 그와 달리 확실성을 가지는 수학적 명제는 세계에 대한 정보를 포함하지 않는 분석명제에 지나지 않는다.

그러나 수학이나 이론물리학적 근본명제들은 근세 학문분야에서 철학적 정당화를 기다릴 필요 없이 이미 세계에 관한 정보를 담고 있는 보편타당한 필연적 진리로 받아들여지고 있었다. 따라서 그런 인식의 가능근거를 설명하지 못하는 경험론자의 회의론은 개별과학의 한계가 아니라 오히려 철학의 한계를 드러낼 뿐이다.

바로 이런 상황에서 칸트의 문제의식이 발생한다. 세계에 관한 보편타당한 필연적 인식을 신이 부여한 이성의 본유관념으로 설명할 경우 독단론에 빠지게 되고, 세계 자체의 경험으로부터 설명할 경우 회의론에 빠지게 된다면, 그와 같은 합리주의적 독단론도 아니고, 경험주의적 회의론도 아닌 제3의 길은 없겠는가?

3. 칸트적 대답의 길

1) 코페르니쿠스적 전회: 인식근거로서 주체의 강조

합리주의의 독단론과 경험주의의 회의론을 피해 제3의 길을 개척해나간 것이 바로 칸트의 비판철학이다. 수학이나 이론물리학적 진리가 세계의 존재질서에 대한 정보를 제공하면서도 보편성과 필연성을 가질 수 있는 것은 어떻게 가능한가? 그 인식이 신으로부터

---

7) 따라서 경험론은 결국 회의론이 된다. 모든 인식을 경험에 입각하여 설명하는 흄은 인과성이나 실체성에 기반한 인식을 '주관적 허구'나 '상상력의 산물'로 설명할 수밖에 없었다. 이에 대해서는 흄의 《인간 본성에 관한 논고》, 제1권 참조.

본유관념으로 주어진 것도 아니고, 그렇다고 세계로부터 경험적으로 얻어낸 것도 아니라면, 그 인식의 기원은 과연 무엇인가?

이는 곧 세계에 대한 정보를 제공해주는 종합적 인식이면서도 그 기원이 경험에 놓여 있지 않은 선험적 인식, 한마디로 '선험적 종합판단이 어떻게 가능한가?'의 물음이다. 여기서 종합판단은 분석판단에 대비되고, 선험적 판단은 경험적 판단에 대비되는 말이다.[8] 분석판단이란 그 판단의 술어가 단순히 주어개념을 분석함으로써 얻어지는 판단으로 세계에 대한 정보를 제공하기보다는 주어개념을 설명하는 것에 지나지 않는 판단을 말하며, 종합판단은 개념분석을 넘어서서 새로운 정보가 더해진, 종합된 판단을 뜻하고 따라서 이는 개념설명을 넘어서서 새로운 정보를 제공하는 확장판단이다. 그리고 경험판단이란 경험으로부터 귀납적으로 획득된 것이기에 보편타당성을 얻을 수 없는 판단이며, 선험판단이란 그 판단의 근원이 경험에 있지 않은 판단이다. 다시 말해 선험적 종합판단은 세계에 대해 정보를 제공하는 인식이면서도 단지 세계의 경험으로부터 귀납적으로 얻어낸 판단이 아니다. 그렇다면 이런 판단의 근거를 칸트는 어디에서 찾는가?

---

8) 이하에서 논하는 선험적 판단과 경험적 판단의 구분 및 분석적 판단과 종합적 판단의 구분에 대해서는 칸트의 《순수이성비판》서론 B 1 이하 참조. 칸트 이전에는 선험판단은 단지 분석판단일 뿐이라고 간주되고, 종합판단은 모두 경험판단이라고 간주되었는 데 반해, 칸트가 새롭게 연결짓고 그 가능근거를 탐구하고자 한 판단은 바로 선험적 종합판단이다.

	분석판단	종합판단
선험판단	선험적 분석판단	선험적 종합판단
경험판단		경험적 종합판단

선험적 종합인식의 기원을 신도 아니고 세계도 아닌 바로 인식주체인 인간 자신으로부터 구하는 데에 칸트 비판철학의 핵심이 놓여 있다. 인간은 신이 아니기에 합리론자들이 생각하듯 객관세계의 존재질서에 대한 이성적인 절대적 진리를 이미 알고 있는 것도 아니다. 그렇다고 경험론자들이 생각하듯 백지와 같은 상태에서 세계로부터 주어지는 인상을 단지 수동적으로 받아들여 세계를 알아나가는 것도 아니다. 인간은 바로 인식주체로서 그 자신의 고유한 틀과 형식에 따라 세계를 보고 이해하고 해석한다. 그리고 인식대상으로서의 세계는 바로 그 형식에 따라 보여지고 이해되고 해석되기에, 그 형식은 인식된 대상세계에 대해 객관적 타당성을 지니게 되는 것이다. 즉 주관의 인식형식이 곧 인식된 대상세계의 존재형식이 되며, 따라서 인간의 선험적 종합판단이 세계의 존재질서에 대한 인식이 될 수 있는 것이다. 이렇게 해서 인식주체와 객체 간의 공통의 매개는 신도 세계도 아니고 인간 자신이 된다. 선험적 종합판단의 가능근거나 기준을 인간 바깥의 다른 것에서 구하지 않고 바로 인간 자신 안에서 구한다는 점에서, 칸트는 자신의 초월철학적 시도를 '코페르니쿠스적 전회'라고 부른다.

그러나 선험적 인식근거가 신도 세계도 아니고 바로 인간 자신이라면, 그럼 다양한 인간만큼 그렇게 다양한 세계가 존재한단 말인가? 그렇지 않음을 논하기 위해 칸트의 비판철학은 세계를 보고 사유하는 인간 인식형식의 **상호주관적 보편성**을 강조한다. 각각의 인간에 의해 보여지고 읽혀진 세계가 서로 다른 것은 그만큼 세계를 보고 읽는 각자의 틀이 서로 다르기 때문이지만, 그 세계의 다양성에도 불구하고 그 안에 공통적 세계라고 할 만한 공통분모가 찾아질 수 있다면, 그것은 곧 우리 인간 모두에게 세계를 보고 읽는 하나의 공통적인 틀이 존재하기 때문이다. 비판철학은 바로 이러한 인간 모두의 보편적 틀, 즉 인간이라면 누구나 세계를 그렇게 보고 그렇게 사유할 수밖에 없는 최소한의 기본적 틀을 밝히고자 한 것이다. 그것은 개체적 인간 안에 내재된 보편적 틀로서 우리는 그 틀에 따라서만 세계를 보고 사유할 수 있다. 즉 경험할 수 있다. 그러므로 그 보편적 틀은 우리로 하여금 세계경험을 가능하게 하되, 그 자체는 경험에 앞선 것, 즉 선험적인 것이지 경험으로부터 비로소 얻어진 것이 아니다. 선험적 형식의 인식은 세계에 기원을 둔 경험적 인식이 아니라, 인간 주관 자체 안에 기원을 둔 선험적인 것이다. 그렇다면 그 선험적 틀은 과연 어떤 것인가? 어떤 방식으로 그 틀을 밝혀나갈 것인가? 《순수이성비판》은 우리의 경험적 세계인식이 이미 그러한 틀에 기반하고 있다는 통찰 위에 우리의 경험적 세계인식을 분석함으로써 그 안에 내재된 선험적 인식을 밝혀나간다.

2) 인간 인식의 구조: 선험적 종합판단은 어떻게 가능한가?

우리의 인식이 직관과 사유의 양 측면을 가진다는 것, 즉 직관능력으로서의 감성과 사유능력으로서의 오성에 기반하고 있다는 것은 경험론이나 합리론 둘 다 인정하고 있던 것이다. 직관은 대상을 보고 듣는 등 다섯 감각기관에 따라 발생하는 감각 또는 지각 활동이며, 사유는 직관된 표상들을 비교 종합하여 개념을 형성하거나 개념에 따라 판단하는 사유작용을 뜻한다. 칸트의 비판철학 역시 직관과 사유, 감성과 오성의 구분을 강조하는데, 이는 그 각각의 것 안에 전제된 주관적 형식이 서로 다르기 때문이다. 선험적 종합인식을 형성하는 기본 요건은 직관과 사유의 형식이므로, 그 각각이 무엇인가를 밝혀본 후, 다시 그 둘이 어떤 방식으로 종합을 이루어 '선험적 인식'으로 성립하게 되는지를 살펴보자.

(1) 감성적 직관의 보편형식으로서의 시간

창 밖을 내다보면 창 밖 나무에 달려있는 잎들의 초록색이 눈에 들어온다. 나뭇잎이 내 눈에 초록색 상을 맺게 하고, 그로 인해 나는 초록색 영상을 갖게 된다. 이처럼 나뭇잎의 초록색은 감각기관 (눈)을 통해 감각작용(시각)을 따라 알려지게 되는데, 칸트는 이러한 인식작용을 '직관'(Anschauung)이라고 하고, 직관을 행하는 인식 능력을 '감성'(Sinnlichkeit)이라고 한다.[9] 여기서 직관은 단지 감각 자료 또는 감각내용을 갖는 것만으로써 성립하는 것이 아니다. 즉 내 눈에 또는 내 머리에 떠오른 초록색 영상만으로써 내가 나뭇잎의 초록색을 직관하게 되는 것이 아니다. 직관은 내게 떠오른 영상을 내 눈이나 내 머릿속의 색깔로 의식하는 것이 아니라, 그것을 내 바깥의 사물의 색으로 보는 것이기 때문이다. 따라서 직관은 감각 자료를 직관의 내용으로 가지지만, 그 직관내용을 내 밖의 어떤 것과 연결짓는 일정한 형식, 즉 직관의 형식을 필요로 한다. 그리고 직관의 내용과 형식은 그렇게 직관된 것이 바로 현상이기에 곧 현상의 내용과 형식이 된다.

---

9) 합리론자 스피노자나 경험론자 로크에게 '직관'은 감각적 지각과도 구분되고 이성적 사유와도 구분되는 일종의 '통찰'과도 같은 의미로 사용되고 있다. 우리 나라 말에서도 '직관', '직관력' 등은 그런 의미를 함축하고 있다. 그러나 칸트에게 직관이란 철저하게 '감성적 직관'이며 이는 곧 감각이나 지각을 의미한다. 통찰이란 의미의 직관은 칸트에게 '지적 직관'에 해당할 수 있지만, 칸트는 인간에게 지적 직관이 존재하지 않는다고 주장한다.

현상에 있어 감각에 상응하는 것을 나는 현상의 내용(Materie)이라고
부르며, 반대로 현상의 다양한 것을 특정한 관계로 정리될 수 있게
하는 것을 현상의 형식(Form)이라고 부른다.[10]

그렇다면 감각자료를 사물의 속성으로 볼 수 있게끔 사물과 연결
시키는 형식은 무엇인가? 머리에 떠오른 초록색 영상을 10미터 가
량 멀리의 나무에 속하는 나무의 속성으로 보게끔 하는 그 형식은
바로 나와 나무 사이를 벌려놓는 그 공간이다. 그러므로 칸트는 공
간을 외적 직관의 형식으로 규정한다.

특정한 감각이 내 바깥에 있는 어떤 것(즉 내가 있는 곳과 다른 장소에
있는 어떤 것)과 연관지어지고, 그렇게 해서 내가 그것을 단지 다른 것
이 아니라, 다른 장소에 있는 외적인 것으로서 표상할 수 있기 위해
서는, 거기에는 공간의 표상이 이미 근저에 놓여있어야만 한다.[11]

그런데 나는 외부세계만을 보는 것이 아니다. 외부세계를 보다가
문득 그렇게 밖을 내다보는 나 자신을 보기도 한다. 내 몸을 외적으
로 쳐다본다는 말이 아니라, 내적으로 시선을 돌려 의부세계를 보고
느끼고 아는 나, 기뻐하고 슬퍼하기도 하는 나, 무엇인가를 희망하
기도 하고 절망하기도 하는 그런 내적인 나를 보는 것이다. 이것이
바로 내적 직관이다. 여기에서도 나로부터 생겨나는 감각자료인 내
용을 단지 떠올리는 것만으로써 직관이 성립하지는 않는다. 그런 직
관내용을 나에 속하는 것으로 알아야 그것이 내적 직관인 것이다.

---

10) 《순수이성비판》, B 34.
11) 《순수이성비판》, B 38.

그렇다면 그 직관내용을 내게 소속시키는 형식은 무엇인가? 내적 직관은 내적으로 활동하는 나의 의식을 되돌아봄으로써 성립하는 것이다. 무엇인가를 보다가 그렇게 보는 나를 보고, 무엇인가를 생각하다가 그렇게 생각하는 나를 보는 것이다. 그런데 그렇게 내적 직관의 방식으로 나를 보는 순간, 내적 직관의 순간, 그렇게 보여진 나는 조금 전 순간 주관으로 활동하던 의식주체이지 바로 그 순간의 의식활동의 주체는 아니다. 그 순간의 활동주체는 내적 직관에서 보는 나이지 보여진 나가 아니기 때문이다. 즉 내적 직관에 직관대상으로 주어지는 나는 이미 그 주체에 의해 대상화된 한 순간 이전의 주체, 즉 과거의 주체인 것이다. 나는 현재 순간의 나를 내적으로 직관하는 것이 아니라, 한 순간 이전의 나를 직관한다. 외적 대상이 눈에 달라붙어 있으면 바라볼 수 없고 공간적 거리 속에서만 직관이 가능하듯이, 내적 직관 대상인 나 자신을 직관하기 위해서도 시간적 거리가 취해져야 하는 것이다. 그러므로 내적 직관의 형식은 곧 시간이다.

> 시간은 내적 감관의 형식, 즉 우리 자신과 우리의 내적 상태에 대한 직관의 형식 이외의 다른 것이 아니다.[12]

나아가 외적인 직관도 그것이 내적으로 의식되어야만, 즉 내적 직관과 동일한 방식으로 시간적 거리를 취해야만 의식의 대상이 될 수 있다. 따라서 시간은 내적 외적 직관 모두의 형식이라고 볼 수 있다. 그래서 칸트는 시간을 직관 일반의 형식으로 간주한다.

---

12) 《순수이성비판》, B 49.

시간은 모든 직관[외적 직관과 내적 직관]의 근저에 놓여 있는 필연적
표상이다.[13]

그런데 직관의 내용인 감각자료는 우리에게 경험적으로 주어지
는 것이지만, 그 내용들을 정리하는 형식 자체는 경험적 내용에서
비로소 얻어지는 것이 아니라 경험에 앞서 전제되어 있어야 한다.
직관된 현상의 내용은 경험적이지만, 그 내용을 정리하는 직관의
형식인 시간과 공간은 선험적 형식인 것이다. 따라서 칸트는 시간
과 공간의 선험성과 필연성을 강조한다. 우리가 경험적으로 직관하
는 현상 사물들은 그것이 외적 현상인 한 시간과 공간 형식에 따라
정리되고, 내적 현상인 한 시간 형식에 따라 정리될 수밖에 없다.

  (2) 오성적 사유의 형식으로서의 범주
  우리는 외부세계의 대상들을 단지 바라볼 뿐만 아니라, 그 대상
을 이러 저러한 것으로 개념적으로 규정하며 판단하고 추리한다.
직관에서의 개별적 표상을 넘어서서 일반적 표상으로서의 개념을
형성하고 그 개념을 따라 주어진 사태에 대해 판단을 내리는 능력
을 칸트는 '오성'(悟性, Verstand)이라고 한다. 초록색 옷이나 초록색
종이 또는 초록색 나뭇잎을 바라보면서 떠올린 각각의 직관표상은
서로 상이한 것이다. 그 상이한 직관표상을 서로 비교하여 상이한
특성들(향기나 모양이나 질감 등)은 사상시키고 공통적인 특성(초록
색)만을 추출하여 '초록색'이라는 개념을 형성하는데, 이처럼 개념
을 형성하는 정신적 능력이 바로 오성이다. 나아가 오성은 이렇게

---

13)《순수이성비판》, B 46.

48

형성된 개념을 다시 개별적이고 구체적인 직관표상들에 적용하여 판단을 내리게 된다. 예를 들어 초록색 나뭇잎을 바라보며 갖게 되는 직관표상은 색, 크기, 모양 등 여러 속성들을 담고 있어 어느 한 관점에서 규정되기 전에는 무규정적 표상일 뿐이다. 그런 무규정적 직관표상을 색이라는 관점에서 규정하게 되면, '이 나뭇잎은 초록색이다'라는 판단이 성립하게 된다. 이는 무규정적 표상을 색이라는 관점에서 초록색이라는 일반개념 아래 포섭시킴으로써 얻어진 판단이다.

그러나 직관이 직관내용만으로 성립하지 않고 직관형식이 요구되듯이, 오성의 판단도 판단에 사용되는 개념의 내용만으로 성립하는 것이 아니라, 그와 구분되는 판단의 형식이 요구된다. 나뭇잎의 표상과 초록색의 표상을 연결시켜 'x는 y이다'라는 판단을 내리게끔 하는 판단형식이 개념의 내용과는 독립적으로 판단 자체를 가능하게 하는 판단의 형식으로 작용하는 것이다.

판단의 기본적 형식은 칸트 이전 아리스토텔레스의 형식논리학에서도 이미 논해지던 것으로, 거기에서는 판단의 기본형식이 양에 따른 전칭과 특칭 그리고 질에 따른 긍정과 부정에 따라 4가지로 나뉜다. 형식논리학이 논하는 다음과 같은 4가지 정언명제가 그것이다.

양＼질	긍정	부정
전체	전칭긍정판단(A)	전칭부정판단(E)
부분	특칭긍정판단(I)	특칭부정판단(O)

그런데 칸트는 양과 질에 따른 판단 유형을 형식논리학에서 하는

것보다 더 세분하여 논하는데, 양에서 전칭판단과 특칭판단 이외에 단칭판단을 구분하고, 질에서 긍정판단과 부정판단 이외에 무한판단을 구분하는 것이 그것이다. 단칭판단이나 무한판단은 형식상으로 보면 전칭판단이나 긍정판단과 같지만 내용상으로 보면 오히려 특칭판단이나 부정판단과 같아서 어느 것과도 동일시할 수 없기에 제 삼의 형식으로 구분하여 논한 것이다.

그리고 형식논리학은 단순한 정언명제 이외에 복합적 명제로서 가언명제와 선언명제를 구분한다. 추리에서의 형식논리학적 구분인 정언삼단논법, 가언삼단논법 그리고 선언삼단논법의 구분은 추리에 사용된 대전제의 구분, 즉 정언판단, 가언판단, 선언판단의 구분에 따른 것이다. 칸트는 이것을 관계에 따른 판단형식의 분류로 간주한다. 나아가 양상논리학에서 논의되는 사실판단, 가능판단, 필연판단의 구분은 칸트에 따르면 양태에 의한 판단형식의 구분이다.

이렇게 해서 칸트에게서 판단형식은 양, 질, 관계, 양태의 4가지 유형으로 구분되며, 그 각 유형은 다시 3종류로 분류된다. 이상 판단형식을 분류하여 정리하면 다음과 같다.

양에 따른 구분: '모든 x는 y이다'의 전칭판단
　　　　　　　　 '어떤 x는 y이다'의 특칭판단
　　　　　　　　 'x는 y이다'의 단칭판단

질에 따른 구분: 'x는 y이다'의 긍정판단
　　　　　　　　 'x는 y가 아니다'의 부정판단
　　　　　　　　 'x는 $-y$이다'의 무한판단

관계에 따른 구분: 'x는 y이다'의 정언판단
　　　　　　　　　 'x이면 y이다'의 가언판단

'x는 y이거나 z이거나 t이다'의 선언판단

양태에 따른 구분:　　'x는 y이다'의 사실판단
　　　　　　　　　　'x는 y일 수 있다'의 가능판단
　　　　　　　　　　'x는 반드시 y이다'의 필연판단

　　형식논리학이 이러한 판단형식들을 인간 사유의 보편적이며 필
연적인 논리적 규칙으로 그냥 받아들이는 데 반해, 칸트는 그러한
오성의 논리적 사용을 가능하게 하는 근거에 대해 묻는다. 오성의
논리적 사용, 즉 판단의 논리적 형식은 무엇에 근거하여 성립하는
것인가?

　　　　모든 판단의 논리적 형식은 그 판단 안에 포함된 개념들의 통각의 객
　　　　관적 통일성에서 성립한다.[14]

　　칸트에 따르면 판단의 논리적 형식은 이미 특정 개념들을 전제하
고 있으며, 그 개념들은 다시 인간의 통합적 의식인 통각의 객관적
통일성에 근거하고 있다. 판단의 논리적 형식에 이미 전제된 개념
을 칸트는 '범주'(Kategorie)라고 한다. 범주는 오성의 논리적 판단
형식을 가능하게 하는 초월논리적 개념이다. 그렇다면 각각의 판단
형식을 가능하게 하는 범주는 구체적으로 무엇인가?
　　'모든 x는 y이다'라는 전칭판단의 형식으로 판단할 수 있기 위해
서는 x에 속하는 각각의 것들을 '모든' 또는 '전체'로 묶어서 사유
할 수 있어야 한다. 각각의 x들을 합함으로써 비로소 '전체'라는 개

---

14) 《순수이성비판》, B 140.

념을 얻는 것이 아니라, 애당초 각각의 x를 하나로 합할 수 있기 위해, 그래서 전체를 지칭하는 전칭판단이 가능할 수 있기 위해, 이미 '전체성'의 개념이 전제되어야 하는 것이다. 따라서 '전체성'이라는 개념은 논리적으로 전칭판단 자체가 가능하기 위해 이미 경험에 앞서서 전제되어야 하는 개념, 즉 선험적 개념이다. 이처럼 논리적 판단 형식 자체를 가능하게 하는 선험적 개념이 바로 범주이다. 매순간 다른 모습으로 지각되는 대상에 대해서도 그것을 하나의 대상으로 인식할 수 있는 것은 우리 자신 안에 '하나'라는 단일성의 범주가 있기 때문이며, 서로 구분되는 두 경험내용을 인과적으로 연관된 것으로 경험할 수 있는 것도 우리 자신 안에 이미 '인과성'의 범주가 있기 때문이다. 이처럼 12가지 판단형식에 대해 각 판단형식을 가능하게 하는 각각의 개념이 곧 범주이다. 이렇게 해서 칸트는 논리적 판단형식을 가능하게 하는 근거로서 작용하는 선험적 개념들을 12개의 범주로 제시한다.

	형식논리가 밝히는 판단형식	초월논리가 밝히는 범주
양에 따른 구분:	'모든 x는 y이다'의 전칭판단	전체성
	'어떤 x는 y이다'의 부분판단	다수성
	'x는 y이다'의 특칭판단	단일성
질에 따른 구분:	'x는 y이다'의 긍정판단	실재성
	'x는 y가 아니다'의 부정판단	부정성
	'x는 $-y$이다'의 무한판단	무한성
관계에 따른 구분:	'x는 y이다'의 정언판단	실체성
	'x이면 y이다'의 가언판단	인과성
	'x는 y이거나 z이거나 t이다'의 선언판단	상호성

양태에 따른 구분: 'x는 y이다'의 사실판단   현실성
               'x는 y일 수 있다'의 가능판단   가능성
               'x는 반드시 y이다'의 필연판단   필연성

     범주는 현상세계에 대해 오성적으로 판단내리기 위해 이미 우리
자신에게 갖추어져 있어야 할 선험적 개념이다. 그리고 이 개념들
은 통각의 통일성 안에서 하나로 종합되어 있다. 그러므로 모든 오
성사용의 궁극적 근거는 결국 **통각의 종합적 통일성**이 된다.

        통각의 종합적 통일성의 원칙은 모든 오성 사용의 최고 원리이다.[15]

     이렇게 해서 칸트는 일체의 종합작용에 대한 궁극적 통일성을
'나는 나다'라는 의식의 통일성에서 찾는다. 이 의식의 통일성이 곧
범주들의 통일적 구조를 가능하게 하는 오성 자체의 통일성이다.
논리적 판단형식 그리고 오성적 범주들을 하나로 종합하는 궁극적
인 종합적 통일성이 바로 오성 자신의 통일성인 것이다. 오성의 통
일성은 더 이상의 통일적 근거를 되물을 수 없는 궁극적인 종합적
통일성이며, 그것이 바로 인간 누구나 의식하는 '나는 나다'라는 자
기의식이 담지하고 있는 통일성이다.
     이 오성 통일성에 기반한 범주는 다시 그 범주에 입각한 논리적
판단형식이 경험에 앞선 선험성과 필연성을 가지는 만큼 그만큼의
선험성과 필연성을 가진다. 그리고 그 선험성과 필연성의 궁극적
근거는 바로 오성의 통일성이다.

---

15) 《순수이성비판》, B 136.

(3) 직관과 사유의 종합: 구상력의 활동

직관의 선험적 형식인 시간과 사유의 선험적 형식인 범주는 서로 어떤 관계에 있는가? 인간에게 있어 세계를 보는 직관형식과 세계를 생각하는 사유형식 간의 관계에 대한 물음은 곧 인간에 의해 보여진 세계와 인간에 의해 사유된 세계의 관계에 대한 물음이기도 하다. 즉 우리가 보는 것과 우리가 생각하는 것, 보여진 것과 사유된 것은 서로 어떤 관계에 있는가?

보는 작용과 사유작용, 감성의 직관과 오성의 사유를 연결시키는 능력은 **구상력** 또는 상상력(Einbildungskraft)이다. 구상력은 직관과도 다르고 사유와도 다르면서 그 둘을 매개하는 능력이다.

> 구상력은 한 대상을 그것이 직관에 현전하지 않음에도 표상해내는 〔상을 그리는〕 능력이다.[16]

예를 들어 구상력은 나무를 직접 보지는 않지만 그렇다고 나무를 단지 생각만 하는 것이 아니라 나무의 상(像)을 그려내는 능력이다. 구상력이 그린 상을 '도식'(Schema)이라고 한다. 그렇게 그려진 도식에 따라 다양한 직관표상이 하나의 개념으로 묶이게 되고, 직관표상에 대한 개념적 판단이 가능해진다. 그런데 경험적 차원에서 보면 우리가 어떤 상을 그려내는가는 우리가 무엇을 보는가에 의해 결정된다. 나무의 도식은 우리가 나무를 보며 얻은 직관표상의 내용에 따라 결정된다. 그러므로 경험적 내용 차원에서는 우리가 보는 것이 우리가 생각하는 것을 규정한다고 말할 수 있다. 나무를 보

---

16) 《순수이성비판》, B 151.

면 나무를 생각하게 되고, 별을 보면 별을 생각하게 된다. 둘을 매개하는 경험적 도식은 직관표상의 내용에 따라 그려지는 것이다.

그런데 지금 문제는 구체적으로 보여진 것과 구체적으로 사유된 것과의 관계가 아니라, 보는 형식과 사유 형식 간의 관계이다. 감성과 오성을 매개하는 구상력이되, 감성의 선험적 형식인 시간과 오성의 선험적 형식인 범주를 매개하는 구상력은 그것이 선험적 차원에서 감성과 오성을 종합하는 것이기에 '선험적 구상력'이라고 하며, 그것이 경험적 구상력의 작용을 가능하게 하는 것이기에 '초월적 구상력'이라고 한다. 경험적 구상력의 작용이 직관내용에 의해 사유내용을 규정함으로써 경험적 도식을 형성하는 것이라면, 초월적 구상력은 어떤 작용을 하는가? 수동적 감성에 주어지는 잡다(雜多)를 정리하는 시간형식과 오성적 통각통일성에 기반한 범주는 서로 어떤 관계에 있는가? 칸트에 따르면 초월적 구상력의 작용은 사유형식인 범주에 따라 직관형식인 시간을 규정하는 것이다. 다시 말해 통각 통일성에 기반한 범주에 따라 시간형식을 규정함으로써 초월적 도식을 형성하는 것이 초월적 구상력의 작용이다.

> 선험적 구상력의 종합은 감관처럼 규정되는 것이 아니라 규정하는 것으로서, 통각의 통일성에 따라 선험적으로 형식상 감능을 규정하는 자발성의 실행이다. 따라서 구상력은 감성을 선험적으로 규정하는 능력이며, 그와 같은 범주에 따른 직관의 종합이 곧 구상력의 초월적 종합이다.[17]

---

17) 《순수이성비판》, B 151~52.

　이처럼 칸트는 초월적 구상력의 작용을 오성 통일성과 범주의 통일성에 따라 시간형식을 규정하는 것으로 간주한다. 보여지는 잡다를 정리할 시간형식이 결국은 오성 통일성에 따라 통일적인 나의 표상으로 질서지어진다. 즉 세계를 보는 직관형식인 시간이 세계에 대해 생각하는 사유형식인 범주와 오성 통일성에 의해 규정되는 것이다. 결국 선험적 차원에서 보면 우리가 세계를 보는 방식은 우리가 세계에 대해 생각하는 방식, 우리의 오성적 구조에 의해 규정된다. 한마디로 직관형식인 시간은 사유형식인 범주에 의해 규정된다. 이처럼 범주에 의해 규정된 시간형식을 '**초월적 도식**'이라고 한다. 각 범주에 대해 그것의 시간화로서의 도식이 성립한다.

양의 범주에 의한 시간규정: 시간계열상의 도식: 수

질　　　　　〃　　　　: 시간내용상의 도식: 시간충족

관계　　　　〃　　　　: 시간질서상의 도식: 실체의 도식:지속성
　　　　　　　　　　　　　　　　　　　원인의 도식 : 인과
　　　　　　　　　　　　　　　　　　　상호성의 도식 : 동시존재

양태　　　　〃　　　　: 시간총괄상의 도식: 가능성의 도식: 어떤 한 시간
　　　　　　　　　　　　　　　　　　　현실성의 도식 : 특정한 시간
　　　　　　　　　　　　　　　　　　　필연성의 도식 : 모든 시간에서의
　　　　　　　　　　　　　　　　　　　　　　　　　　존재

　우리가 무엇을 보든지 그 직관형식인 시간이 범주에 의해 규정되므로 우리는 그렇게 형성된 도식을 따라 직관하게 된다. 즉 시간형식에 따라 직관되는 대상세계 사물들은 그것이 무엇이든지 간에 선험적 도식에 따라 보여지는 것이다. 그러므로 도식은 결국 시공간

56

안에 주어지는 우리의 모든 직관대상에 대해 타당성을 갖게 되며, 그 현상 사물에 대해 적용가능한 술어가 된다. 이처럼 직관대상에 대해 8개의 도식을 술어화하면 8개의 명제를 얻게 되는데, 이 8개 명제가 바로 현상에 대한 보편타당한 원리로서의 '선험적 원칙'이다. 선험적 원칙을 열거하면 다음과 같다.

수: 모든 현상은 연속적으로 종합된 크기, 즉 외연량을 가진다. : 직관의 공리

시간충족: 모든 현상은 감각에 있어 어떤 실질적인 것, 즉
　　　　　　내포량으로 충족되어 있다.　　　　　　　　　 : 지각의 예견

지속성:　모든 현상은 자체 내에 지속적인 것(실체)을
　　　　　포함하고 있다.
인과:　　모든 현상에서의 변화는 원인과 결과의 인과율에　　경험의 유추[18)]
　　　　　따른다.
동시존재: 모든 현상의 실체들은 상호 작용 안에 있다.

어떤 한 시간에서의 존재: 경험의 형식적 제약과
　　　　　　　　　　　　　일치하는 것은 가능적이다.
특정한 시간에서의 존재: 경험의 질료적 제약과 관련 있는　　경험적 사고
　　　　　　　　　　　　것은 현실적이다.　　　　　　　　일반의 요청
모든 시간에서의 존재:　현실적인 것과의 관련이 경험의
　　　　　　　　　　　일반적 제약에 의해 규정되는 것은
　　　　　　　　　　　필연적이다.

─────────────

18) '경험의 유비'로 묶이는 이상 세 가지 원리, 즉 현상의 변화에서 실체는 지속된다는 '실체의 지속성의 원리', 모든 시간 흐름 속의 변화는 원인과 결과의 결합 법칙에 따라 발생한다는 '인과성의 원리' 그리고 동시적으로 있는 것들은 상호 작용한다는 '상호 작용의 원리'는 흔히 뉴턴 물리학의 세 가지 기본 법칙, 즉 '관성의 법칙', '운동량의 법칙' 그리고 '작용반작용의 법칙'에 각각 상응하는 것으로 해석된다. 정지 또는 등속운동에서 자기 자신의 동일성을 유지하는 관

이는 순수 이론물리학이 전제하는 기본 원리로서, 시간 공간적 관계에서 성립하는 수학적 원리와 더불어 우리의 직관대상인 현상에 대해 언제나 타당한 판단이다. 즉 이는 경험에 앞선 선험적 원리이며, 그러면서도 사유 내의 논리 분석에 그치는 것이 아니라 현상세계 자체에 대해 적용되는 원리, 즉 종합적 원리이다. 한마디로 '선험적 종합판단'인 것이다. 이렇게 해서 칸트가 제기한 물음 '선험적 종합판단은 어떻게 가능한가?'가 대답된다.

우리가 직관하는 현상세계에 대한 보편타당한 필연적 인식으로서의 선험적 종합판단은 그 기원이 신도 아니고 세계도 아니며 바로 인간 주체 자신이다. 그러므로 선험적 인식근원을 인간 자신에 두는 비판철학은 합리주의의 독단론과도 구분되며 경험주의의 회의론과도 구분된다. 인간 자신에 기원을 둔 선험적 인식이 객관 대상세계에 대해 보편타당성을 지닐 수 있는 것은 객관 대상 자체가 바로 그 선험적 인식(원칙)의 틀에 따라 질서지어진 현상이기 때문이다. 사유한 대로 보는 것이라면, 그렇게 보여진 것에 대해 사유가 타당성을 지닌다는 것은 당연하지 않겠는가? 바로 이 점을 두고 칸트는 자신의 철학을 '코페르니쿠스적 전회'라고 평가한다. 표상과 대상의 일치관계, 주관과 객관의 일치관계를 진리라고 할 때, 그 일치의 기준을 더 이상 객관대상에서 찾지 않고 인식주관에서 찾기

성의 주체가 곧 실체를 의미하며, 가해진 힘은 그 물체의 운동량의 변화에 해당한다는 운동량의 법칙은 가하는 쪽이 원인이 되고 그 힘에 의해 변화된 쪽이 결과가 되므로 인과성의 원리를 뜻하고, 마지막으로 두 물체의 작용과 반작용은 곧 그들 간의 상호 작용의 원리와 다를 바가 없기 때문이다. 그러나 칸트와 뉴턴의 원리이해에 이와 같이 서로 상응하는 바가 있다고 해도 그 원리의 근거 및 원리의 타당범위나 한계에 대한 이해는 서로 상이하다는 것을 간과해서는 안 된다. 이 점에 대해서는 다음 절에서 상술하겠다.

58

때문이다. 그럼에도 칸트의 비판철학이 단순히 인간중심주의라거나 인간 이성의 절대화라고 말할 수 없는 것은 칸트가 현상구성원리로서의 인간 오성원칙을 결코 절대적 진리로 간주하지 않기 때문이다. 이론적 인식비판에서 칸트 철학의 주된 강조점은 오히려 인간의 이론적인 선험적 인식이 가지는 한계의 규명에 놓여 있다.

3) 초월적 관념론의 존재론적 함의

(1) 인식의 한계

대상세계에 대한 우리의 선험적 인식의 한계는 단적으로 '우리가 인식할 수 있는 것은 현상이지 물자체가 아니다'라는 명제로 표현된다. 이것은 우리가 인식하는 선험적 원칙들이 우리 인간에 의해 경험되는 것들에 대해서는 타당하지만, 우리의 인식가능영역을 넘어선 모든 것에 대해서까지 타당한 절대적 진리, 신적 진리는 아니라는 것을 의미한다. 바로 이 점에서 칸트가 논하는 선험적 인식은 합리론자들이 주장하는 신적 본유관념에 의한 선천적 인식과 구분된다. 칸트는 선험적 종합판단으로서의 수학적 원리와 순수 이론물리학적 원리들에 그 적용상의 한계를 긋고자 한 것이다.

수학적 원리가 인간이 시공간적 형식을 통해 직관하는 현상에 대해서만 타당성을 갖는다는 칸트의 주장은 합리론자들에 대한 비판을 담고 있다. 합리론자들에게 수학적 원리는 신적 원리이며, 따라서 존재하는 것은 어느 것이든 그 원리 아래 있을 수밖에 없다. 수학적 진리는 절대적 진리로서 학문의 이상으로 간주되어 어떤 앎이든 과학으로 성립하기 위해서는 수학적 방식으로 양화가능하고 공식화 가능해야 한다고 여겨지게 되었다. 철학적 사유도 수학적 논증방식으로 전개되어야 한다고 생각되었으며, 심지어 신도 사유할 때는 수학적으로 사유할 수밖에 없다는 주장도 제기되었다. 수학원리가 시간 공간의 법칙성에서 성립한다는 점을 감안한다면, 이와 같은 수학의 절대화는 곧 시간 공간의 절대화를 의미한다. 시간 공간이 뉴턴 식의 절대시간과 절대공간으로 이해된 것이다. 시간과 공간은 신이 세계를 보는 방식으로 간주되었고, 일체의 존재는 그 시간 공간 안에 자기 위치를 점하고 과거 원인에 의해 현재 결과가 규정되는 자연필연성의 인과법칙을 따르는 것으로 이해되었다. 이에 반해 칸트는 시간 공간 자체가 신적 기관이 아니라, 단지 인간이 세계를 보는 형식에 지나지 않기 때문에, 그 시공간적 법칙에 대한 수학 역시 절대적 진리가 아니라, 인간의 직관형식을 따라 보여진 직관대상인 현상에 대해서만 타당한 인식이라고 주장한다.

수학 이외에 칸트가 선험적 종합판단으로 밝힌 것은 순수 물리학적 법칙이다. 그런데 이것은 과학에서뿐 아니라 일상의 의식에서도 세계의 경험을 위해 이미 전제된 것이며 우리의 경험 자체를 가능하게 하는 사유규칙이다. 즉 경험에 앞서면서 경험을 가능하게 하는 초월적 인식인 것이다. 이런 원리들이 경험의 가능조건으로 이미 전제되어 있기에 합리론자들은 그 원리를 절대적 원리로 간주하면서 현상뿐 아니라 현상 너머의 것에까지 적용하였는데, 칸트는 바로 이 점을 비판한다. 즉 양이나 질, 실체나 인과성 또는 상호 작용, 나아가 가능성, 현실성, 필연성 등에 대한 원리는 단지 우리가 경험하는 현상세계에 대해서만 타당한 원리들이라는 것이다. 전통 형이상학은 이 원리들을 절대시하여 신이나 세계 전체, 인간 영혼에 대해서까지 적용하면서, 영혼을 실체로 파악하고, 신을 제일 원인으로 이해하며, 세계 전체를 무한성 또는 유한성으로 간주하였

다. 칸트는 이러한 범주적 인식들이 현상 너머의 물자체인 무제약
자에는 적용될 수 없는 것임을 강조한다. 이로써 칸트는 우리의 선
험적 인식에 대해 한계를 긋는다.

(2) 현상의 의미

칸트가 수학이나 물리학적 원리들의 적용범위에 한계를 그을 수
있었던 것은 우리가 그런 원리들을 통해 인식할 수 있는 것은 물자
체가 아니라 단지 현상일 뿐이기 때문이다. 우리가 선험적으로 인
식할 수 있는 것은 현상일 뿐이다. 이는 곧 현상의 형식인 시간과
공간이 우리가 세계를 보는 방식인 인간의 직관형식이지, 신이 세
계를 보는 방식인 절대 시간 절대 공간이 아니라는 것을 의미한다.

그런데 이것은 단지 우리의 직관이 시공간에 의해 제약받는다는
것, 즉 시공간상으로 너무 멀지 않아야 직관할 수 있다는 것을 말하
고자 하는 것이 아니다. 오히려 대상세계가 시공간상 자기 위치를
점한 시공간적 사물로서 존재한다고 할 때, 그 각각의 사물을 그 안
에 위치시키는 시간 공간 자체가 바로 그 사물을 보는 인간 자신의
직관형식이라는 것을 말하는 것이다. 시공간적 존재로서의 사물의
존재방식 자체가 그것을 직관하는 인간의 직관형식, 그것도 사유형
식에 의해 규정된 직관형식이라는 말이다.

그러므로 우리가 인식하는 대로의 사물은 그것을 인식하는 우리
자신의 심성, 마음이나 의식을 떠나 존재하는 것이 아니다. 인식주
체와 분리된 객관적 실재로서의 물 자체가 아닌 것이다. 객관적 물
자체가 아니라 주관형식에 의해 시공간적 사물로서 구조지어진 존
재라는 의미에서 그것을 '현상'(Erscheinung)이라고 부른다. 우리는
우리 자신의 직관형식에 따라 시공간 안에 질서지어진 것, 사유형

식에 따라 자연필연성의 것으로 규정된 것만을 직관하고 사유하여 인식할 수 있다. 결국 우리가 인식하는 것은 모두 우리 자신의 직관형식과 사유형식에 의해 규정된 현상, 주관형식에 따라 존재하는 현상인 것이다. 마치 꿈에서 보는 것이 그 꿈을 꾸는 한 개인의 마음을 떠나 객관적으로 존재하는 것이 아니듯이, 우리 인간이 우리의 감각기관을 통해 직관하고 우리의 오성을 통해 사유하는 것, 즉 우리의 인식대상이 되는 것은 바로 그렇게 인식하는 인간 자신의 직관형식과 사유형식을 떠나 따로 존재하는 것이 아닌 것이다. 다만 인간의 직관형식과 사유형식이 누구에게나 동일하기에 우리는 '하나'의 현상세계를 경험하게 되는 것이다. 이처럼 각 개인 안에서 그와 같은 하나의 공통의 현상세계를 구성해내는 보편적 형식의 인간 심성을 칸트는 개체 안에서 활동하는 '초월적 의식 일반' 또는 '순수 근원적 통각'이라고 칭한다.

칸트의 현상과 물자체의 의미를 정확히 이해하기 위해서는 그 각각의 경험적 의미와 초월적 의미를 구분해서 이해해야 한다. 경험적 의미에서의 물자체와 현상의 차이는 우리가 일상적으로 '실제 사물은 저렇지만, 내게는 이렇게 보인다'고 말할 경우의 사물 자체와 내게 보이는 현상의 차이에 해당한다. '저기 저것은 실제는 물방울이지만 내게는 무지개로 보인다'라든가 '저 책상은 실제는 둥근 책상인데 내게는 타원으로 보인다'고 할 경우가 그것이다. 개인의 감각기관이나 주변의 특수 상황에 따라 달리 보여질 수 있는 것이 경험적 의미의 현상이다. 이는 일상적으로 '가상'(Schein)을 의미한다. 그 가상 뒤에는 우리가 정상 상태에서 인식하는 사물 자체, 경험적 의미의 물자체가 있다. 경험적 의미의 현상은 그것이 실재와 다르게 인식된 것이기에 가상이다. 가상은 참된 인식을 통해 부정된다.

반면 시공간 형식을 통해 직관되는 대상이 현상이라고 말할 때, 그 현상의 의미는 경험적 의미에서가 아니라, 초월적 의미에서이다. 경험적 의미에서의 물자체는 그것을 경험하는 우리 인간의 경험구조를 떠나 그 자체로 존재하는 것이 아니라는 점에서 **초월적 의미의 현상**이다. '초월적'이라는 말은 절대적이라는 말이다. 우리가 경험하는 대상세계를 초월적 의미에서 현상이라고 하는 것은 그것을 경험하는 우리의 의식을 떠나 그 자체 절대적으로 존재하는 것이 아니라는 말이다. 우리가 경험하는 이 세계는 초월적 의미의 현상이다.

그렇다면 **초월적 의미의 물자체**는 무엇인가? 우리가 경험하지 않아도 그 자체로 존재한다고 가정되는 것들이다. 그러나 그런 물자체를 우리가 인식하는 현상세계에 대해 각각의 개별적인 대상사물 자체로서, 객관 자체로서 떠올린다면, 그래서 초월적 의미의 현상 너머에 그것을 가능하게 하는 원인으로서 초월적 의미의 물자체가 존재한다고 주장한다면, 이는 잘못 생각한 것이다. 이는 초월적 의미를 다시금 경험적 의미로 읽은 것이 되기 때문이다. 즉 현상세계에만 적용될 수 있는 실체성과 인과성의 개념을 현상 너머 무제약자에게 적용하는 오류를 범한 것이다. 초월적 의미의 물자체는 초월적 의미의 현상 너머 객체로서 존재하는 것이 아니다. 오히려 칸트는 초월적 의미의 물자체를 주와 객, 안과 밖의 구분을 넘어서는 무제약자로 간주한다. 객관으로서의 물자체가 아니라, 주객 무분별적 존재, **주객 포괄적 존재로서의 무제약자**로 이해하는 것이다. 현상세계 너머의 무제약자는 바로 현상을 구성하는 나와 다르지 않은 것이다. 이처럼 세계의 근거는 자아의 근거와 심연에서 하나로 만난다. 칸트가 논하는 현상과 물자체를 데카르트 철학과 비교하여 도표화하면 다음과 같다.

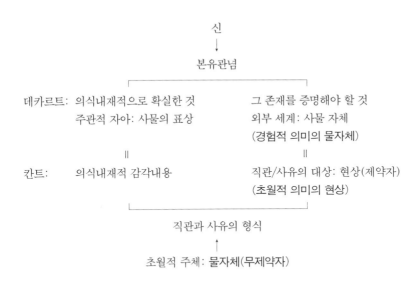

　물자체와 현상 개념에 대해 경험적 의미와 초월적 의미가 구분되듯, 그와 연관되는 또 다른 중요한 구분은 관념론과 실재론의 개념에 대한 경험적 의미와 초월적 의미의 구분이다. 즉 칸트의 초월적 관념론은 경험적 관념론과 구분되며, 마찬가지로 경험적 실재론은 초월적 실재론과 구분된다.

　칸트는 자신의 관점을 '**초월적 관념론**'으로 규정한다. 우리가 경험하는 직관대상의 세계를 그 자체 존재하는 의식 독립적인 객관적 물자체로 인정하지 않고 우리의 심성에 의존적인 존재로만 인정한다는 점에서 초월적 관념론인 것이다. 시공간은 인간의 직관형식일 뿐이며 따라서 그렇게 직관된 현상은 물자체가 아니라 현상(초월적 의미의 현상)이다.

　초월적 관념론은 모든 현상을 단순한 표상으로 간주하지 물자체로

간주하지 않으며, 따라서 시간과 공간을 오직 우리의 직관의 감성적
형식으로 간주하지 그 자체로 주어지는 규정 또는 물자체로서의 객
체의 조건으로 간주하지 않는 교설이다.[19]

이러한 초월적 관념론은 경험적 차원에서는 우리가 경험하는 대
상세계의 실재성을 부정하지 않는 실재론, 즉 '경험적 실재론'이다.
대상세계는 우리가 경험하는 대로 바로 그런 것으로서 실재하는 경
험적 의미의 물자체이기 때문이다. 그것은 초월적 의미의 현상이
지, 경험적 차원에서 단지 내게 그렇게 보일 뿐이라는 의미의 가상
(경험적 의미의 현상)은 아닌 것이다.

경험된 대상세계를 가상으로 간주하게 되는 것은 오히려 '초월적
실재론'이다. 초월적 실재론은 우리가 인식하는 현상 너머에 물자체
를 따로 설정해놓고, 우리가 경험적으로 아는 것은 단지 그것의 현
상인 가상일 뿐이라고 간주한다. 그러므로 초월적 실재론은 결국
'경험적 관념론'이 되며, 이것이 곧 회의론이 된다.

초월적 실재론은 시간과 공간을 (우리의 감성과 독립적으로) 그 자체로
주어지는 어떤 것으로 간주한다. 따라서 초월적 실재론자는 외적 현
상을 우리와 그리고 우리의 감관과 독립적으로 존재하며, 따라서 순
수 오성개념에 따라서도 우리 바깥에 실재하는 그런 물자체로 표상
한다. 이 초월적 실재론자가 본래 그 다음 경험적 관념론자의 역할을
하는 자이다. 그들은 감관의 대상에 대해서 그것이 외적인 것인 한
감관 없이도 그 자체로 존재해야 한다고 그릇되게 전제한 후, 이 점

19)《순수이성비판》, A 369.

에서 우리 감관의 모든 표상은 그 대상의 실재성을 확신하기에는 불
충분하다고 주장한다.[20]

우리가 경험하는 현상세계 배후에 우리와 무관한 객관적 물자체
를 설정해두고 우리가 인식하는 것은 단지 그것의 가상일 뿐이라고
주장하는 것은 초월적 실재론이고 경험적 관념론이다. 이것이 바로
칸트가 적극적으로 비판하면서 극복하고자 한 데카르트와 흄의 회
의론적 관점이다. 그러므로 칸트의 초월적 관념론을 오히려 초월적
의미의 물자체를 인정하는 초월적 실재론으로 읽는 것은 칸트를 데
카르트의 반복, 흄적 회의주의의 연장으로 읽는 것이 되고 만다.

칸트의 초월적 관념론은 경험된 객관세계의 실재성을 경험적 차
원에서 확보하기에 경험적 실재론이다. 그러므로 소위 주관과 객
관, 안과 밖, 정신과 물질의 이원성을 시간 공간의 형식에 따라 주
어지는 현상에서의 이원성으로 설명한다. 따라서 초월적 관념론은
경험적 실재론으로서 이원론이라고 할 수 있다. 그렇지만 그 이원
성은 초월적 차원의 현상 속에 포섭되는 이원성이다.

초월적 관념론자는 경험적 실재론자이며, 따라서 소위 이원론자이다.
그는 단순한 자기의식 바깥으로 나아가지 않은 채, 그리고 내 안의 표
상의 확실성, 즉 '나는 생각한다. 고로 나는 존재한다'는 것 이상의
어떤 것을 전제하지 않은 채, 물질의 존재를 인정한다. 왜냐하면 그는
물질 나아가 물질의 내적 가능성조차도 오직 우리의 감성을 떠나서는
아무 것도 아닌 현상으로 간주하기에, 그에게 물질은 외적이라고 불

---

20)《순수이성비판》, A 369.

리는 표상(직관)의 한 종류에 지나지 않기 때문이다. 그 표상이 외적
이라고 불리는 까닭은 그것이 그 자체로 외적인 대상〔외적 물자체〕과
연관되기 때문이 아니라, 오히려 그것이 지각〔감각내용〕을 공간과 연
관짓기 때문인데, 그 공간 자체는 우리 안에 있는 것이다.[21]

    이와 같이 칸트의 초월적 관념론은 우리가 경험하는 객관세계를
인간의 주관적 형식에 따라 직관되는 현상으로만 인정한다. 소위
심리적 대상과 물리적 대상의 구분은 현상 내에서의 구분이다. 즉
시간 형식에 따라 직관되는 내적 현상과 시간 공간 형식에 따라 직
관되는 외적 현상의 구분인 것이다. 이러한 초월적 관념론은 현상
너머에 인간의 인식주관과 독립적으로 그 자체로 존재하는 물자체
를 또 다시 상정하면서 그로 인한 인식불가능성에 기반해서 다시
회의론에 빠지고 마는 초월적 실재론이나 경험적 관념론과 구분된
다. 칸트의 초월적 관념론에서의 현상의 의미를 다음과 같이 정리
해볼 수 있다.

주관적 사적 감각내용	상호주관적 직관대상	주관독립적 대상
경험적 의미의 현상 (가상)	경험적 의미의 물자체 〈경험적 실재론〉	
	‖	
	초월적 의미의 현상 〈초월적 관념론〉	초월적 의미의 물자체
	내적 현상 + 외적 현상 (심리적인 것) (물리적인 것)	

---

21) 《순수이성비판》, A 370.

2장 유한과 무한

세계는 유한한가, 무한한가?

1. 문제제기

1) 현상세계는 유한한가, 무한한가?

우리가 몸담고 있는 현상세계인 이 우주는 유한한가, 무한한가?
우선 지구의 경우를 생각해보자. 유한과 무한의 물음이 끝 또는 한
계가 있는가 없는가의 물음이기에, 이 물음에 답하기 위해 지구 표
면을 계속 걸어간다고 해보자. 지구 표면은 아무리 걸어도 지구 한
계 밖으로 벗어나 떨어지게 되지 않는다. 즉 지구 표면에 끝이나 한
계로서의 경계선은 존재하지 않는다. 이처럼 지구를 이차원의 지구
표면으로만 생각하면 지구는 끝이 없다.

그러나 끝이 없다고 해서 그 표면이 무한히 확장된다는 말은 아
니다. 지구는 그 표면적이 무한히 확장되는 열린 평면이 아니라, 일

정하게 정해진 유한한 넓이를 가진 구면이다. 즉 지구는 한계나 끝
은 없되 그 표면 넓이는 유한한 닫힌 공간이다.[1]

이처럼 지구는 그 표면을 이차원적으로만 보면 끝이 없지만, 그
것이 구라는 삼차원의 닫힌 공간을 형성한다는 점에서 보면 유한하
다. 지구의 유한성은 지구를 이차원 면에서가 아니라 삼차원 공간
에서 바라봄으로써 성립하는 것이다. 다시 말해 지구표면에 서서
위를 쳐다보면 삼차원 공간이 열리고, 따라서 그 삼차원에 입각해
서 보니까 지구가 무한하지 않은 유한한 구로 생각되는 것이다. 이
차원상으로 한계가 없는 지구를 한계 있는 것으로 발견하려면, 지
구표면의 이차원을 넘어선 삼차원에서 보아야 하는 것이다. 이제
그렇게 지구 표면을 떠나 삼차원의 우주공간으로 나아가 보자.

그럼 이 삼차원의 우주 전체가 유한한가 무한한가, 한계가 있는
가 없는가는 어떤 방식으로 대답되어야 하는가? 이에 답하기 위해
서는 삼차원이 아닌 사차원으로 나아가야 하는가? 삼차원 우주 공
간의 유한 또는 무한을 판단하기 위해 우리가 나아갈 수 있는 사차
원은 과연 어떤 차원인가?

우리는 아직 사차원 공간을 떠올리지 못한다. 현재 우리가 생각

---

1) 앞뒤와 좌우의 방향을 가지는 이차원 면의 경우, 그 면은 끝(변/경계)이 있는
면과 끝이 없는 면의 둘로 구분된다. 네 변으로 둘러쌓인 사각형은 끝이 있는
면이다. 한 방향을 계속 가다보면 그 끝에 부딪치게 된다. 반면 면의 넓이가 끝
없이 확장되는 평면은 끝없는 무한한 면이 된다. 그런데 끝이 없으면서도 유한
한 것도 있다. 구면의 경우가 그렇다. 구면은 그 표면에 끝이 있지 않으면서도
그 면의 넓이는 유한하다는 점에서 무한한 평면과는 구분된다.

┌ 유한평면 ┌ 끝있는 면 (사각형)
│   └ 끝없는 면 (구면)
└ 무한평면   끝없는 평면

할 수 있는 사차원은 삼차원 공간에다 일차원의 시간을 더한 것이다. 그렇기 때문에 현대과학에서도 유한우주인가 무한우주인가의 논의는 시간의 차원과 더불어 다루어지고 있다. 즉 현재 팽창하고 있는 우주가 미래에도 끊임없이 팽창한다거나 아니면 팽창을 멈춰도 그 크기를 유지하고 있으면 무한우주이고, 만일 팽창하다가 어느 순간인가부터 다시 수축하게 된다면 유한우주라고 규정하는 것이다. 이렇게 해서 과학에서 우주의 유한 또는 무한의 문제는 우주가 시간 안에서 끝없이 팽창할 것인가, 아니면 팽창을 멈추고 수축할 것인가의 문제로 바뀌게 된다.[2]

그러나 이 문제마저도 아직 해결된 문제가 아니다. 우주가 과연

---

2) 우주가 현재 팽창하고 있는 것은 최초의 우주 폭발 순간의 폭발력에 의해 우주 내 물질인 별들이 서로 일정 속도로 멀어지게 되었기 때문이다. 한번 움직이기 시작한 물체는 다른 힘이 부여되지 않는 한, 같은 방향 같은 속도로 계속 움직인다는 것이 뉴턴의 제1운동법칙이다. 그런데 폭발력에 의해 퍼져나가는 그 물질들 간에 다시 상호 인력이 작용하므로 팽창속도는 점차 시간에 따라 감속하게 되는 것이다. 그러므로 우주의 팽창속도 법칙에서 우리가 갖는 숫자는 허블상수가 아니라 허블변수이다. 그렇지만 우리는 우주가 끝없이 팽창할 것인지, 아니면 어느 순간 팽창을 멈추고 수축하게 될 것인지, 그리고 만일 수축하게 된다면 그런 식으로 수축하다가 다시 팽창하게 되어 수축과 팽창을 반복하게 될 것인지, 아니면 팽창이 멎고 수축하다가 결국 이 우주는 폭발순간과 유사한 방식으로 한 점으로 수렴하여 결국 소멸해버릴지 알지 못한다. 무한히 팽창하는 우주를 무한 우주 또는 열린 우주라고 하며, 팽창에서 수축으로 돌아서는 우주를 유한 우주 또는 닫힌 우주라고 한다. 유한한 닫힌 우주는 다시 팽창과 수축으로 진동하는 우주와 수축으로 끝나는 우주로 구분된다. 이상을 구분 정리해 보면 다음과 같다.
  ┌ 무한 우주: ┌ 무한히 팽창
  │   └ 팽창을 멈추고 크기 유지: 임계우주
  └ 유한 우주: 팽창하다가 수축 ┌ 팽창 수축의 진동: 팽창 수축의 반복
                              └ 빅 크런치로 나아감: 수축하여 끝남

팽창이 계속되는 열린 우주인지 아니면 수축으로 돌아설 닫힌 우주인지는 우주 내의 물질의 인력, 즉 우주밀도에 의해 결정되는데,[3] 현재는 우주밀도가 제로가 아니므로 우주의 팽창이 시간에 따라 서서히 감속하고 있지만, 그 감속의 정도가 얼마만한지, 즉 우주밀도가 정확히 몇인지를 우리가 알지 못하기 때문이다. 그리고 우주밀도를 정확히 알 수 없는 것은 우주 안에 우리에게 보이지 않고 측량될 수 없는 무엇인가가 암흑물질로 있을 수도 있기 때문이다. 따라서 이것은 단지 과학이 발달한다고 해서 해결될 문제가 아니다. 우주 안에 우리에게 감지되지 않는 무엇인가가 더 이상 존재하지 않는다는 것, 삼차원 너머에 사차원의 실재가 있을 수 없다는 것을 과학이 어떻게 증명할 수 있겠는가? 결국 우주가 열린 우주인지 닫힌 우주인지는 과학적으로 증명될 수 있는 문제가 아닌 것이다.[4]

그렇다면 우주가 유한한가 아니면 무한한가를 묻는 것은 결국 무엇을 묻고 있는 것인가? 우리가 가시적으로 경험할 수 있는 것들의 총체로서의 우주에 대해 그 한계를 묻는다는 것은 물리적인 가시적 현상세계의 존재론적 위상에 대한 물음이며, 이는 곧 우주의 한계 너머 또는 물리적 우주와 다른 차원에 존재 가능한 실재에 대한 물음이기도 하다.

---

3) 만일 우주 내 물질의 인력이 작으면, 즉 우주밀도가 임계값보다 작으면, 팽창의 감속도 작고 팽창은 무한히 계속될 것이다. 이런 우주를 곡률이 마이너스인 열린 공간이라고 하며, 이때의 우주의 체적과 물질을 무한하다고 말한다. 반면 우주밀도가 임계값보다 크면, 큰 중력으로 인해 언젠가 우주 팽창이 멈추고 수축하게 될 것이다. 이 경우 우주는 곡률이 플러스인 닫힌 공간이고, 체적도 물질도 유한한 것이다.

4) 이런 점에서 천체물리학이 궁극적으로는 사변적 형이상학과 별로 다를 바가 없다.

2) 상대적 현상 너머의 절대는 무엇인가?

우주의 유한 또는 무한을 묻는 물음의 의미는 무엇인가? 어떤 것이 유한하다고 할 때, 그 유한성의 의미는 무엇인가? 그리고 유한한 것 너머의 무한을 우리는 어떤 방식으로 인식하는가?

우리가 일상적으로 경험하고 인식하는 것들은 모두 자기 한계를 가지는 것, 유한한 것, 상대적인 것들이다. 그래서 《주역》은 일체의 존재를 모두 상대를 가지는 것, 대대(待對)적 존재로 본다. 여자가 있으면 남자가 있고, 선이 있으면 악이 있다. 즐거움이 있으면 고통이 있고, 삶이 있으면 죽음이 있다. 상대는 말 그대로 상관적인 대립자이다. 빛의 상대는 어둠이고, 선의 상대는 악이다. 이처럼 가장 뚜렷한 상대는 반대(contrary)이다. 그럼 사과의 반대는? 반대가 없어도 사과가 상대적인 것이라면, 사과의 상대는 무엇인가? 그것은 사과 아님, 즉 사과의 모순(contradiction)이다. 존재하는 것들은 모두 반대나 모순에 해당하는 상대를 지닌 상대적 존재이다.

반대의 경우   모순의 경우

존재하는 것 x는 그 자신의 상대를 가질 뿐 아니라 그 상대와의 관계 속에서만 비로소 x로서 존재한다. 그리고 우리가 그 어떤 것 x를 x로 인식할 수 있기 위해서도 x의 상대인 x아닌 것에 대한 인식이 함께 해야만 한다. 예를 들어 도화지에 빨간 사과를 그릴 때, 그 종이 안에 사과를 그려 넣지 않고 그 종이를 온통 다 빨간색으로 칠해버린다면, 우리는 그 도화지 안에서 사과를 발견할 수가 없다. 누

군가 사과를 무척 좋아해서 아주 큰 사과, 도화지보다 더 큰 사과를 떠올려 도화지를 온통 빨갛게 칠했다고 해도, 그 경우 그 도화지에 사과가 그려져 있다고 말하기 힘들다. 거기에는 사과가 있다고도 없다고도 말할 수 없다. 왜냐하면 거기에 사과의 경계가 나타나 있지 않기 때문이다. 경계를 통해 사과와 사과 아닌 것의 대비가 나타나지 않는 한, 경계에 의해 경계지어지지 않는 한, 사과가 있다고 말할 수 없게 된다. 다시 말해 사과가 그려져 있으려면 그 종이 위에 사과를 사과 아닌 것과 구분짓는 사과의 경계가 드러나 있어야 하는 것이다. 밤은 밤이 아닌 낮이 있음으로 해서 밤으로 성립하며, 즐거움은 즐거움이 아닌 고통이 있음으로 해서 즐거움으로 성립한다. 낮이 없다면 우리가 낮이 아닌 것으로 이해하는 밤도 또한 없으며, 고통이 없다면 우리가 고통이 아닌 것으로 느끼는 즐거움도 또한 없는 것이다.

이처럼 어떤 것의 존재는 그 자체만으로서 성립하는 것이 아니라, 그 어떤 것을 그것 아닌 것과 구분짓는 그것의 경계를 통해 성립한다. 그리고 경계는 그것과 그것 아닌 것 사이에서 존재하므로, 결국 어떤 것의 존재는 그것과 그것 아닌 것 사이에서 성립한다고 말할 수 있다. 사과의 존재는 사과 자체만으로서 성립하는 것이 아니라, 사과의 경계, 즉 사과와 사과 아닌 것의 경계에서 성립한다. 사과 아닌 것이 없으면, 사과의 경계가 성립하지 않게 되고 따라서 사과가 없지 않고 있다고 말할 수 없게 된다. 이처럼 무엇인가가 존재하기 위해서는 그리고 그것이 존재하는 것으로서 인식되기 위해서는, 그것의 경계를 가져야 하며, 그 경계는 그것과 그것 아닌 것이 함께 함으로써 가능한 것이다. 결국 현상적 사물의 존재와 인식은 그것의 부정과 더불어 성립한다. 그것은 그것의 경계를 통해, 그

것 아닌 것을 통해 비로소 그것으로 성립한다는 의미에서 상대적인 것, 유한한 것이다.

그렇다면 일체를 상대적인 것, 유한한 것으로 간주하지 않고 다시 무한을 묻게 되는 이유는 무엇인가? 어째서 상대적이고 유한한 것들의 총체로서의 우주 전체에 대해 그것의 유한 또는 무한을 묻게 되는 것인가?

사과의 존재에 사과의 경계가 필수적이라는 말은 곧 사과의 존재는 사과와 사과 아닌 것을 포괄하는 지평에 의존한다는 말이다. 다시 말해 그려진 사과의 존재는 사과와 사과 아닌 것을 둘러싼 지평인 도화지의 존재에 의존한다. 그리고 그 도화지의 존재는 도화지와 도화지 아닌 것을 포괄하는 방에 의존하고, 그 방의 존재는 방과 방밖을 포괄하는 집에, 그 집은 서울에, 서울은 한국에, 한국은 지구에, 지구는 태양계에, 태양계는 우주에 의거한다. 그럼 이 우주의 존재는? 우주와 우주 아닌 것을 통해 드러나는 우주의 경계, 우주의 없지 않고 있음을 말해줄 우주의 경계는 과연 어디에 존재하는가?

이와 같이 현상적인 상대적인 것들은 모두 그 경계를 포괄하는 보다 더 큰 지평을 통해 그 상대적 존재의 의미를 확인받게 되므로, 그런 식으로 계속 경계를 확장해 나가다 보면, 결국 상대적인 것 일체를 포괄하는 전체에 이르게 된다. 그리고 바로 이 지점에서 현상세계 전체, 우주의 존재를 문제 삼게 되며, 과연 그것이 상대적인 것인가 아니면 절대적인 것인가, 또는 유한한 것인가 아니면 무한한 것인가를 묻게 되는 것이다.

유한한 상대적인 것들이 없지 않고 있다는 것이 그것과 그것 아닌 것을 포괄하는 더 큰 지평 안에서, 그것 아닌 것과의 경계를 통해 성립하는 것이라면, 그런 유한한 것들을 모조리 포괄하는 전체 우주는 과연 무엇을 통해 그것으로서 존재하는 것인가? 어떤 경계를 통해 그것이 없지 않고 있는 것이 되는가?

그러나 우주의 경계를 논하기 힘든 것은 본래 우주가 존재하는 것의 총체로 간주되기 때문이다. 즉 우주를 경계짓는 우주 밖의 것도 결국 그것이 존재하는 것이라면 다시 우주 속에 포함되기 때문이다. 이처럼 우주를 우주 아닌 것과 구분짓는 경계는 무한히 확장되어 우주 밖이라고 생각되는 것까지도 다시 포괄하게 되므로, 결국 우주의 궁극적 경계를 설정하기 힘들어지는 것이다.

그러나 우주를 우주 아닌 것과 경계짓는 우주의 경계가 존재하지 않는다면, 그럼 그 전체 우주가 없지 않고 있다고 말할 수 있는 근거는 무엇인가? 우주의 경계, 즉 우주를 우주 아닌 것과 구분짓고 따라서 우주를 없지 않고 있는 것으로 규정해주는 그런 우주의 경계가 있지 않다면, 그럼 우주 전체가 있다는 것과 우주 전체가 없다는 것이 어떻게 구분될 수 있는가? 나아가 그처럼 우주의 있음이 그 경계를 통해 없지 않고 있는 것으로 확인되지 않는다면, 즉 우주 전체의 존재가 확보되지 않는다면, 그 경우 그 우주 안에 그어지는 태양계와 비태양계 간의 경계의 존재를 어떻게 확인하며, 그렇게 경계지어진 것으로서의 태양계의 존재를 어떻게 말할 수 있겠는가? 또 태양계의 존재가 확보되지 않는다면, 그 안에 경계지어진 지구의 존재, 그리고 다시 그 안에 경계지어진 한국, 서울, 집, 방, 도화지, 사과의 존재를 어떻게 말할 수 있겠는가? 결국 도화지 위의 사과의 존재를 확신한다는 것은 곧 그 가장 넓은 배경으로서의 우주의 존재를 확신한다는 것이고, 이는 곧 우주가 없지 않고 있다는 것을 확신하는 것이 된다. 그리고 우주 전체가 없지 않고 있다는 것은 곧 우주에 경계가 있다는 것을 뜻하며, 이는 곧 우주의 경계가 더 넓은 지평으로 무한 소급되지는 않는다는 것을 의미한다.

그렇다면 우주의 경계가 무한소급되지 않고 우주와 우주 아닌 것으로 구분된다는 것은 무엇을 의미하는가? 이는 곧 우주의 경계를 긋는 우주 밖의 지평은 그 자체 다시 우주의 경계 안으로 포함될 수 없는 것, 즉 우주와는 다른 존재라는 것을 의미한다. 그렇다면 그것은 과연 무엇인가? 우주에 경계를 그어 우주가 없지 않고 있다는 것을 확립해주는 우주 밖 존재는 과연 무엇인가? 그것은 우주처럼 자신 아닌 것을 통해 자기 존재를 확립하는 상대적인 것이 아니어야 한다. 왜냐하면 그런 식으로 그것의 경계가 그어진다면, 다시 무한소급에 빠지게 되기 때문이다. 결국 그것은 경계를 통해 자기 존재를 확립하는 상대적인 것이 아닌 절대적인 것이어야 하며, 유한한 것이 아닌 무한한 것이어야 한다. 그러나 그것은 그럼 어떤 의미에서 자기 존재를 확보할 수 있는 것인가?

이렇게 해서 현상세계인 우주가 그 전체로서 유한한가 아니면 무한한가의 물음은 결국 우주와 우주 너머의 것의 존재론적 위상에 대한 물음이 된다. 존재하는 것은 모두 우주 내적 사물일 뿐인가? 우주를 유한한 것으로 한정짓는 우주 너머의 어떤 것이 과연 존재하는가? 유한과 무한, 상대와 절대는 서로 어떤 관계에 있는가? 무한한 것, 절대적인 것은 과연 무엇인가?

2. 칸트 이전 대답의 유형들

서양철학 전통에서 우주를 그 자체 무한한 것으로 생각하지 않는 것은 그럴 경우 우주 자체의 존재가 확립되지 않는다고 보기 때문이다. 한 개별 사물의 존재를 확립해주는 것이 그 사물의 경계를 포함한 그보다 더 넓은 지평이라고 할 때, 만일 그러한 지평의 확대가 끝이 없이 무한 소급된다면, 즉 더 이상 확대될 수 없는 최후의 경계가 존재하지 않는다면, 그 경계 없음으로 인해 결국 우주 전체가 없지 않고 있다고 말할 수 없게 되기 때문이다. 그리고 우주 전체의 존재가 불분명해진다면, 결국 눈앞에 주어진 개별 사물에 대해서조차도 그것이 없지 않고 있다고 말하기 힘들어지기 때문이다. 따라서 개별 사물 존재를 그것이 분명히 없지 않고 있는 것이라고 받아들인다면, 사물의 총체로서의 우주 역시 없지 않고 있다고 말할 수 있어야 하며, 이는 결국 경계의 무한소급이 발생해서는 안 된다는 것, 즉 우주 전체에 경계가 있어야 한다는 것을 말해주는 것이 된다. 따라서 서구의 전통 형이상학은 현상적 사물의 총체로서의 우주를 그 전체에 있어 경계지워진 것, 유한한 것으로 간주한다.

우주가 유한하다면 그것은 우주 너머의 것에 의해 우주에 경계가 그어지기 때문이다. 유한한 것은 그것의 상대가 있는 것으로서 따라서 상대적인 것이며, 한계지어진 것, 즉 한계 너머의 것에 의해 제한된 것이다. 반면 우주를 경계짓는 우주 너머의 것은 그 자체 다시 상대적이고 유한한 것이 아니라 절대적이고 무한한 것이어야 한다. 우주를 없지 않고 있는 것으로 판단할 수 있기 위해서는 우주 존재의 근원이나 그 범위의 경계가 무한소급되지 않아야 하기 때문이다.

이는 결국 우주를 유한화하는 우주 너머의 것을 무한한 실재로서 인정한다는 말이다. 더 이상 상대적이고 유한하지 않은 절대적이고 무한한 존재를 우주 너머의 실재로 간주하는 것이다. 그것이 고대 플라톤에서는 구체적 개별자들의 총체로서의 우주와 구분되는 보편적 이데아이다. 우주는 이데아의 모상이고 가상이다. 우주는 그 자체로 유한한 것이며, 그것의 근거가 이데아이다. 따라서 플라톤에게서는 모상과 원형, 가상과 실재, 개별 사물들의 가시적 현상계와 보편적 이데아들의 비가시적 이데아계의 이분법이 성립하게 된다. 가시적인 현상세계 사물들은 모두 자기 아닌 것과의 관계 속에서 존재와 인식가능성을 확보받는 상대적인 것들이라면, 이데아는 그 자체로서 존재하고 그 자체로서 인식되는 것이다. 현상적 우주를 유한한 것, 상대적인 것으로 경계짓는 우주 밖 존재가 이데아로 간주된 것이다.

상대적 유한자: 가시적 현상사물(이데아의 그림자)

↑ 복사

절대적 무한자: 비가시적 이데아(사물의 원형)

중세 스콜라철학은 현상적 우주를 유한한 것으로 경계짓는 무한자를 희랍적 이데아가 아니라, 희브리적 신, 즉 우주를 창조한 우주 밖의 신(神)으로 간주한다. 인간 이성이 포착할 수 있는 이데아나 관념이 우주 존재의 근원일 수 없다고 보는 것이다. 우주는 무한자인 신에 의해 창조된 피조물이며 인간도 피조물로서 유한한 우주에 속하는 존재로서 간주되기 때문이다. 우주는 신에 의해 무로부터 창조되었으며, 따라서 우주는 유한한 것이고 한계지어진 것이다. 신은 그 자체 절대적이고 무한한 존재자이며 우주를 없지 않고 있게끔 창조한 자, 즉 공간상의 한계나 시간상의 출발점을 가능하게 한 창조자이다. 그렇게 해서 창조자인 신과 피조물인 우주 만물은 무한과 유한, 절대와 상대로서 서로 완전히 다른 존재이다.

중세 스콜라철학자 아퀴나스도 이와 같은 논리로 신존재를 증명한다. 즉 우주의 원인을 추적함에 있어 무한소급은 불가능하며, 따라서 무한소급을 끊는 것, 최초의 원인과 최초의 실체가 존재해야만 하는데, 그것이 바로 신이라는 것이다. 그런 절대 무한의 신이 존재해야만, 유한한 우주가 없지 않고 있다는 것이 설명될 수 있다고 간주한다.[5]

상대적 유한자: 현상세계(신의 피조물): 심리적 존재 ＋ 물리적 존재

↑ 창조

절대적 무한자: 신(세계의 창조자)

그러나 우주의 유한화를 위해 우주 경계 밖에 존재하는 신, 그 신은 과연 무한한 절대자인가? 우리가 과연 절대적 확실성을 갖고 그 신의 존재를 알 수 있는가? 근세의 합리론자 데카르트가 제시한 '의심불가능성'을 확실한 인식의 기준으로 놓고 보면, 신의 존재 역시 절대적으로 확실한 것이 아니다. 왜냐하면 우리는 우주 바깥에 신이 존재하지 않을 수 있는 가능성도 생각할 수 있기 때문이다. 단지 우주 경계 너머에 신을 설정하는 우리 자신의 사유만이 존재할 뿐, 신 자체가 객관적으로 존재하는 것이 아닐 수도 있다. 데카르트

---

5) 아퀴나스의 신존재증명에 대해서는 아퀴나스의 《신학대전》, 제1권을 참조할 수 있다. 여기서 행해지는 신존재 증명의 '다섯 가지 길'은 모두 존재의 원인추구에 있어 무한소급은 불가능하다는 동일한 논리에 바탕을 두고 있다. 이와 같은 신존재증명을 '우주론적 증명'이라고 한다.

에 따르면 우주 전체가 우리 의식에 떠오른 꿈일 수 있고, 또 우주 바깥에 설정된 신조차도 우리 자신의 사유의 산물일 수 있기에, 물리적 우주나 우주 밖 신도 모두 의심가능한 불확실한 상대적인 것이 되고 만다.[6] 다만 꿈이든 생각이든 의심이든 그런 자아의 의식활동은 분명히 존재하므로, 데카르트는 신 대신에 의식활동자로서의 자아의 존재만을 더 이상 의심할 수 없는 확실한 것으로 간주한다. 그러나 인간은 유한한 상대적 존재일 뿐이며, 오직 신만이 무한한 절대적 존재라는 스콜라철학적 사유전통의 틀을 벗어나지 못한 그는 자아가 현상세계를 유한한 것으로 한계지을 만한 무한성과 절대성의 존재라는 식으로 논의를 전개하지는 못했다.[7]

근세의 과학자와 경험론자들은 신이나 자아의 정신에 의거함이 없이 우주를 설명하고자 한다. 우주 너머 다른 실재를 상정함이 없이 우주를 유한한 것으로 규정가능하게 하는 것이 바로 절대시간과

---

6) 이처럼 감각경험대상으로서의 외부세계의 존재나 신의 존재조차도 의심가능하다는 데카르트의 주장에 대해서는 데카르트의《성찰》, 제1권과 제2권을 참조할 수 있다. 물론 데카르트는《성찰》, 제2권에서 '사유하는 자아'의 존재를 절대적으로 의심불가능한 확실한 것으로 확립하고 난 후, 제3권에서 다시 그 자아조차도 유한화시키는 절대적 무한자로서의 신의 존재를 증명하고 있다. 결국 데카르트에게도 우주와 자아존재를 유한화하는 절대자는 신이다. 그리고 이 점에서 데카르트는 중세 스콜라철학의 영향 하에 있다고 말할 수 있다.

7) '나는 사유하는 한 존재한다'라는 데카르트의 통찰은 그 자체가 의심 불가능한 확실한 인식이다. 바로 이 지점에서 그는 무한소급에도 독단에도 빠지지 않은 채 확실한 인식을 확보하고, 그에 입각해서 현상세계 총체로서의 유한성을 논할 수도 있었지만, 그러나 그는 그렇게 하지 못했다. 그는 자신의 통찰의 깊이를 제대로 해명하지 못했다고 볼 수 있다. 반면 칸트가 선험적 종합판단의 최종 가능근거로서의 초월적 통각을 데카르트의 '나는 생각한다'와 연관지은 것은 그 통찰이 갖는 의미를 제대로 포착했기 때문이라고 할 수 있다.

절대공간이다. 우주를 개별적 현상 사물들의 총체로 보되, 그 물질적 우주 너머에 물질 없는 빈 공간을 설정함으로써 우주의 경계를 성립시키는 것이다. 우주를 빈 공간 안의 물질적 총체로 생각하면, 우주는 그 공간 안에 존재하는 유한한 것으로 간주된다. 이 경우 우주를 유한화하는 절대 무한의 존재는 바로 절대시간과 절대공간이다. 절대시간과 절대공간 안에서 우주는 그 공간적 제한과 시간적 출발점을 가지는 유한한 상대적인 것으로 간주된다.

상대적 유한자: 현상세계(시공간적 사물들)

↑
위치규정

절대적 무한자: **절대시간과 절대공간**(사물들의 좌표)

그러나 이처럼 우주 물질 너머에 그것과 독립적인 빈 공간이 정말 존재하는가? 물질 없는 빈 공간, 우주를 그 안에 포함하는 그런 절대공간이 과연 존재하는가? 절대시간과 절대공간은 뉴턴 물리학에서는 상정되지만, 라이프니츠는 그러한 절대시간 절대공간의 존재를 부정한다. 그는 시간과 공간을 개별적 실체인 모나드의 전개 방식으로 간주하지, 개별적 모나드에 선행하여 그와 독립적으로 존재하는 것으로 보지 않는다. 즉 시간공간은 그 안에서 신이 세계를 만들고 그에 따라 신이 세계를 직관하는 그런 신적 기관이 아니라, 오직 인간 자신이 세계와 관계하는 형식일 뿐이라는 것이다.[8]

---

8) 라이프니츠가 뉴턴 식의 절대시간과 절대공간을 비판하며 상대적 시간 공간관을 제시한 것에 대해서는 라이프니츠와 뉴턴계 철학자 클라크(Clarke)와의 편지 논쟁에서 확인할 수 있다. 칸트가 절대시간과 절대공간을 부정하면서 시간

이처럼 절대시간과 절대공간을 인정하지 않는 것은 현대 물리학의 정신과도 상통하는 통찰이다. 뉴턴 물리학과 달리 현대 물리학은 절대시간 절대공간을 부정한다. 일반상대성이론에 따르면 공간도 여타 물질과 마찬가지로 중력에 의해 휘어 있다. 즉 중력이 큰 별에서는 그 주위의 공간이 휘어져 있기에 다른 별의 빛이 그곳을 통과할 때 휘어진 공간을 따라 빛도 휘게 된다는 것이다. 결국 공간이란 물질과 독립적으로 선재해 있는 절대 실재가 아닌 것이다. 이렇게 보면 절대시간과 절대공간의 바탕 위에서 우주의 경계와 유한성을 규정하는 것 또한 불가능해진다.

결국 서양 전통 형이상학에서 유한한 우주의 존재를 설명하기 위해 그 유한한 우주의 근거로서 제시된 이데아나 신이나 절대시간 절대공간 등은 모두 그 자체 절대적으로 확실한 존재로 확인되지 않는다. 그렇다면 우리는 무엇에 근거해서 우주의 유한성을 논할 수 있는가? 이데아도 신도 절대시간 절대공간도 우주의 경계를 성립시키는 그 자체 무한한 절대자가 아니라면, 그럼 우주의 존재와 그에 대한 우리의 인식은 어떻게 설명될 수 있는가? 유한한 우주 너머 무한을 확인할 수 없다면, 그래서 우주의 경계나 유한성을 논할 수 없다면, 우주 존재나 그것의 인식은 어떻게 가능한 것인가? 우주는 과연 무한한가 아니면 유한한가? 우리는 과연 우주 전체를 인식할 수 있는가, 인식할 수 없는가?

우주를 무한한 것으로 간주하여 그 경계를 인정하지 않으면, 결국 무한소급에 빠져 현상 사물의 존재와 인식이 설명되지 않고, 반

과 공간을 인간의 직관형식이라고 설명하는 것을 우리는 라이프니츠와의 연장 선상에서 이해할 수 있다.

대로 우주를 유한한 것으로 간주하기 위해 우주 밖의 무한자를 설
정하면, 그 설정 자체가 독단이 되어 버리는 이 딜레마를 과연 어떻
게 벗어날 수 있는가?[9]

3. 칸트적 대답의 길

1) 수학적 이율배반[10]

(1) 수학적 이율배반의 구조
우주는 그 자체로 유한한가 아니면 무한한가? 칸트는 《순수이성

---

9) 무한소급과 독단을 피하면서 택할 수 있는 남은 하나의 방식은 순환이다. 즉 무
한을 통해 유한을 설명하고 다시 유한을 통해 무한을 설명하는 것이 그것이다.
그러나 논리적으로 보면 순환은 무한소급이나 독단과 마찬가지로 일종의 오류
이다. 현상을 총체적으로 설명할 때 빠지게 되는 이와 같은 세 가지 길을 알버
트는 "뮌히하우젠의 트릴레마"라고 칭한다. 이는 고대 회의주의 퓌론학파에
서부터 제기된 것으로 섹스투스 엠피리쿠스가 정리한 "5가지 토로펜" 중의 3가
지이다. 문제는 무한소급에도 독단에도 순환에도 빠지지 않은 채 절대적이고
확실한 인식을 과연 확보할 수 있는가 하는 것이다.
10) 《순수이성비판》 변증론에서 칸트는 이율배반을 두 종류로 구분한다. 첫 번째
이율배반은 계열상의 항목들 간에 질적인 비약이 불가능하게끔 동질적인 '시
간과 공간'을 전제로 하고 있다는 점에서 '수학적 이율배반'이라고 하고, 두 번
째 부류의 이율배반은 시간 공간을 전제하지 않으며 따라서 계열의 항목들 간
에 질적 비약이 가능하다는 점에서 '역학적 이율배반'이라고 말한다. 우리는
이 두 번째 종류의 이율배반 중 첫 번째 이율배반인 제3이율배반을 그것이 시
공간적인 현상세계와 시공간을 넘어서는 초월적 주체와의 관계를 논하면서,
결국 인간 심성의 존재론적 위상을 다룬다는 점에서 '심성론적 이율배반'이라
고 칭해본다.

비판》변증론 중 첫 번째 이율배반에서 이 물음을 제기하며, 이 물음에 대한 이성적 답변을 '세계는 유한하다'라고 주장하는 정립과 '세계는 무한하다'라고 주장하는 반정립으로 구분하여 설명한다. 문제는 그 동일한 물음에 대해 정립과 반정립이 서로 상반되는 주장을 한다는 것이며, 그것도 직접적으로 자기 주장을 논증하는 것이 아니라, 상대방의 주장을 논박함으로써 자기 주장의 참을 증명한다는 것이다. 따라서 정립에 의하면 반정립이 참일 수 없고 반정립에 의하면 정립이 참일 수 없어, 결국 대립되는 두 주장 중 어느 하나도 참일 수 없게 된다. 칸트는 이를 '이율배반'(Antinomie)이라고 한다. 칸트가 제시하는 정립과 반정립의 주장과 그 논증은 다음과 같다.

정립: 세계는 시간상의 시작을 가지고 공간상의 한계를 가진다.
증명: 가령 시간상으로 시작이 없다고 한다면, 세계 안에 주어진 각 시점에 이미 영원, 즉 사물의 계속되는 상태의 무한한 계열이 흘렀어야 할 것이다. 그러나 그것은 곧 계열의 무한성을 의미하며, 무한성은 계기적인 종합에 의해 결코 완성될 수 없는 것이다. 그러므로 세계 계열의 무한한 흐름이란 불가능하다. 따라서 세계의 시작은 세계의 현존의 필연적 조건이다.
공간상으로 그 반대를 가정해보자. 그 경우 세계는 동시적으로 존재하는 사물들의 무한하게 주어진 전체가 될 것이다. 그런데 각 직관의 특정 한계 내에 주어지지 않는 양의 크기는 그 부분들의 종합에 의하는 것 이외의 방식으로는 생각될 수 없으며 따라서 그런 양의 전체성은 오직 완료된 종합 또는 통일성의 반복되는 첨가에 의해서만 생각될 수 있다. 결국 모든 공간을 채우는 세계를 전체로서 사유할 수 있

기 위해서는 무한한 세계의 부분들의 계기적 종합이 완료된 것으로 간주되어야 한다. 그러나 모든 공존하는 사물들의 헤아림에 있어 무한한 시간이 경과한 것으로 간주하는 것은 불가능한 일이다. 현실적 사물의 무한한 합은 주어진 전체로서 간주될 수 없고, 따라서 동시에 주어진 것으로서도 간주될 수 없다. 그러므로 세계는 공간상 무한하지 않으며, 그 한계에 의해 제한되어 있다.

반정립: 세계는 시간상으로도 공간상으로도 한계를 갖지 않으며 시간 공간상으로 무한하다.

증명: 가령 세계가 시간상 시작을 가진다고 한다면, 그 시작은 곧 그 이전에 시간은 있되 사물은 있지 않은 그런 것이 될 것이다. 그렇다면 세계가 아직 없고 시간은 흘러가는 그런 빈 시간이 있어야 할 것이다. 그러나 빈 시간에서는 어떠한 사물의 발생도 가능하지 않다. 왜냐하면 그 시간 중의 어떤 부분도 그 이전 부분과 달리 사물현존을 발생시킬 조건을 갖추고 있지 않기 때문이다. 그러므로 세계에서 많은 사물들의 계열은 시작할 수 있지만, 세계 자체는 시작을 가질 수 없으며, 시간상 무한하다.

공간상으로 그 반대를 가정해보자. 가령 세계가 공간상 유한하고 한계지워져 있다면, 세계는 제한되지 않은 빈 공간 안에 있는 것이 된다. 그러면 공간 안에 사물들의 관계뿐 아니라, 사물의 공간에 대한 관계도 성립하게 된다. 그런데 세계는 절대적 전체이므로, 그 바깥에는 어떠한 직관대상도 없고 세계와 관계할 세계의 상관항도 없다. 따라서 세계의 빈 공간에의 관계는 세계의 어떤 대상과의 관계도 아닌 것이다. 결국 그런 관계는 아무 것도 아닌 것이며, 따라서 빈 공간에 의한 세계의 제한이란 아무것도 아닌 것이다. 그러므로 세계는 공간상 결코 제한되어 있지 않다. 즉 직관에 있어 무한하다.[11]

정립에 따르면 세계는 유한하고, 반정립에 따르면 세계는 무한하다. 그러므로 둘 다 맞는 것일 수는 없다. 그런데 다시 논증과정을 보면, 정립에 따르면 세계는 무한한 것일 수 없고, 반정립에 따르면 세계는 유한한 것일 수 없다. 그러므로 둘 중 어느 하나도 맞는 것일 수가 없게 된다. 그렇다면 이 현상세계는 과연 어떻다는 말인가? 세계는 유한한가, 무한한가?

'세계가 유한하다'는 것을 주장하는 정립은 자신과 반대주장을 펴는 반정립을 반박함으로써, 즉 '세계가 무한한 것일 수 없다'는 것을 논증함으로써 자기 논리를 정당화한다. 우선 시간상으로 세계가 무한하여 시작이 없다면, 세계는 과거로의 시간 계열이 무한히 이어질 것이다. 현재의 상태로부터 그 과거로, 다시 그 과거로 소급해갈 때, 보다 이전 과거로의 소급이 무한히 계속된다는 말이다. 이와 같이 과거의 계열이 시작점이 없이 무한소급된다는 것은 결국 그 계열이 완료되지 못한다는 말이다. 그러나 그런 식으로 현재의 세계의 원인이 되는 과거 계열이 완료되지 않는다면, 원인의 종합이 완성되지 않으며, 그럴 경우 그 결과로서의 현재의 세계 또한 없게 된다. 그러나 현재의 세계는 없지 않고 있는 것으로 주어져 있다. 그러므로 과거로의 역행계열에서 무한소급은 허용될 수 없다. 따라서 세계는 과거로 역행해 갈 때 시간상 무한한 것일 수 없다.

공간상으로도 세계는 무한한 것일 수 없다. 만일 세계가 무한하다면, 세계를 총체로서 인식하기 위한 종합도 무한하기에 완료되지 않을 것이다. 그러나 우리가 세계를 총체로서 인식한다는 것은 곧 그 종합이 완료된다는 말이며, 따라서 세계는 공간상 그 계열이 완료되지

11) 《순수이성비판》, B 454~457.

않은 무한한 것일 수 없다. 그러므로 세계는 공간상으로도 유한하다.

'세계가 무한하다'는 것을 주장하는 반정립 또한 자신과 반대주장을 펴는 정립을 반박함으로써, 즉 '세계가 유한한 것일 수 없다'는 것을 논증함으로써 자기 주장을 편다. 우선 세계가 시간상으로 유한하다는 말은 이전에는 세계가 없다가 어느 시점에서 세계가 있게 되는 그런 세계 시작의 시간이 있다는 말이다. 즉 세계가 없어도 그 안에 세계가 생겨날 그런 빈 시간이 있다는 말이다. 그러나 그런 빈 시간은 우리에게 표상불가능하며 경험불가능한 것이다. 그런 빈 시간에서는 순간과 순간이 구분되지 않으므로 어느 순간도 다른 순간들과 달리 세계의 시작을 가능하게 할 조건을 갖출 수가 없다. 그러므로 빈 시간 안에서 세계가 시작을 갖는다는 것, 시간상 유한하다는 것은 불가능하다. 이는 경험불가능한 빈 시간의 좌표 위에 그어지는 한계는 그 자체도 경험불가능한 것이므로 한계로 성립하지 않는다는 것을 뜻한다. 그러므로 세계는 한계지어진 것, 유한한 것일 수 없는 것이다.

마찬가지로 공간상으로도 세계는 유한한 것일 수 없다. 세계의 유한성을 성립시키기 위해 요구되는 빈 공간이란 것이 우리의 직관 대상이 아니기 때문에, 세계는 그런 빈 공간에 의해 제한된 것으로 간주될 수 없기 때문이다. 세계를 유한화하기 위해 세계 밖에 설정되는 빈 공간이 결국 아무것도 없기에 아무것도 아닌 것이라면, 그것은 없다는 말이다. 따라서 그 안에 그어지는 세계의 공간적 한계도 성립하지 않게 된다. 즉 세계는 유한한 것이 아니다. 그러므로 세계는 시공간상으로 무한하다. 이상 정립과 반정립의 주장을 간략히 정리해보면, 다음과 같다.

	주장	증명방식	근거
정립	세계는 유한	무한할 수 없으므로	계열종합이 무한소급될 수 없으므로
반정립	세계는 무한	유한할 수 없으므로	경험불가능한 빈 시공간상에서는 한계가 성립하지 않으므로

　정립이 주장하는바 현상세계가 시간상 과거로 무한 소급될 수 없고 공간상 무한 확장될 수 없다는 것은 한마디로 세계가 시공간상 한계가 없는 무한한 것일 수 없다는 말이다. 시간상 시작점이 있고 공간상 한계가 있다는 말이다. 그런 식으로 경계가 있어야 세계가 없지 않고 있다고 말할 수 있게 된다. 더 이상 무한한 과거나 무한히 더 너른 공간으로 나아갈 수는 없게끔 하는 시공간상의 경계선이 존재한다는 것이다.

　이에 대해 반정립이 문제삼는 것은 그런 시공간상의 경계선이 놓여있을 지평으로서의 빈 시간과 빈 공간, 즉 세계의 시작 앞에 놓여 있을 빈 시간과 세계의 공간 밖에 놓여 있을 빈 공간의 추상성이다. 반정립은 정립이 주장하는 세계의 경계선 너머의 빈 시간과 빈 공간은 그 자체로 경험될 수 없는 것이기에, 그 안의 경계선도 경험될 수 없고, 따라서 그런 경계선을 통해 세계를 유한한 것으로 규정하는 것도 불가능하다는 것이다. 그러므로 세계는 시공간적으로 경계 지어진 유한한 것이 아니라는 것이다.

　이처럼 정립에 의해서는 세계가 무한한 것일 수 없음이 증명되고, 반정립에 의해서는 세계가 유한한 것일 수 없음이 증명된다. 정립과 반정립이 다 맞다면, 결국 우주는 무한한 것도 아니고, 또 유한한 것도 아닌 것이 된다. 그러나 어떻게 우주가 무한하지도 유한하지도 않을 수 있는가?

(2) 수학적 이율배반의 한계: 세계와 자아의 관계에 대한 고
    찰의 필요성

세계 전체가 없지 않고 있는 것이라면 세계를 그렇게 없음에서 있음으로 구분짓는 경계가 존재해야 한다. 그래야 우리가 그 경계를 따라 세계가 없지 않고 있다는 것을 알 수 있기 때문이다. 문제는 세계의 경계를 성립시키는 그 지평이 과연 무엇인가 하는 것이다. 이는 곧 세계의 존재론적 위상에 대한 물음이기도 하다.

칸트의 수학적 이율배반의 반정립에서 증명되는 것은 세계의 경계가 빈 시간과 빈 공간 안에 성립하는 것일 수는 없다는 것이다. 즉 세계의 터전이 빈 시간과 빈 공간일 수 없다는 것이다. 빈 시간과 빈 공간은 구체적인 세계 사물들의 내용으로 채워지지 않은 비어있는 시간과 비어있는 공간이며, 그러면서도 세계 사물들을 그 안에 위치시킬 좌표가 된다는 의미에서 그리고 그 안에 존재하는 세계 그리고 그 세계를 의식하는 인간으로부터 독립적으로 존재한다는 의미에서 절대시간과 절대공간이다.

그렇다면 빈 시간과 빈 공간, 다시 말해 절대시간과 절대공간이 왜 상대적 세계의 터전이 될 수 없는 것인가? 이율배반에서 칸트가 논하는 것은 빈 시간과 빈 공간은 그 자체 경험될 수 없는 것이기에 우리가 경험하는 세계와 연결될 수 있는 단서가 있지 않다는 것이다. 빈 시간 좌표에서는 각 시점이 모두 동일하므로 특별히 어느 한 시점에서 세계가 시작하는 것이 불가능하고, 빈 공간의 좌표 또한 경험세계의 사물과 관련지어질 단서를 포함하고 있지 않으므로 어느 지점에서부터 세계로 채워지게 되는지의 세계 경계를 논할 수가 없다. 결국 빈 시간과 빈 공간은 경험되는 세계사물과 무관한 것이며, 그 자체로 경험될 수 없는 것이다. 이처럼 빈 시간과 빈 공간이

경험되지 않는다면, 그 안에 그어지는 경계선, 즉 비어있는 시공간과 채워진 시공간 사이에 그어지는 경계선도 성립하지 않으며, 따라서 그 경계선을 따라 세계가 유한하다고 주장하는 것도 불가능해진다.

이렇게 보면 수학적 이율배반은 결국 절대시간과 절대공간을 부정하는 《순수이성비판》 분석론의 논의와 연결되는 것이다. 분석론에서 칸트는 시간과 공간을 절대시간과 절대공간으로 설정하는 입장을 "수학적 자연탐구자"라고 하여 비판한다.

> 그[수학적 자연탐구자]는 두 가지 영원하고 무한하면서 그 자체로 존재하는 말도 안 되는 것(Unding)을 전제한다.[12]

칸트에게 있어 시간과 공간은 인간의 의식과 무관하게 그 자체로 존재하는 객관적인 절대시간 절대공간이 아니다. 그가 분석론 중 감성론에서 논한 것은 시간과 공간은 오직 인간이 세계를 직관하는 형식일 뿐이라는 것이다. 그러므로 우리가 경험하는 세계에 대해 그 경계 밖에다 빈 시간과 빈 공간을 절대시간과 절대공간으로 설정하는 것은 불가능해진다. 시간과 공간은 인간이 세계사물을 직관하는 주관적 형식이며, 따라서 그 형식 안에 주어지는 시공간적 사

---

12) 《순수이성비판》, B 56. 이와 반대로 시간과 공간을 현상적 사물세계 의존적인 상대적인 것으로 간주하는 관점도 비판하는데, 칸트는 이를 "형이상학적 자연탐구자"라고 이름한다. 그는 뉴턴 식의 절대시간 절대공간을 부정한 라이프니츠를 그 대표자로 꼽는다. 칸트는 이런 형이상학적 자연탐구자에게는 "공간과 시간이 경험으로부터 추상되고 분리되어 불분명하게 표상된 현상의 관계(옆의 또는 앞뒤의 관계)로 간주된다"(《순수이성비판》, B 56)라고 하여 시공간의 상대화를 비판하는 것이다.

물들과 더불어 있는 것이지, 경험가능한 세계 너머에 경험 불가능한 어떤 것으로서 객관적으로 존재하는 것이 아니기 때문이다.

시간과 공간이 객관적인 절대시간 절대공간이 아니라 인간의 직관형식일 뿐이라는 것은 결국 인간이 시공간 형식에 따라 경험하는 세계는 객관적인 물자체가 아니라 인간의 직관형식에 의해 시공간적으로 전개된 현상이라는 것을 의미한다. 그러므로 이 현상으로서의 세계인 시공간적 사물들 너머에 있는 것은 빈 시간과 빈 공간이 아니라, 시간과 공간조차도 존재하지 않는 순수한 비어있음이다. 만일 시간과 공간이 객관적 세계를 그 안에 담고 있는 객관적 좌표라면, 세계사물 너머에 또는 사물들을 들어내면 그 터전에 빈 시간 빈 공간이 남을 수도 있을 것이다. 그러나 칸트에 따르면 시간과 공간은 세계를 담는 형식이되 그 형식은 인간이 세계를 보는 주관적인 직관형식이므로, 그 형식에 따라 주어지는 세계는 현상일 뿐이다. 그리고 그 현상의 터전은 빈 시공간이 아니라 그런 시공간의 형식에 따라 현상을 직관하는 인간의 의식이 된다. 물론 이때의 의식은 내용으로 채워진 의식이 아니라, 내용이 없는 의식, 즉 시공간적 사물로도 시공간의 형식으로도 채워지지 않는 의식인 빈 의식이다.

이처럼 시공간이 객관적인 절대적 실재가 아니고 따라서 시공간적 세계도 인간 의식 너머의 객관적 사물 자체가 아니라 인간의 직관형식에 따라 직관되는 현상이기에, 그 세계가 유한한가 아닌가의 문제는 결국 현상으로서의 세계와 그 세계를 직관하는 인간 의식과의 관계의 문제로 바뀌며, 이 관계가 해명되지 않는 한, 유한 무한의 물음은 해명될 수 없는 물음이 된다. 이런 이유로 인간의 의식을 떠나 절대시간 절대공간의 수학적 좌표 위에서 세계의 경계를 논하는 수학적 이율배반은 그 문제설정 자체가 잘못된 것으로서 정립과 반정립 둘 다가 거짓으로 판명된다.

　이는 곧 세계의 유한성은 경험불가능한 순수 추상으로서의 절대 시간 절대공간이라는 수학적 좌표 위에서가 아니라, 오히려 시간 공간 형식에 따라 세계를 직관하는 인간 심성이나 의식과의 연관 하에서 논의되어야 함을 의미한다. 세계를 유한하게 경계짓는 것, 세계의 경계가 그어지는 곳, 따라서 세계 안과 세계 밖을 포괄하고 있는 지평이나 터전은 수학적 또는 물리적 차원에서가 아니라, 심 성론적 또는 형이상학적 차원에서 성립한다는 말이다. 세계를 유한 화하는 무한과 절대가 세계 경계 너머의 신이나 이데아 또는 절대 시간 절대공간처럼 인간 정신 바깥의 객관적 실재라면, 그것은 결 국 인간이 직관할 수도 경험할 수도 없는 것이며, 따라서 그것이 세 계 내 사물을 직관하고 인식하는 경험의 지평으로 작용할 수도 없 는 것이 될 것이다.[13] 세계의 지평이 세계의 경험 자체를 가능하게 하기 위해 전제되어야 하는 것이라면, 그 지평은 경험을 가능하게 하는 총체적 지평으로서 결국 세계를 경험하는 인간 의식과의 연관 하에서, 경험의 주관적 가능근거 안에서 찾아져야 할 것이다. 그러 므로 유한과 무한 사이에서 성립하는 이율배반의 문제는 수학적 이 율배반에서부터 심성론적 차원의 문제로 옮겨가게 된다.

2) 심성론적 이율배반: 자연필연성과 자유의 관계

　칸트가 제시하는 세 번째 이율배반은 수학적 이율배반이 아니라,

---

13) 세계를 유한화하는 절대의 지평이 신(神)일 수 없다는 것은 제4이율배반에서 논의된다. 여기서도 문제가 되는 것은 결국 절대 무한으로 상정되는 신이 세계 를 경험하는 인식주체인 인간 심성과 무관하게 상정된 것이라는 점이다.

세계 전체를 인간 정신과의 연관 하에서 논하는 심성론적 이율배반이다. 여기서는 물리적 현상세계의 인과필연성과 인간 정신의 자유가 서로 상충하는 이율배반적인 것으로 제시된다.

정립: 자연법칙의 인과성은 세계 현상이 모두 그로부터 도출될 수 있는 유일한 인과성이 아니다. 현상을 설명하기 위해서는 자유의 인과성을 인정해야만 한다.

증명: 만일 자연법칙의 인과성 이외에 다른 인과성이 존재하지 않는다면, 발생하는 모든 것은 그 이전 상황을 전제하면서, 그것으로부터 규칙에 따라 불가피하게 발생하는 것이 되며, 그 이전 상태 자체도 또한 발생한 것(이전에는 없었다가 시간 안에서 있게 된 것)이 된다. 왜냐하면 그 이전 상태가 항상 있었다면, 그것의 결과 역시 비로소 발생한 것이 아니라 언제나 있었던 것이 되기 때문이다. 그러므로 무엇인가를 발생하게 한 원인의 인과성 그 자체도 발생한 것으로서 자연법칙을 따라 다시금 그 이전의 상태와 그것의 인과성을 전제하고, 이것은 또 다시 그 이전의 것을 전제하고 이런 식으로 나아가게 된다. 그러므로 모든 것이 단지 자연법칙에 따라서만 발생하는 것이라면, 언제나 이차적인 시작만 있을 뿐 최초의 시작은 없게 되며, 따라서 소급해가는 원인의 측면에서의 계열의 완성성도 있을 수 없게 된다. 그런데 자연법칙이란 선험적으로 규정된 충분한 원인이 없으면 아무 것도 발생하지 않는다는 데에서 성립한다. 그러므로 '모든 인과성이 자연법칙에 따라서만 가능하다'는 명제는 그 무제한의 보편성에 모순되며, 따라서 자연인과성을 유일한 인과성으로 전제할 수 없다.

반정립: 자유는 없다. 세계의 모든 것은 오직 자연필연성에 따라 발

생한다.

증명: 초월적 의미의 자유가 그로부터 세계의 사태들이 귀결될 수 있는 특정한 종류의 인과성으로, 즉 한 상황과 그것의 결과들의 계열을 단적으로 시작할 수 있는 능력으로 존재한다고 해보자. 그러면 그 자발성에 의해 한 계열이 단적으로 시작할 뿐 아니라, 그 계열을 산출하는 자발성의 규정, 즉 인과성도 단적으로 시작하게 될 것이며, 따라서 그 발생하는 행위를 항구적 법칙에 따라 규정할 수 있는 어떤 선행하는 것도 없게 될 것이다. 그러나 행위의 모든 시작은 아직 행위하지 않은 원인의 한 상황을 전제하며, 행위의 역학적인 최초의 시작도 한 상황을 전제하지만, 그 상황은 그것에 선행하는 원인과 인과적으로 아무 연관이 없으며, 따라서 결코 그 원인으로부터 도출된 것이 아닌 것이 된다. 그러므로 초월적 자유는 인과법칙에 대립된다. 그리고 작용하는 원인의 계기적 상황들의 그와 같은 결합은 그에 따라서는 어떠한 경험의 통일성도 가능하지 않고, 따라서 어떠한 경험에서도 발견되지 않는 단지 하나의 공허한 사유물일 뿐이다.[14]

이상 정립에 따르면 자연필연성 이외에 자유의 여지가 존재하고, 반정립에 따르면 오로지 자연필연성만이 가능하다. 먼저 '자유가 존재한다'는 것을 주장하는 정립은 '오직 자연필연성만이 있을 뿐이다'라는 반정립을 반박함으로써 자신의 논리를 정당화한다. 왜 자연필연성만으로는 충분하지 않은가? 만일 모든 것이 선행하는 조건에 의해 제약되는 자연필연성 하에 있다면, 따라서 제약됨이 없는 자유로운 것이 일체 존재하지 않는다면, 이 경우 원인은 계속적

---

14) 《순수이성비판》, B 472~475.

으로 그 원인으로 소급해 올라가게 되어, 결국 제약의 전체 계열이 완료되지 못하고 무한소급에 빠지게 될 것이다. 그러나 전체 제약이 완료된 것으로 주어지지 않는다면, 즉 선행의 제약이 이미 주어지지 않는다면, 어떠한 제약된 것도 주어지지 않을 것이다. 그러나 이것은 많은 것이 이미 주어져 있는 현상적 사실과 모순된다. 그러므로 어떤 무엇인가는 그 스스로 다른 것에 의해 제약되지 않으면서 전체 계열을 단적으로 시작할 수 있어야 한다. 자연필연성을 따라 선행원인에 의해 규정되지 않은채, 그 스스로 단적으로 시작할 수 있는 능력이 바로 자유이다. 따라서 자유는 존재한다.

그러나 '오직 자연필연성만이 존재한다'를 주장하는 반정립은 자유의 존재를 주장하는 정립을 반박함으로써 자기 주장을 정당화한다. 자연필연성에 반하는 자유는 왜 불가능한가? 모든 발생하는 것은 원인이 있어야 하는데, 어떤 것이 그 선행하는 원인에 의해 자연필연성의 법칙에 따라 규정됨이 없이, 따라서 그 선행원인과 인과론적 연관 없이 그저 발생한다면, 그것은 인과성의 개념과도 어긋나며, 아무 규칙도 없이 발생하는 것으로서 경험의 통일성 안에 연결되지도 않게 된다. 그것은 결국 의식의 통일성에 따라 경험되지도 않고 정리되지도 않아, 현상세계 안에서 발생하는 일로 간주되지도 않는다. 그러므로 자연필연성을 벗어난 상황의 발생을 주장하는 것은 불가능해진다. 이상의 정립과 반정립을 정리하면 다음과 같다.

	주장	근거
정립	자유가 있다	자연필연성만 있으면, 원인의 계열이 완성되지 않으므로
반정립	자연필연성만 있다	자연필연성을 벗어나면, 통일적으로 경험되지 않으므로

그런데 이렇게 정립과 반정립이 서로 대립하게 되는 것은 그 둘 다 자유를 자연필연성이 지배하는 현상세계에 대해 자연필연성과 마찬가지 방식으로 작용하는 것으로 간주하고 있기 때문이다. 그렇기 때문에 현상세계 자체의 성립을 위해 자유가 존재한다는 정립과 현상세계는 오로지 자연필연성만으로써 성립한다는 반정립이 서로 대립하게 되는 것이다.

그러나 만일 현상세계의 전체 계열이 성립하기 위해 그 근거로 자유가 필요하지만, 그 자유를 통해 성립하는 현상세계 자체는 자연필연성에 따라 규정된다고 봄으로써, 자유가 성립하는 영역과 자연필연성이 작용하는 영역을 서로 다른 영역으로 구분한다면, 정립과 반정립은 각각의 영역에 대해 타당한 주장으로서 받아들여질 수 있게 된다. 자유가 성립하는 영역은 자연필연성의 현상적 계열 자체를 가능하게 하는 현상 근거의 영역, 즉 형이상의 영역이나 본체(물자체)의 영역이고, 자연필연성이 성립하는 영역은 그 필연성에 따라 구성되는 자연세계의 영역, 즉 형이하의 영역이나 현상의 영역으로 구분하는 것이다.

그러면 정립이 주장하는 대로 현상계열 자체가 가능하기 위해서는 그 원인이 끝없이 무한소급되지 않고 스스로 자기 원인이 되는 활동이 존재해야만 한다. 이는 곧 현상세계는 그 자체가 인과적으로 무한하게 소급되는 세계가 아니라는 말이다. 인과적으로도 현상세계는 자기 경계를 가진다. 그 경계 너머에서 작용하면서 유한한 현상세계를 규정하는 원인이 곧 현상세계의 규칙에 따라서는 설명될 수 없는 자유이다. 자유는 현상세계를 가능하게 하는 근거이므로 그 자체 현상세계 내적으로 성립하는 규칙인 자연필연성과는 구분된다. 반면 현상세계는 그 궁극근거로서 자유를 필요로 하지만,

일단 자유에 기반하여 성립된 현상세계 자체는 철저하게 자연필연성의 규칙에 따라서만 규정되는 세계인 것이다. 그러므로 자유는 현상세계를 지배하는 자연필연성의 인과법칙과 대립되며 자연필연성에 따라 정리되는 경험의 통일성에 따라 정리될 수 없지만, 그것은 자유를 현상세계 내에서 자연필연성의 규칙에 따라 증명하는 것이 불가능하다는 말일 뿐, 현상세계 너머의 사건으로서 불가능하다는 말은 아닌 것이다. 이와 같이 제3의 이율배반을 해결하기 위해 칸트는 자연필연성이 타당한 현상영역과 자유가 타당한 물자체의 영역을 서로 다른 두 영역으로 구분한다.

그렇다면 이와 같이 제3이율배반을 통해 현상과 물자체의 영역을 구분하는 것이 의미하는 바는 무엇인가? 이것은 제3이율배반의 해결을 제1이율배반의 해결과 비교해볼 경우 더 분명해진다. 제3이율배반 반정립에서 정립의 자유가 반박되는 것은 자유가 경험불가능한 것이기 때문이다. 이는 제1이율배반 반정립이 정립의 유한한 세계의 터전으로서의 절대시간 절대공간을 경험불가능한 추상물이라고 반박하는 것과 마찬가지이다. 그런데 제1이율배반에서는 반정립의 논리가 전적으로 받아들여져서 정립이 전체적으로 부정되는데 반해, 제3이율배반에서는 반정립의 논리가 제한적으로만 수용된다. 즉 반정립의 논리가 타당한 영역, 다시 말해 자유가 아닌 인과필연성만이 존재하는 영역은 의식의 통일성에 따라 경험되고 정리되는 현상세계일 뿐이며 그 현상 너머의 영역인 물자체의 영역에서는 오히려 자유가 성립한다고 보는 것이다. 이는 곧 절대시간과 절대공간은 현상세계를 유한한 것으로 경계짓는 현상 너머의 절대로 간주할 수 없지만, 자유는 그럴 수 있다는 것을 의미한다. 그리고 여기서의 자유는 현상을 지각하는 초월적 자아의 자유를 의미한다.

　결국 유한한 현상 너머의 물자체로서 남겨지는 것, 즉 현상사물들을 제외시키고 그 배경으로 남겨지는 것은 빈 시간 빈 공간이 아니라 오히려 현상세계의 인식과 존재의 가능근거로 작용하는 인간의 의식 또는 마음인 것이다. 인간의 마음 자체는 절대시공간이나 신처럼 주체 바깥에 설정되는 객관대상이 아니라 주체 자체이므로 궁극적으로 경험 불가능한 공허한 추상물이 아니기 때문이다. 그러므로 현상세계의 한계를 성립시키며 현상 너머의 무제약자로서 작용하는 것은 인간 자신이다.

　이와 같은 제3이율배반의 해결에 있어서도 우리는 칸트가《순수이성비판》분석론에서 논의한 초월적 관념론의 정신이 관통하고 있음을 볼 수 있다. 즉 우리가 경험하는 세계는 우리 자신의 인식능력에 의해 규정된 현상(초월적 의미의 현상)일 뿐이다. 따라서 그렇게 제약된 현상세계에 경계를 긋는 현상 너머의 절대적 무제약자가 요구되는데, 변증론은 그것이 현상 바깥의 객관적인 절대 시공간이 아니라, 현상을 지각하는 자아 자체, 초월적 자아라는 것을 밝힌 것이다. 초월적 자아는 제약된 현상의 인과필연성을 넘어선 존재이기에 자유라고 하는 것이다.

3) 초월적 주체의 자유

　제3이율배반에서 논의된 자유는 자연필연성에 의해 진행되는 인과계열을 단적으로 시작하는 능력이다. 칸트는 그 시작에 대해 그것이 단지 시간상의 시작을 뜻하는 것이 아니라, 인과상의 시작, 즉 존재론적 가능근거를 뜻한다는 것을 강조한다.

우리는 여기서 시간에 따라서가 아니라 인과성에 따라서 절대적인
최초의 시작을 말하는 것이다.[15]

시작이 시간상의 시작이 아니라는 말은 자유로 인한 계열의 시작
이라는 것이 세계의 우주론적 발생과정에서 최초 어느 한 시점상의
시작을 의미하는 것이 아니라는 것을 뜻한다. 시작은 세계의 우주
론적 시작이라는 시간상의 시작을 뜻하는 것이 아니라, 현상계열이
매순간 새롭게 시작되는 것일 수 있다는 의미에서, 즉 매순간 작용
하는 존재론적 근거에 기반한 것이라는 의미에서 인과상의 시작을
뜻하는 것이다. 따라서 그 시작에서 작용하는 자유는 현상을 넘어
선 현상초월적 작용력으로서 굳이 시간상의 시작점에 국한된 것이
아니라, 시간 흐름 안에서 언제라도 발휘될 수 있는 자유이다. 즉
"세계의 흐름 한 가운데에서"조차도 자유롭게 계열을 시작할 수 있
는 능력이다. 세계의 시간 흐름 한 가운데에서 새로운 계열을 시작
할 수 있는 자유를 칸트는 다음과 같은 예로써 설명한다.

예를 들어 내가 지금 완전히 자유롭게, 즉 어떤 필연적으로 규정된 자
연 원인의 영향력 없이 내 걸상에서 일어선다면, 이 상황 속에서 그
것으로 인한 무한한 자연적 결과들과 더불어 하나의 새로운 계열이 단
적으로 시작한 것이다. 비록 시간에 따라 볼 때 그 상황이 이전 계열
의 연속일지라도 말이다.[16]

15) 《순수이성비판》, B 478.
16) 《순수이성비판》, B 478.

이처럼 과거 원인에 의해 수동적으로 규정받지 않고 능동적으로 새로운 계열을 시작할 수 있는 능력을 우리는 일상적으로 '결단'이라고 말한다. 칸트가 자연필연성을 넘어서는 것으로서 논하는 자유는 인간이면 누구나 경험하는 결단의 자유이기도 하다. 인간 심성상의 결단은 그것을 어떤 방식으로 규정하는가에 따라 현상세계의 자연필연성에 따라 설명될 수도 있고 아니면 자연필연성의 규칙을 넘어서는 자유로운 사건으로 해석될 수도 있다. 비유적으로 말하자면 산기슭을 흐르는 물줄기에는 윗부분에서부터 흘러내리는 것도 있지만, 바로 그 자리에서 샘이 솟아 앞의 물줄기와 합해져서 그 다음의 물줄기를 형성하는 것도 있다. 우리의 시간이 과거로부터 현재를 거쳐 미래로 흘러가며, 많은 경우에는 물줄기와도 같은 그 시간의 흐름 속에서 과거에 의해 결정지어져서 자기 흐름을 따라가는 것 같지만, 어느 순간인가는 과거의 영향력을 밀쳐내면서 완전히 새롭게 새 흐름을 형성해내는 그런 순간이 있을 수 있다. 과거와 무관하게 과거로부터의 인과필연성을 벗어나서 과거와는 독립적으로 감행되는 현재 순간의 결단, 즉 **자유로운 결단**이 가능한 것이다. 그것이 바로 현상의 계열을 새로 시작하는 자유가 의미하는 바이다.[17]

이처럼 현상의 자연필연성과 현상 너머의 자유의 인과성은 초월적 관념론의 두 축을 이룬다고 할 수 있다. 하나는 시간 공간의 초월적 관념성인데, 이것으로부터 우리가 경험하는 세계는 현상일 뿐이라는 경험세계의 현상성이 귀결된다. 다른 하나는 **자유의 초월적 실재성**인데, 이로부터는 현상세계의 관념성을 넘어서는 현상초월적

---

17) 과거에 의해 규정되는 자연필연성이 현재에 영향을 미치는 '수평적 인과성'이라면, 과거로부터 독립적으로 자유의 결단에 의해 현재에 작용하는 자유의 영향력은 '수직적 인과성'이라고 볼 수 있다.

자아의 자유가 확립된다. 이와 같은 초월적 관념론의 핵심을 칸트
는 다음과 같이 정리한다.

> 하나는 시간과 공간의 관념성에 대한 이론으로, 이것은 우리에게 초감
> 성적인 것을 이론적 원리에 따라서는 결코 인식될 수 없는 것으로서
> 단지 시사해주기만 할 뿐이다. 다른 하나는 자유 개념의 실재성에 대
> 한 이론으로, 이때 자유는 인식 가능한 초감성적인 것으로서의 자유
> 이다.[18]

이와 같이 칸트는 초월적 관념론의 핵심을 '시간 공간의 관념성'
과 '자유의 실재성'이라는 두 가지 교설로 정리한다. 현상세계의 직
관형식인 시간과 공간은 초월적 관념성만 가지고, 현상세계의 가능
근거인 자유는 초월적 실재성을 가진다는 것이다.

인간 결단의 자유를 시간형식에 따라 규정되는 인과필연성의 현
상세계를 넘어서는 것으로 인정한다는 것은 결국 인간 자체를 현상
세계 너머의 존재로 인정한다는 것을 의미한다. 현상세계의 일원으
로서만 생각하면 인간은 시간 공간의 형식에 따라 인과필연성의 지
배 하에 있는 존재이지만, 초월적 관념론의 관점에서 보면 인과필
연성의 세계 자체가 인간 자신의 사고와 직관형식에 의해 규정된
현상에 지나지 않으므로, 그런 현상세계를 구성하는 인간 자신은
그렇게 구성된 현상세계 너머의 존재가 된다. 인간은 현상세계를
구성하는 초월적 주체인 것이다. 초월적 주체는 현상적 질서에 따

---

18) "라이프니츠와 볼프 시대 이후 독일에서 형이상학이 이룬 실제적 진보는 무엇
인가?"(XX, 311면).

라 규정된 경험적 자아와 구분된다. 경험적 자아가 시공간적 형식에 따라 드러난 모습인 '현상으로서의 자아'라면, 초월적 주체는 그러한 현상을 가능하게 하는 주체, 즉 '무제약자로서의 자아'이다.

> 내가 표상 일반의 다양의 초월적 종합에서, 따라서 통각의 종합적 근원적 통일성에서 스스로 의식하게 되는 것은 내가 내 자신에게 어떻게 현상하는가 또는 내가 내 자신에게 어떻게 존재하는가 하는 것이 아니라, 단지 나는 존재한다는 사실뿐이다.[19]

'나는 존재한다'의 의식이 바로 '초월적 자기의식'이다. 이것은 이런 저런 것으로 규정된 현상적 자기 모습에 대한 의식인 '경험적 자기의식'과 구분된다. 단지 존재한다는 그 사실 하나만을 확인할 수 있는 초월적 자기의식은 경험적 규정성을 넘어선 자기의식이란 의미에서 자유의 의식이며 순수 자발성의 의식이다.

> 주관은 순수 의식 안에서 그것의 본래 모습 그대로, 즉 수용성으로서가 아니라 순수 자발성으로서 드러나지만, 그 본성에 대해 그 이상의 어떠한 인식도 제공하지 못한다.[20]

이러한 자아의 순수 자발성의 의식이 곧 초월적 주체의 "자기 활동성의 의식"이다. 이 순수자발성의 의식인 초월적 자기의식을 칸트는 다음과 같이 표현한다.

---

19) 《순수이성비판》, B 157.
20) "라이프니츠와 볼프 시대 이후 독일에서 형이상학이 이룬 실제적 진보는 무엇인가?"(XX, 271면).

모든 감관직관을 월등히 넘어서는 하나의 숭고한 능력이 있으니, 그
것이 곧 오성 가능성의 근거이다. 이것은 인간을 다른 모든 짐승, 즉
자신에게 '나'라고 말하지 못하는 짐승들과 완전히 구분짓는 것이며,
또한 스스로 만들어 낸 표상과 개념들 너머로 무한을 바라보게 하는
것이다.[21]

　이처럼 자유의 능력은 현상세계에 사는 현상세계의 일원으로서
의 인간이 그럼에도 불구하고 현상너머의 무한을 바라보며 현상세
계의 계열을 새롭게 시작할 수 있는 초월적 결단의 능력이다. 이것
이 곧 초월적 자유이며, 현상세계는 바로 이 초월적 자유에 기반하
여 전개된 인과필연성의 세계이다.
　이렇게 보면 시공간적 사물의 총체로서의 현상세계 전체를 유한
화하는 것은 우주 밖의 이데아도 신도 아니고 절대시간 절대공간도
아니며, 바로 세계를 그렇게 구성하고 그렇게 직관하는 무제약자로
서의 인간 자신, 즉 초월적 자아이다. 이 초월적 자아의 현상구성의
활동성을 현상의 기계적인 인과필연성을 넘어서는 자발적 활동성
이라는 의미에서 '자유'라고 부르는 것이다.

상대적 유한자: 현상세계

시간(절대시공간) = 직관형식
범주(이데아) = 사유형식

절대적 무한자: **초월적 자아의 자유**

---

21) "라이프니츠와 볼프 시대 이후 독일에서 형이상학이 이룬 실제적 진보는 무엇
　인가?"(XX, 270면).

3장 욕망과 자유
도덕의 근거는 무엇인가?

1. 문제제기

1) 인간의 본성: 도덕성과 타산성은 서로 다른 것인가?

플라톤은《국가론》제2권에서 다음과 같은 내용의 기게스의 신화를 전하고 있다. 어느 한 목동이 산 속 동굴 안에서 우연히 반지 하나를 발견한다. 이 반지는 신비한 것으로서 이것을 낀 사람은 다른 사람에게는 보이지 않는 투명인간이 된다. 이것을 알게 된 목동은 자신이 반지를 끼고 있는 한 자신의 행위가 타인에게 드러나지 않고 따라서 그 행위에 대한 어떠한 외적 평가나 처벌을 받게 될 리가 없다는 사실을 깨닫고 무엇이든지 마음대로 행하게 된다. 그는 슬며시 궁궐로 들어가 왕비를 범하고 다시 왕비와 결탁하여 왕을 살해하고 결국 나라까지 제 손에 넣고 만다는 이야기이다.

이 신화를 읽다보면 우리도 스스로에게 묻게 된다. 만일 나에게 그런 반지가 생긴다면, 나는 무엇을 할 것인가? 반지 덕분에 완전 범죄가 보장된다면, 부자가 되기를 꿈꿔온 사람은 은행금고를 털 수도 있고, 고시합격을 바란다면 미리 답안을 훔쳐 볼 수도 있을 것 이다. 사랑으로 애태우는 자는 애인을 소유할 수도 있고, 증오로 불 타는 자는 원수를 살해할 수도 있을 것이다.

그렇다면 우리가 평상시에 그렇게 하지 않는 이유는 무엇인가? 그런 반지가 없기 때문에, 완전범죄가 불가능하기 때문에, 하다가 걸리면 내 인생이 더 비참해질 것 같아서? 만일 그런 것이라면, 즉 인간이 소위 도덕적으로 행동하고자 하는 이유가 단지 그렇게 함 으로써만 내 안전과 이익이 보장되고 그렇지 않을 경우 내게 불행이 닥칠 수 있기 때문이라면, 도덕이란 결국 자신의 손해를 줄이고 이 익을 극대화하기 위한 손익계산에 지나지 않는 것이 될 것이다. 겉 으로 이타적이고 심지어 자기희생적인 것처럼 보이는 행동도 그 뒤 에 숨은 실질적 근거는 자기이익을 극대화하기 위한 계산에 지나지 않을 것이며, 그 경우 우리가 일상적으로 받아들이는 '도덕성'과 '타산성'의 구분은 무의미하게 될 것이다.

그러나 그런 반지를 손에 넣게 된다고 해서 모든 인간이 다 그렇 게 자기이익만을 계산하고 자기쾌락만을 증진시키기 위해 평상시 와 다른 행동을 하게 되리라고 단정할 수는 없다. 누군가는 반지가 있든 없든 상관없이 예전과 마찬가지로 자신이 옳다고 생각하는 행 동은 계속하고 자신이 옳지 않다고 생각하는 행동은 하지 않을 수 도 있다. 이럴 경우 그가 소위 비도덕적 행위를 하지 않는 것은 그 로 인해 파생될 추궁과 처벌이 두렵기 때문이 아니라 단지 그런 행 위 자체가 옳지 못하다고 생각하기 때문이며, 소위 도덕적 행위를

하는 것은 그로써 어떤 이득을 얻기 위함이 아니라 단지 그렇게 하
는 것이 옳다고 생각하기 때문일 것이다. 이 경우 행위 결과로서의
자기이익을 계산하는 '타산성'과 행위의 옳고 그름을 생각하는 '도
덕성'은 서로 다른 것이 된다. 이 경우 도덕적 판단은 자기이익의 계
산이나 쾌락추구의 원리와는 다른 근거에서 행해지는 판단이 된다.

   과연 인간에게 도덕성과 타산성은 서로 구분되는 것일까? 만일
인간 본성이 오로지 자기 이익만을 추구하는 이기성에 지나지 않는
다면, 자기이익을 계산하는 타산성을 떠난 도덕성이란 불가능할 것
이다. 그 경우에는 도덕적 판단을 포함한 모든 판단이 이기성에 근
거한 판단일 것이기 때문이다. 그러므로 타산성으로 환원될 수 없
는 도덕성이 존재하는가 아닌가의 물음은 결국 인간의 본성의 물음
으로 이어지게 된다. 인간의 본성은 오로지 자기이익계산의 이기성
일 뿐인가, 아니면 그런 이기성 너머의 보편적 도덕성도 함께 하는
가?

   인간 본성으로 우리가 가장 먼저 떠올리게 되는 것은 이기적 욕망
이다. 《예기》는 인간이 본성적으로 좋아하는 것은 "음식남녀"(飮食
男女)이고, 본성적으로 싫어하는 것은 "사망빈고"(死亡貧苦)라고 말
한다. 한마디로 식색지욕이 인간의 본성인 것이다. 그러나 이 욕망
이 그대로 도덕적 악인 것은 아니다. 배고프면 먹으려하고 추우면
따뜻한 것을 찾으며 때가 되면 짝짓기를 하려는 것은 다른 일반 생
명체와 마찬가지로 인간에게도 속하는 자연적 본능이다. 자연적인
만큼 욕망 그 자체는 선도 악도 아니다. 그러므로 우리는 본능에 따
라 행동하는 동물 또는 그런 동물의 행위를 선 또는 악으로 규정하
지 않는다.

   그렇지만 우리는 인간이 오직 욕망에 따라서만 행동할 경우 그

행동을 비도덕적이라고 평가하게 된다. 이것은 인간에게는 행동을 위해 고려해야 할 것으로서 욕망 이상의 그 무엇인가가 있다는 것을 말해준다. 그리고 우리는 그것을 흔히 자연적 욕망에 대항하는 **양심**으로 간주한다. 인간에게는 식색지욕의 욕망 이외에 양심이란 것이 있기 때문에, 단지 욕망충족만을 위해, 자신의 쾌락의 증진만을 향해 행동하는 것이 아니라, 양심의 소리도 함께 고려해서 행동해야 한다고 보는 것이다.

그러나 양심은 도덕성을 암시하는 기호일 뿐 그 자체가 도덕성은 아니다. 양심 또는 양심의 소리가 있다고 해서 그것이 곧 그를 도덕적 선으로 만드는 것은 아닌 것이다. 양심의 소리가 있다고 해도 실제 행위함에 있어서는 그 양심을 무시하거나 양심에 반해 욕망을 따르는 것도 가능하기 때문이다. 그러므로 인간의 행위를 도덕적 선으로 만드는 것은 욕망 자체도 아니고 양심 자체도 아니며, 바로 그 사이에서 고려하고 결단하고 선택하는 제3자인 것이다.

이 제3자가 바로 행위를 결정하는 도덕적 판단주체라는 의미에서 '실천 이성'이며, 결단과 행위주체라는 의미에서 '의지'이다. 의지는 이기적 욕망과 이기적이지 않은 양심 사이에서 갈등하고 고려하다가 결단을 하고 행위를 수행한다.

양심(도덕성) ⟷ 욕망(이기성)

의지

의지가 이기적 욕망을 따르기로 결정하면 이기성이 승리한 것이고, 의지가 양심을 따르기로 결정하면 도덕성이 승리한 것이라고 말할 수 있다. 그러나 그 둘 사이에서 갈등하며 선택하는 의지는 과연 얼마만한 자립성과 자유의 능력을 갖고 있는 것일까? 의지가 과연 이기적이고 사적인 욕망을 넘어서서 결단할 수 있는 것인가? 도덕성의 실현을 위해 의지가 양심으로부터 취할 수 있는 것은 과연 무엇인가?

2) 보편적 도덕법칙은 어떻게 가능한가?

인간 마음 안의 이기심과 양심을 구분하고, 도덕이란 양심에 따라 이기심을 넘어서는 의지의 활동이라고 인정한다고 해도, 문제는 양심 또는 의지로부터 어떻게 구체적 도덕규범이 얻어질 수 있는가 하는 것이다. 우리가 도덕적으로 옳다고 받아들이는 도덕규범인 보편적 도덕법칙은 과연 어떻게 해서 가능한 것인가? 마음 한 구석의 작은 한 점 양심으로부터 또는 양심을 좇고자 하는 선한 의지로부터 과연 어떻게 인간 행위를 규제할 수 있는 도덕적 규범을 얻어낼 수 있는가?

양심은 인간 개인이 내적으로 느끼는 주관적 마음상태일 뿐이다. 그에 반해 도덕이라는 것은 인간 관계 또는 사회 안에서 성립하는 것으로 단순히 주관적 의식상태에 머무는 것이 아니라 인간의 외적 행동양식, 생활태도 등에도 적용되는 개념이다. 나아가 양심은 그 내용상 극히 개인적이고 시대와 문화에 따라 다르게 전개되는 측면이 있어서, 일정한 보편성을 지니고 있다고 보기 힘들다. 반면 도덕법칙은 개인에게만 사적으로 타당한 것이 아니라 누구나 그렇게 행위해야 한다는 보편타당성을 지니는 것으로 간주된다. 이처럼 양심이 개인성, 주관성, 특수성의 한계를 가진다면, 그 양심으로부터 또는 그 양심을 따르는 개인의 의지로부터 어떻게 보편적 도덕법칙을

이끌어낼 수 있는 것인가? 이는 결국 양심이 예고해주는 도덕성의
정체가 과연 무엇인가의 물음이 된다. 도덕적 판단과 도덕적 법칙
은 무엇에 근거한 것이고, 그 도덕성의 근원은 과연 무엇인가?

　도덕적 판단은 '인간은 이러이러하게 행동해야 한다'라는 당위를
말하는 **당위판단**으로, 이는 '인간은 이러이러하다'라는 사실을 서술
하고 있는 사실판단과 구분된다. 상식적 차원에서 보면 사실판단에
있어 그 판단의 근거는 그 판단이 서술하고 있는 '사실' 자체이다.
'왜 그런 판단을 하는가?'라고 물으면, 그 판단이 서술하고 있는 사
실을 제시하기만 하면 되는 것이다. 사실은 눈 앞에 전개되는 주어
진 사태이며, 그런 만큼 사실은 누구나가 알 수 있고 확인할 수 있
는 객관적 사태이다. 반면 당위판단은 상식 차원에서도 그 근원이
분명하지 않다. 즉 '인간은 이러이러해야 한다'라는 당위판단에 대
해 '왜 그런 판단을 하는가?'라고 그 판단의 근거를 물으면, 그 대
답이 쉽지 않은 것이다.

　예를 들어 '인간은 종종 거짓말을 한다'는 것은 사실판단이다. 이
판단의 정당성은 종종 거짓말하는 인간들을 통해 얻어진다. 그러나
'인간은 거짓말을 해서는 안 된다'라는 당위판단은 어떻게 정당화
될 수 있는가? 당위성은 사실성으로부터 얻어지지 않는다. 사실과
당위의 근본적 차이를 무시하고, 사실에 입각해서 당위를 정당화한
다거나 아니면 반대로 당위의 부당성을 논하는 것을 윤리학에서는
'자연주의적 오류'라고 칭한다. 인간이 종종 거짓말을 한다는 사실
로부터 그러니까 '인간은 거짓말을 해도 된다'라는 당위주장을 하
는 것, 또는 종종 거짓말을 하는 인간본성에 입각해서 그러므로 '인
간은 거짓말을 해서는 안 된다'라는 당위주장이 무의미하다고 주장
하는 것, 둘 다 자연주의적 오류를 범하고 있는 것이다. 당위는 사

실과 다른 것이기 때문이다.

사실판단은 객관적으로 주어지는 사실에 입각해서 정당화된다면, 그럼 당위판단은 어떻게 정당화될 수 있는가? 당위판단은 행위의 규칙 또는 도덕법칙을 표현하는 것이므로, 문제는 도덕법칙의 근거가 과연 무엇인가 하는 것이다. 도덕법칙 또는 도덕성의 근거를 어디에서 찾을 것인가? 인간이 거짓말을 해서는 안 되는 당위성은 무엇에 근거한 것인가?

어린아이에게 당위성의 근거는 부모일 수 있다. 그러나 성숙한 인간에게 당위성의 근거는 무엇인가? 도덕성이란 무엇인가? 인간 자신의 행복을 위한 노력인가? 자연 원리로부터의 귀결인가? 사회가 명령하는 것인가? 인간 너머의 외적 초월자인 신이 명령하는 것인가? 아니면 인간 자신의 명령인가?

2. 칸트 이전 대답의 유형들

윤리학적으로 의미있는 작업은 우리가 따라야 할 도덕적 법칙이 구체적으로 무엇인가를 나열하는 것이라기보다는, 오히려 이런 저런 도덕 법칙이 성립하는 근거, 즉 도덕성의 근원을 밝히는 것이라고 볼 수 있다.

플라톤은 도덕성을 인간 영혼의 덕성으로 간주하면서, 그 영혼의 덕성을 인간 개인의 신체구조와 유비적으로 이해한다. 영혼의 덕을 신체의 각 부분에 상응해서 그 신체부분이 담당해야 할 덕목으로 설명하는 것이다. 머리의 덕은 지혜이고, 가슴의 덕은 용기이며, 배의 덕은 절제이다. 그리고 그 각 부분이 자신의 몫을 다하여 전체가 조화를 유지하게끔 하는 것이 바로 정의이다. 나아가 플라톤은 그러한 영혼의 덕목을 사회구조와도 유비적으로 설명한다. 통치자인 지배층의 덕이 지혜이고, 군인 등 수호층의 덕이 용기이며, 농민 등 생산층의 덕이 절제이고, 그 각각의 계층이 자기 몫을 충실히 수행하여 전체가 유기적으로 조화로운 통합을 이루게 하는 것이 정의이다. 이렇게 보면 플라톤은 도덕성의 근원을 영혼의 고유한 덕으로 보되, 이를 개인의 신체구조 및 사회의 구조와 유비적 관계의 것으로 파악했다고 볼 수 있다.

영혼의 덕	신체구조	사회구조
지혜	머리	지배층
용기	가슴	수호층
절제	배	생산층
정의	각각 자기 몫을 다함	

플라톤이 인간의 도덕성을 주어진 자기 몫을 다하는 것으로 생각한 것처럼 아리스토텔레스 또한 이와 유사하게 도덕의 본질을 **보편적 인간 본성의 실현**으로 간주하였다. 고대의 철학자들은 일반적으로 전체 우주 내에서 인간에게 부여된 본질, 인간이 실현해야 할 몫이 정해져있다고 생각하였으며, 그 본질을 실현하는 것을 도덕으로 간주하였다. 아리스토텔레스에 따르면 인간이 자기 본성을 실현하는 것이 곧 행복이므로, 인간이 지향하는 최고의 선은 행복이다. 물론 이 때의 행복은 육체적 쾌락 또는 부귀나 명예의 획득에서 오는 감정이 아니라, 자기 본성의 실현에서 얻어지는 감정으로 간주된다.

이처럼 고대철학에서 도덕의 근원은 인간에게 본래적으로 부여된 인간의 본성이다. 그리고 인간의 본성은 인간종을 여타 동물로부터 구분하는 종차인 이성이기에, 도덕이란 인간의 의지가 다른 동물들과 공유하는 욕망을 제어하고 인간종의 본성인 이성을 실현하는 것이라고 간주되었다. 플라톤의 《파이드로스》의 다음과 같은 비유가 이를 잘 보여준다.

> 〔인간 활동은〕날개 달린 두 말과 그것을 이끄는 마부에 비유될 수 있다. 신적인 말과 마부는 그 자체 선하며 선한 기원을 가지지만, 인간의 경우는 그 기원이 섞여 있게 된다. 즉 말의 하나는 선하고 귀한 기원의 것이지만, 다른 하나는 그와 반대되는 기원과 속성을 가진다. 그러므로 인간에게는 그 말들의 제어가 당연히 어렵고 수고스러운 것이다.[1]

여기에서 마부는 불멸적 이성에, 두 마리 말은 각각 의지와 욕망에 비유되고 있다. 그 중 선한 말은 이성을 좇아 이성과 같아지려고 하는 의지를 의미하고, 선하지 않은 말은 이성에 반하여 제멋대로 날뛰는 욕망을 뜻한다. 인간의 의지는 인간의 본성인 이성에 의해 신체적 욕망을 조절하고 통제해야 하는 것으로 간주된다.

이성(마부)　　　욕망(악한 말)

의지(선한 말)[2]

---

1) 플라톤, 《파이드로스》, 246a-b. 마찬가지로 아리스토텔레스가 말하는 자기지배인 절제도 이성에 의한 욕망의 지배를 뜻한다.
2) 이 구도를 영혼이나 사회계층에서의 덕의 관계로 풀이하여 그려보면 다음과 같다.

중세 기독교철학에서도 선악의 책임이 인간에게 돌아가게끔 인간의 자유의지를 강조하기는 하지만, 도덕과 도덕법칙의 궁극적 근원은 더 이상 인간 자신의 본성이나 이성이 아니라 신 또는 신의 명령으로 간주된다. 인간이 살인을 해서는 안 되고, 도둑질을 해서는 안 되는 것은 그것이 신이 내린 명령이기 때문이다.[3]

신의 뜻(선)　　　인간의 욕망(악)
└──────┬──────┘
자유의지의 선택

도덕의 근원을 더 이상 인간의 보편적 본성인 이성 또는 인간 외재적 신의 차원에 두지 않고 설명하려는 근세 경험주의철학에 이르

─────────────

지혜(머리/지배층)　　　절제(배/생산층)
└──────┬──────┘
용기(가슴/수호층)

이처럼 의지가 이성을 좇아 욕망을 절제한다는 말은 결국 이성-의지-욕망 또는 지배층-수호층-생산층의 계층구조를 보여주는 것이다.

3) 기독교에서는 양심이 깨닫게 되는 윤리적 도덕법칙은 신의 명령으로 간주된다. 양심은 신의 소리를 듣는 기관이다. '나 이외의 신을 섬기지 마라' '살인하지 마라' '도둑질하지 마라' 등은 신의 명령이며, 따라서 인간이 마땅히 따라야 하는 윤리규범인 것이다. 그런데 구약과 달리 신약의 예수의 가르침을 통해서는 신의 명령이 단지 외적 행위에 있어서뿐 아니라 내적 마음상태에까지 적용되는 것으로 간주된다. 따라서 윤리적 규범들이 단순히 외적 행위가 아니라 내적 심정에까지 타당하다고 볼 때는, 악한 행위뿐 아니라 악한 생각이나 욕망까지도 모두 부정하게 된다. 즉 욕망은 절제된다고 하여도, 마음속에 사적 욕망이 남아 있는 한, 그 마음은 그 자체 비윤리적인 것이 된다. 도둑질을 해야만 비윤리적인 것이 아니라, 도둑질하려는 마음만 먹어도 이미 도둑질 한 것과 다를 바가 없고, 간음을 해야만 비윤리적인 것이 아니라, 간음하려는 마음만 먹어도 이미 간음한 것과 다를 바 없다는 것이다. 그러므로 예수는 간음한 여인에게 돌을 던질 수 있는 자는 나와서 던져보라고 말할 수 있었다.

면 도덕은 인간의 자연적인 이기적 본성에 입각하여 논해지게 된다. 인간의 의지는 철저하게 개인적 욕망으로부터 출발하는 사적 욕망 실현의 의지, 즉 사적 의지로만 간주된다. 홉스는 인간 본성을 철저하게 자기 이익추구의 이기심만으로 간주하며, 인간 간의 관계를 그런 이기적 인간들 간의 비교와 경쟁 그리고 투쟁의 관계로 이해한다. 의지는 더 이상 보편적 이성과 사적 욕망 사이에서 자유롭게 선택하는 능력이 아니라, 단지 사적 욕망을 실현시키고자 하는 충동적 의지일 뿐이고, 이성은 그 의지를 실현시킬 만한 수단과 방법을 생각해내는 도구적인 계산적 이성으로만 간주된다. 의지를 규정하고 의지가 고려하는 것은 오직 사적 욕망일 뿐이다.

욕망(이기적 본성)
╱
계산성

　홉스의 경험주의적 인간관, 사적 의지에 따른 투쟁적 인간관을 비판하며 인간 본성을 보다 낭만적인 보편의지로 해석한 사람이 루소이다. 루소는 경쟁과 투쟁의 이기심을 오히려 사회 속에서 획득한 비자연적 성향으로 간주한다. 루소에 따르면 인간은 본래 남과의 비교나 투쟁을 통해서 자기만족에 이르는 것이 아니라, 오히려 자기 자신의 자연적인 소박한 욕구가 충족되면 스스로 만족할 줄 알며, 나아가 타인의 만족이나 아픔에도 함께 공감할 줄 아는 존재이다. 이런 자연적 감정을 루소는 홉스의 '이기심(amour propre)'과 구분하여 '자기애(amour de soi)'라고 칭한다. 이기심이 사적 의지의 반영이라면, 자기애는 인간 서로가 공감하면서 만족할 줄 아는 보편 의지의 감정이다.

보편의지
↘
도덕성

   홉스의 인간관이 경험주의적 관점이라면, 루소의 인간관은 낭만주의적이다. 홉스는 인간을 철저하게 고립적이며 원자화된 이기적 개체로 이해하며 그들 간의 관계를 오직 비교와 경쟁과 투쟁의 관계로만 파악하였다면, 루소는 인간의 심정을 원초적으로 상호 공감하고 서로 사랑하는 보편의지로 파악한다.

   이처럼 서양 근세는 객관적 우주질서를 파악하는 고대의 이성이나 객관적 절대자로서의 중세적 신이 더 이상 도덕의 궁극적 근거로 받아들여지지 않는 상황에서 순수하게 인간 본성에 입각하여 도덕을 설명하고자 한 시기였다. 그러므로 이때 인간 본성을 개체적이며 이기적인 사적 욕망으로 간주하는가 아니면 비이기적인 보편적 의지로 간주하는가는 도덕의 본질과 근거를 이해하는 데에 큰 차이를 낳는다. 인간의 의지는 과연 사적 욕망에 가득 찬 이기적 의지인가, 아니면 타인과 더불어 공감할 줄 아는 보편적 의지인가? 만약 인간의 의지가 단지 사적이고 이기적인 의지일 뿐이라면, 즉 의지가 보편성을 사유할 수 없다면, 자기이익의 계산을 넘어서는 도덕이 어떻게 성립할 수 있겠는가? 계산성과 구분되는 도덕성이 어떻게 가능하겠는가?

3. 칸트적 대답의 길

1) 도덕의 근원: 선의지

칸트는 사적인 이익이나 행복증대만을 추구하는 이해타산적 판단과 그런 것들과 무관하게 행해지는 도덕적 판단을 엄밀하게 구분한다. 내게 이익이 되거나 나의 행복증진에 기여하는 그런 행위나 규칙을 채택하는 판단은 단지 타산성에 따른 판단일 뿐이며, 도덕적 판단은 나의 이익이나 행복증진과는 무관하게 행해지는 판단이다. 이러한 계산적 판단과 도덕적 판단의 차이는 칸트에 따르면 판단에서 채택되는 규칙에 있어 주관적 준칙과 객관적 실천법칙과의 차이가 된다. 준칙과 실천법칙의 차이를 칸트는 다음과 같이 설명한다.

> 실천적 원칙들은 그것의 조건이 주관의 의지에 대해서만 타당한 것으로 간주된다면 주관적 원칙 또는 준칙이다. 그러나 그 조건이 모든 이성적 존재의 의지에 대해 타당한 것으로 인식된다면 객관적 원칙 또는 실천적 법칙이다.[4]

인간의 행위는 자연필연성에 따라 강제적으로 규정된 신체 움직임이 아닌 다음에는 언제나 특정 의도와 목적에 따라 움직여지는 것이며, 따라서 그런 움직임을 야기하는 실천 규칙을 전제한다.[5]

---

4) 《실천이성비판》, 제1장, 제1절(21면).
5) "실천규칙은 이성이 산출한 것이다. 왜냐하면 실천규칙은 목적으로서의 결과에 대한 수단으로서의 행위를 지시하는 것이기 때문이다."(《실천이성비판》, 제1

116

예를 들어 내가 아침 일찍 눈을 뜨고 자리에서 일어나는 것은 '매일 일찍 일어난다'라는 규칙을 따르는 것이며, 이 규칙은 '건강하고자 하면, 일찍 일어나야 한다'라는 식으로 건강이라는 목적과 그 수단으로서 일찍 일어나는 것을 연결시킨 이성의 판단에 입각한 것이다. 또는 '부지런히 일한다'의 규칙은 '돈을 벌고자 하면, 부지런히 일해야 한다'라는 목적과 수단의 관계에 따라 내려진 판단이다. 그리고 다시 건강이나 부귀는 나의 행복이라고 하는 목적에 이르기 위한 수단으로 채택되는 것이다. 결국 일반적인 행위규칙은 궁극적 형태로 보면 '행복하고자 하면, 이러 이러하게 해야만 한다'라는 식으로 인간이 개인적으로 원하는 목적을 이루기 위한 수단으로의 행동양식을 명하는 것이다. 그러므로 그런 규칙들은 그런 특정 의도와 목적을 전제할 때만, 즉 그런 의도와 목적을 선택한 개인에 대해서만 타당성을 가지며 규칙으로 작용하게 된다. 이처럼 개인적 의도에 따라서 사적으로만 성립하는 행위규칙을 칸트는 '준칙'이라고 부른다. 결국 준칙은 그 준칙을 선택하는 개인의 의지에 대해서만 타당할 뿐 누구나에게 타당한 보편타당성을 가지는 것이 아니다. 그것은 사적 욕망에 따라 그것을 이루고자 하는 수단으로서 선택되는 것일 뿐이기에, 단지 수단으로서의 선(善)만 제공할 뿐이다. 즉 건강에는 일찍 일어나는 것이 좋다든가 돈을 버는 데는 부지런한 것이 좋다든가 또는 행복에는 건강이나 돈이 좋다는 것이지, 일찍 일어나는 것 자체 또는 부지런한 것 자체가 선이라는 것을 말하고 있지는 않다.

이에 반해 모든 이성적 존재의 의지에 대해 타당한 원칙은 준칙

권: 분석론, 제1장: 순수 실천이성의 원칙, 제1절의 주, 22면).

과 구분하여 '실천적 법칙'이라고 칭해진다. 실천적 법칙은 개인이 어떤 목적을 지향하고 어떤 이익을 얻고자 하는가와 상관없이 인간이면 누구나 따라야할 규칙으로 보편타당성의 원칙이다. 이러한 실천법칙은 상대적 준칙이 아니라는 의미에서 '근본법칙'이라고도 하고, 도덕적 규칙이란 의미에서 '도덕법칙'이라고도 한다. 그런데 특정 목적을 달성하기 위한 주관적 준칙 이외에 그 자체 타당성을 가지는 객관적 도덕법칙이 과연 존재하는가? 칸트는 보편타당성을 지니는 도덕법칙이 존재한다는 것을 이성의 사실로 간주한다.

　　　근본법칙의 의식을 우리는 '이성의 사실'이라고 부를 수 있다.[6]

　인간은 누구나 자신의 양심 안에서 인간이면 마땅히 따라야할 도덕법칙을 의식하고 있다는 것이다. 《순수이성비판》이 세계에 대한 선험적 종합원칙의 사실성을 이미 전제하고 그런 판단이 어떻게 가능한가를 밝히고자 한 것처럼, 《실천이성비판》은 모든 인간에게 타당한 보편적 도덕법칙이 존재한다는 것을 이미 전제한다. 하늘에 수많은 별이 반짝이듯 인간의 가슴에는 양심과 도덕률이 빛나고 있다고 보는 것이다.

---

6) 《실천이성비판》, 제1장, 제7절의 주석1(36면). 제1장, 제6절 과제2의 주석(34 면)에서는 "사람들이 직접적으로 의식하는 것은 실제로 도덕법칙이다. 도덕법칙이 먼저 우리에게 나타난다"라고 말한다. 이와 같이 칸트는 인간에게는 자유의 의식보다 도덕법칙의 의식이 더 우선적이라고 주장한다. 그래서 비록 자유가 도덕법칙의 존재근거임에도 불구하고, 도덕법칙이 자유의 인식근거일 수 있는 것이다.

내가 더 자주 그리고 더 오랫동안 성찰하면 할수록 더욱 새롭고 더욱 증가하는 감탄과 존경으로 내 마음을 채우는 것이 두 가지 있다. 내 위의 별이 총총한 하늘과 내 안의 도덕법칙이 그것이다.[7]

이처럼《실천이성비판》은 인간의 가슴속에 도덕법칙이 존재한다는 것을 이미 전제하고난 후, 그와 같은 보편타당성의 도덕법칙이 과연 어떻게 해서 가능한 것인가, 그러한 도덕성의 진정한 근거가 무엇인가를 밝히고자 한 것이다.

준칙이 개별적 주관의 특정한 목적 달성을 위한 좋은 수단을 지시하는 규칙으로서 주관적 타당성만 가진다면, 도덕법칙은 주관의 목적이나 의도와 상관없이 그 자체로서 채택되는 규칙이다. 준칙이 개인의 행복이나 신체적 쾌락, 지식이나 지혜 등 특정 목적을 위한 수단(수단적 선)을 지시하는 행위규칙이라면, 도덕법칙은 그 자체로서 추구되어야 할 바를 지시하는 행위규칙이다. 따라서 도덕법칙이 가능하자면, 모든 것이 단지 수단으로서만 좋은 것이 아니라 그 자체로 선한 것, 궁극적으로 선한 것이 존재해야만 한다. 그렇다면 그 자체로 선한 것은 과연 무엇인가?

칸트에 따르면 우리가 소위 좋은 것으로 간주하는 것들, 지식이나 명예, 쾌락이나 부귀 등은 그 자체 절대적으로 선한 것이 아니라, 선일 수도 악일 수도 있는 상대적 선일 뿐이다. 지식도 병을 고치는 의료활동에 쓰이면 좋을 수 있지만, 원자폭탄을 만드는 데 활용된다면 안 좋은 것이 된다. 돈도 남을 돕는 일에 쓰이면 좋지만, 투기에 쓰이면 안 좋은 것이다. 이처럼 대개의 가치들은 칼이 그 자

---

7)《실천이성비판》, 제2부, 방법론, 맺음말(186면).

체로는 중립적이되 인간을 먹여 살리는 요리를 위해서도 쓰일 수 있고 인간을 죽이는 살인을 위해서도 쓰일 수 있는 것처럼 양면성을 지닌 것이다. 그리고 그런 가치들이 과연 좋게 사용되는가, 안 좋게 사용되는가는 그것들이 어떤 뜻, 어떤 의도로 사용되는가에 의해 결정된다. 그처럼 그런 가치들은 다 상대적이다. 그렇다면 모든 것이 다 상대적 선을 가질 뿐이고, 그 자체로 선한 것은 존재하지 않는가?

부귀, 명예, 쾌락, 지혜 등은 그 자체로 선도 악도 아니며, 단지 선한 의지에 따라 사용되면 그 결과로서 선이 되고, 악한 의도에 따라 사용되면 그 결과로서 악이 된다. 그것들은 결국 인간의 의도, 뜻, 의지에 따라 선도 될 수 있고 악도 될 수 있는 것이다. 그렇다면 그런 가치들을 상대화시키면서 그것들을 선으로도 악으로도 만들 수 있는 기준, 궁극적인 선악의 자리는 바로 인간의 뜻, 의도, 의지가 아닌가? 이런 의미에서 칸트는 그 자체로 선하다고 말할 수 있는 것은 오직 선의지일 뿐이라고 말한다.

> 이 세계 안에서나 또는 밖에서나 우리가 제한 없이 선하다고 여길 수 있는 것은 오직 선한 의지뿐이다.[8]

개인의 의도나 목적과 상관없이 인간이면 누구나 따라야할 도덕법칙은 바로 이와 같이 그 자체로 선한 선의지에서 비롯되는 것이며, 바로 그렇기 때문에 모든 인간에게 타당한 보편타당성을 가질 수 있는 것이다. 그리고 누구나의 가슴속에 도덕법칙이 있다는 말

---

8) 《도덕형이상학원론》, 제1장(IV, 393면). 이 책의 본론은 이 문장으로 시작된다.

은 곧 누구나 선의지를 가지고 있다는 말이다. 다시 말해 누구나 자기 자신의 개인적인 이익추구나 행복추구와는 독립적으로 보편적으로 사유하고 판단할 수 있는 선의지를 가지고 있다는 말이다. 이 선의지가 특수한 개별적 인간들을 하나의 평등한 인간으로 결속시키는 보편적 의지이며, 이 점에서 칸트의 선의지는 곧 루소의 보편의지와 다름 아니다. 선의지는 결국 《순수이성비판》에서 논의된 대로 개별적이고 경험적인 자아의 현상적 차이성을 넘어서는 보편의식으로서의 **초월적 자아** 또는 초월적 자아의 **자유** 이외의 다른 것이 아니다. 인간은 시공간적으로 제약된 현상적 자아라는 측면에서 보면 인과필연성에 의해 지배받으며 자기이익과 행복을 추구하는 이기적 존재이지만, 그런 인과필연성의 현상을 넘어서는 자유의 초월적 자아라는 측면에서 보면 보편적인 초월적 시점에서 사유하고 판단하는 도덕 주체라는 말이다.

그렇다면 이러한 선의지로부터 어떻게 도덕법칙이 가능한가? 우리가 가슴속에서 느끼는 도덕법칙이 진정으로 선의지에서 비롯된 보편타당한 도덕법칙인지 아닌지를 판가름할 수 있는 기준은 무엇인가? 도덕적 판단은 어떻게 가능한가?

2) 도덕적 판단은 어떻게 가능한가?

(1) 의지규정의 형식

이론 영역과 달리 실천 영역에서 고려하고 판단하며 선택하고 행위하는 것은 의지이며, 실천 규칙은 의지를 행위로 규정하는 규칙이다. 따라서 어떻게 보편적 도덕법칙 또는 도덕적 판단이 가능한가의 물음은 곧 의지를 규정하는 규칙이 어떻게 객관적이고 보편타당한 규칙일 수 있는가의 물음이 된다. 이에 답하기 위해 칸트는 의지의 내용과 의지의 형식을 구분한다.[9]

의지의 내용이란 의지가 지향하는 바의 것, 즉 "그것의 현실적 존재가 욕구된 대상"이다. 나의 의지가 구체적으로 욕구하는 바의 욕구대상이 바로 의지의 내용이다. 그런데 각자가 욕구하는 대상인 의지의 내용은 각자의 원하는 바에 따라 상이하게 다를 수밖에 없으며, 따라서 그런 의지의 내용을 의지의 규정근거로 삼을 경우, 그렇게 얻어진 의지규정의 규칙은 서로 다를 수밖에 없다. 따라서 그로부터 보편타당한 규칙을 얻어내는 것은 불가능하다. 즉 인간이 무엇을 지향하고 무엇을 욕구하는가의 구체적 내용으로부터 모든 인간에게 타당한 보편적 규칙을 얻어내는 것은 불가능하다.

> 욕망능력의 객관—내용—을 의지의 규정근거로 전제하는 모든 실천원리는 모두 경험적이요, 결코 실천법칙을 형성할 수가 없다.[10]

의지의 내용으로부터 실천법칙을 얻을 수 없는 까닭은 결국 의지의 내용 또는 의지의 대상이 자신에게 쾌의 감정을 가져다 주는 것이기 때문이며, 따라서 의지의 내용적 원리가 쾌를 추구하는 행복추구의 자기애일 수밖에 없기 때문이다.

---

9) 이처럼 의지의 내용과 형식을 구분하는 것은 이론인식의 차원에서 '어떻게 선험적 종합판단이 가능한가?'에 답하기 위해 인식능력인 감성과 오성의 형식과 내용을 구분하고, 인식의 선험성의 근거를 내용이 아닌 형식에서 찾은 것과 마찬가지 논리이다.

10)《실천이성비판》, 제1장, 제2절, 정리1(23면).

> 모든 내용적인 실천원리는 그 자체 모두 동일한 종류이며, 자기애, 즉 자기행복의 보편적 원리에 속한다.[11]

자기행복의 원리에 따른 판단은 결국 자기 행복과 이익을 계산하는 사적 계산성의 판단이지 보편적인 도덕성의 판단이 아니다. 그러므로 의지의 내용으로부터는 사적이고 주관적인 타당성 너머로 나아갈 수가 없다. 그럼에도 불구하고 선한 의지로부터 보편타당한 도덕법칙이 가능하다면, 그 법칙은 의지의 내용이 아닌 의지의 형식으로부터 얻어져야 한다. 즉 도덕법칙은 의지규정의 내용이 아닌 형식에 관한 규칙일 수밖에 없는 것이다. 의지의 내용은 의지가 지향하는 대상이므로 외적으로 부여되는 것이고 따라서 경험적이고 우연적이며 사적일 수밖에 없다면, 그러한 의지규정에서 형식은 내용과 달리 경험적이 아니라 선험적이며 사적이 아니라 보편적이기 때문이다.

> 이성존재자가 그의 준칙들을 실천적인 보편법칙들이라고 생각해야 한다면, 그는 준칙들을 내용상으로가 아니라 단지 형식상으로 의지의 규정근거를 포함하는 원리로 생각할 수 있을 뿐이다.[12]

이와 같이 칸트는 보편적 도덕법칙은 의지가 지향하는 내용에 따라서가 아니라 오직 의지규정의 형식을 따라서만 얻어질 수 있다고 본다. 보편적 도덕법칙을 가능하게 하는 기본법칙은 오직 의지규정

---

11) 《실천이성비판》, 제1장, 제3절, 정리2(24면). 여기에서 자기애는 루소 식의 보편의지의 자기사랑이기보다는 홉스 식의 이기적 본성의 자기 사랑을 뜻한다.
12) 《실천이성비판》, 제1장, 제4절, 정리3(31면).

의 보편적 형식만을 언급하는 것이어야 하는 것이다. 보편적 도덕
법칙과 관련된 이와 같은 의지규정의 내용과 형식의 구분은 다음과
같은 방식으로 정리될 수 있다.

칸트에 따르면 인간의 의지는 그 의지가 무엇을 욕구하는가의 내
용상에서 보면 서로 상이하고 사적이고 우연적이지만, 형식상에서
보면 인간 의지는 바로 보편의지이다. 따라서 보편적 도덕법칙은
의지규정상의 보편적 형식에 따라 얻어질 수 있다. 즉 의지를 그것
이 지향하는 대상에 의해서 내용적으로가 아니라 의지 그 자체의
보편적 형식에 따라 규정할 경우 보편타당성의 도덕법칙이 가능한
것이다. 그렇다면 의지를 형식상으로 규정한다는 것은 무엇을 의미
하는가? 보편적 도덕법칙이 될 수 있는 근거가 내용적으로가 아니
라 형식적으로만 의지를 규정하는 것이라면, 이것이 의미하는 바는
무엇인가?

   (2) 도덕적 판단의 근거: 보편화가능성의 원리
   의지가 그것이 대상으로 지향하는 내용에 따라서가 아니라 그 자
체의 형식에 따라 규정됨으로써 선한 의지로 작용할 수 있다는 것
은 의지규정에 있어 의지의 대상인 내용을 모두 배제하고 오로지
의지의 형식만을 고려하여 그 보편성에 맞는 것만을 도덕법칙으로
선택하는 것을 뜻한다. 이는 곧 어떤 것이 도덕법칙인가 아닌가를

판단할 때 우리가 특정 내용을 기준으로 삼을 수 없다는 것을 의미한다. 어떤 규칙이 도덕적인가 아닌가의 기준이 의지의 대상인 행복이나 쾌락, 부나 지식 등으로 채택된다면, 그 판단은 순수한 도덕적 판단이 아니라, 목적에 이르는 좋은 수단인가 아닌가를 고려하는 계산성의 판단이 되기 때문이다. 이는 곧 자기이익을 계산하는 타산성의 판단이지, 개인적 성향이나 목적을 넘어선 도덕적 판단이 아닌 것이다. 이렇게 해서 칸트는 어떤 규칙이 도덕적인가 아닌가의 도덕적 판단의 기준을 의지의 내용이 아닌 형식에서 구하는데, 이때의 형식은 곧 내용의 사적 특수성을 벗어난 보편성을 뜻할 뿐이다. 다시 말해 어떤 규칙이 모든 인간이 따를 수 있는 **보편화가능성**을 갖고 있으면, 그런 규칙은 도덕적인 것으로 판단될 수 있는 것이다. 이와 같이 보편화가능성은 모든 도덕적 판단을 가능하게 하는 궁극적인 도덕적 원리로서, 칸트는 이를 다음과 같은 도덕적 명령으로 표현한다.

> 너의 의지의 준칙이 언제나 동시에 보편적 법칙부여의 원리가 될 수 있도록 행위하라.[13]

---

13) 《실천이성비판》, 제1장, 제7절: 순수 실천이성의 근본법칙(36면). 물론 여기서 말하는 보편화가능성 또는 불가능성이 논리적 차원의 불가능성인지 아니면 그 이외의 실질적 불가능성인지에 대한 상세한 논의는 칸트에서 생략되어 있다. 그리고 바로 이 점 때문에 칸트 윤리학에 대한 여러 가지 해석과 비판이 행해지고 있다. 비록 보편화가능성의 원리가 어느 누구도 예외로 설정되어서는 안 된다는 평등의 이념을 말하고 있기는 하지만, 그것이 도덕법칙수립을 위한 충분조건은 아니라는 것, 또 경우에 따라서는 필요조건도 아닐 수 있다는 것이 문제인 것이다.

내가 개인적으로 선택하는 실천 규칙인 준칙이 모든 인간이 선택하여 실행해도 괜찮을 경우, 그런 식으로 보편화가능한 규칙만을 나의 준칙으로 취하라는 말이다. 이처럼 칸트가 도덕적 판단의 최종 근거로서 제시하는 '보편화가능성의 원리'는 일체의 의지내용을 배제하고 오로지 의지의 형식만에 따라 도덕법칙을 성립시키는 기준을 제시하는 것이다. 보편화가능하다고 판단되는 규칙이면 개인적 준칙을 넘어선 보편타당성의 도덕적 법칙이 될 수 있다는 것이다. 이는 곧 도덕의 황금율에 해당하는 "역지사지(易地思之)"의 정신 또는 "네가 원하지 않는 것은 남에게 하지 말라"는 원칙 이외의 다른 것이 아니다. 결국 우리가 일상적으로 도덕법칙으로 받아들이고 있는 것들은 그것이 우리의 의지가 지향하는 특정 목적을 이루게 하는 좋은 수단이기 때문이 아니라, 그것이 우리 모두가 그런 방식으로 행위하기를 바랄 수밖에 없는 그런 형식의 행위이기 때문이다.

이와 같은 보편화가능성의 원리는 우리에게 도덕법칙에 대한 판단기준으로서 일종의 명령으로 부과되는데, 이때의 명령은 일상적 행위규칙에서의 조건적인 가언명령과 달리 무조건적인 명령의 형식을 띤다. 이는 그 원리 자체가 의지의 지향대상인 개인적 기호나 목적 등을 모두 배제하고 얻어진 원리이기 때문이다. 가언명령은 목적에 따라 수단을 지시하는 실천규칙이며, 따라서 그 목적을 전제한 사람에게만 명령이 된다. 즉 건강하기를 목표로 정한 사람에게만 '일찍 일어나라!'가 명령이 되며, 돈을 버는 것을 목적으로 택한 사람에게만 '부지런히 일하라!'는 것이 명령이 된다. 이처럼 특정한 조건을 전제함으로써만 성립하는 명령은 가언명령이다. 반면 보편화가능성의 원리는 그 자체 도덕적 판단을 가능하게 하는 기준으로서 누구나 따를 수밖에 없는 기준이다. 인간인 한 누구나 조건

없이 모든 경우에 따라야 하는 무조건적 명령이기에 이를 '정언명령'(Kategorische Imperativ)이라고 한다.

> 명령은 그것이 조건적이라면, 즉 의지를 단적으로 규정하지 않고 욕망된 결과와 연관해서만 규정한다면, 다시 말해 가언적 명령이라면, 그것은 분명 실천적 훈계일 수는 있지만 결코 법칙은 아니다. 법칙은 욕망된 결과에 필요한 능력을 내가 과연 갖고 있는가 또는 그런 결과를 낳기 위해 내가 무엇을 해야 하는가 등을 자문하기 전에, 단지 의지로서의 의지를 충분히 규정한다. 따라서 법칙은 정언적이며, 그렇지 않다면 법칙이 아니다. 왜냐하면 훈계에는 이런 필연성이 없기 때문이다. 필연성은 그것이 실천적이라면, 감각적 조건, 즉 의지에 우연히 결부된 조건들로부터 독립해 있는 것이다.[14]

가언명령은 내가 무엇을 욕구하는가의 내용에 의존하고, 또 내가 원하는 것을 이루려는 목적을 위해 채택되는 수단으로서의 규칙이라는 의미에서 자기이익을 계산하는 타산성의 차원에 속하는 것이다. 반면 인간이면 누구나 따라야할 규칙을 말하는 정언명령은 특정 목적이나 의도와 무관한 것이라는 점에서 도덕성의 차원에 속하는 원리이며, 오직 이 정언명령에 입각해서만 어떤 규칙이 과연 도덕법칙인가 아닌가를 판가름하는 도덕적 판단이 가능해진다.

(3) 도덕법칙과 자유의 관계
의지가 본성적으로 이런 저런 대상을 지향한다고 해도, 그 의지

---

14) 《실천이성비판》, 제1장, 제1절의 주석(22~23면).

3장 욕망과 자유 127

가 대상에 의해 전적으로 규정되는 것이 아니라, 보편화가능성이라
는 순수 형식에 따라 규정가능하다는 것은 곧 인간의 의지가 대상
에 의한 규정성으로부터 자유롭다는 것을 의미한다. 이것이 곧 인
간 의지의 **자율성**이다. 의지가 그것이 지향하는 대상인 경험적 내용
에 의해 완전히 규정되지는 않는다는 것은 곧 인간이 오로지 자기
자신의 이익만을 계산하는 이기적 존재가 아니라는 것, 인간은 보
편적 이성의 관점에서 사유할 수 있다는 것을 의미한다. 이와 같이
자율성을 지니는 인간의 의지를 '**자유의지**'라고 한다.

> 준칙의 법칙수립적인 순수 형식만을 법칙으로 삼을 수 있는 의지가
> 곧 자유의지이다.[15]

　순수 형식만을 법칙으로 삼을 수 있는 의지는 사적인 경험적 내
용에 의해 전적으로 규정되지 않은 채 의지로서 작용하므로, 보편
의지이며 동시에 자유의지이다. 도덕법칙이 가능한 근거는 바로 인
간 본성의 자유 또는 의지의 자유인 것이다. 이처럼 《실천이성비
판》이 도덕법칙의 가능근거로서 밝힌 인간 의지의 자유는 곧 《순수
이성비판》이 현상계의 자연필연성과 대비적으로 언급했던 자아의
초월적 자유이다. 《실천이성비판》은 그 초월적 자유를 다시 도덕의
차원에서 도덕법칙의 가능근거로서 증명한 셈이다.

> 실천이성은 사변이성과 아무런 협의 없이 독자적으로 원인성 범주의
> 초감성적 대상인 자유에다 실재성을 부여하며, 따라서 사변이성의

---

15) 《실천이성비판》, 제1장, 제5절(33면).

> 비판에서는 단지 생각될 수만 있었던 자유를 실천이성은 양심의 사
> 실에 의해 확증하고 있다.[16)]

《순수이성비판》에서 논했듯이 인간은 현상적으로는 감성계의 일
원이지만, 본질적으로는 감성의 충동이나 욕망의 강제로부터 자유
로운 존재이다. 인간의 본질은 감성과 충동의 현상계에 속하는 것
이 아니라, 일체의 현상적 규정성을 넘어선 초월적 자유이다. 이러
한 자신의 초월적 자유를 의식하면서 자기 삶의 태도나 행동을 선
택할 때, 초월적 자유는 실천적 자유로 작용한다. 욕망으로부터의
자유, 충동적 강제로부터의 독립성의 의식이 곧 실천적 의미의 자
유이다.

> 실천적 의미의 자유는 감성의 충동에 의한 강제로부터의 의지의 독
> 립성이다.[17)]

그러므로 현상적 규정성을 넘어선 초월적 존재로서의 인간 본성
이 확립되지 않는 한, 초월적 자유나 자유의지를 논한다는 것은 불
가능하다. 칸트의 초월적 관념론은 인간이 본질적으로 현상을 넘어
선 자유라는 것, 인간은 그 자유에 입각해서 자기 삶의 태도나 방식
을 결정할 수 있는 도덕주체라는 것을 주장한다. 그러한 자유에 입
각해서만 실천이성에서 논하는 도덕법칙이 가능한 것이다. 이와 같
이 자유와 도덕법칙 간에 서로가 서로의 근거가 되는 순환의 문제

---

16) 《실천이성비판》, 서설(6면).
17) 《순수이성비판》, B 562.

를 해결하기 위해 칸트는 근거의 의미를 다음과 같이 구분하여 설명한다.

도덕법칙은 자유의 인식근거이고, 자유는 도덕법칙의 존재근거이다.[18]

도덕법칙과 자유의 관계는 존재론적으로 고찰하면 자유에 입각해서 비로소 도덕법칙이 가능하다. 따라서 자유는 도덕법칙의 존재근거이다. 그러나 그처럼 자유가 존재한다는 사실은 우리에게 도덕법칙이 존재한다는 사실을 통해서 비로소 확연하게 인식된다. 그래서 도덕법칙은 자유의 인식근거가 된다고 말한다. 이는 곧 《순수이성비판》에서 확립한 초월적 자아의 자유는 《실천이성비판》에서 논의되는 도덕법칙의 존재론적 근거가 된다는 것을 뜻한다. 《실천이성비판》이 누구나 양심에 따라 느끼는 도덕법칙에서 출발하여 그 가능근거로서 자유를 증명하지만, 칸트의 철학적 사유체계 질서에서 보면 《실천이성비판》의 도덕률은 결국 《순수이성비판》에서의 자유에 입각한 것이다.

3) 자유와 의무: 인간 본성의 이원성

정언명령은 의지가 지향하는 대상인 의지의 내용과 독립적으로 오로지 보편적 형식만에 의해 의지를 규정할 것을 지시하는 명령이다. 그리고 그 정언명령에 따라 보편화가능한 규칙만을 도덕법칙으로 취할 때, 그 도덕법칙은 '너는 이러 이러하게 행위해야만 한다'

---

18) 《실천이성비판》, 서설(4면).

라고 당위를 주장하는 도덕적 명령이 된다. 그렇다면 그것은 누구에게 내려지는 명령인가? 누가 명령을 내리고 누가 명령을 듣고 따라야 하는 것인가?

바로 이 점에서 인간 본성의 이원성이 거론된다. 칸트에 따르면 인간의 마음은 처음부터 자연적 욕구와 이기적 욕망으로 가득 차 있으며, 아무리 도덕적인 성인군자라고 할지라도 자신 안의 감성이나 충동을 완전히 부정하거나 제거할 수 없다. 인간은 여타 다른 동물과 마찬가지로 식색지욕을 가지고 있고 또 그 욕구를 충족시킴으로써만 자신과 자기 종족을 보존할 수 있으므로 본능적으로 욕구충족과 쾌락을 좇는 존재이다. 그것이 인간의 자연적 경향성을 이룬다. 이런 의미에서 칸트는 인간의 의지를 기본적으로 감성적이라고 본다. 인간의 의지는 실질적으로 인간 마음을 차지하고 있는 이기적 충동과 욕망으로부터 떠나 있지 않으며 언제나 그러한 감성적 경향성에 따라 의지가 일깨워진다.

인간의 의지는 수동적으로 촉발되는 한에서는 감성적이다.[19]

인간의 의지는 기본적으로 감성의 운동인에 의해 자극 받음으로써만 의식되기 때문에 언제나 감성적으로 남아있을 수밖에 없다. 그러나 인간의 의지가 감성적이라고 해서 감성적 충동에 의해 전적으로 규정된다는 말은 아니다. 만약 의지가 감성적 충동에 의해서 그 충동이 몰고 가는 행위로 강제적으로 그리고 필연적으로 규정되는 것이라면, 그런 감성적 의지는 자유가 없는 의지이다. 감성적 의

---

19) 《순수이성비판》, B 562.

지 중 이와 같이 욕구에 의해 필연적으로 규정되는 의지를 칸트는 '동물적 의지'라고 부른다. 반면 인간의 의지는 감성적으로 자극되기는 하지만, 그 자극에 의해 필연적으로 행위가 규정되는 것은 아니라는 의미에서 '자유로운 의지'이다.

> 의지는 그것이 병리학적으로 결정지어질 때 **동물적 의지**라고 불린다. 인간의 의지는 감성적이기는 하지만 동물적 의지가 아니라 **자유로운 의지**이다. 왜냐하면 감성이 그의 행동을 필연적으로 규정하는 것이 아니라, 오히려 인간에게는 감성적 충동의 강제로부터 독립해서 스스로 자신을 결정할 수 있는 능력이 있기 때문이다.[20]

이처럼 자신의 감성적 충동의 강제로부터 독립해서 스스로의 행위를 결정할 수 있는 능력이 바로 자유로운 의지이다. 인간의 의지는 감성적 욕구에 의해 자극받는다는 점에서는 감성적 의지이지만, 그 욕구에 의해 필연적으로 규정되는 것은 아니라는 의미에서 동물적 의지가 아닌 자유로운 의지이다. 이처럼 감성적 충동으로부터 독립적으로 의지를 결정할 수 있는 능력이 곧 자신의 의지를 내용에 따라서가 아니라 보편성의 형식에 따라 규정하는 능력을 뜻하며, 바로 이 능력으로부터 보편적 도덕법칙이 가능하다. 이 능력이 바로 자유이기에, 자유로부터 보편적 도덕법칙이 가능하다고 말하는 것이다.

그러나 인간 의지의 보편성은 의지규정의 형식에 관한 것일 뿐이며 인간 의지가 구체적으로 지향하는 내용들은 서로 상이할 수밖에

---

20) 《순수이성비판》, B 562.

132

없다. 도덕법칙은 이처럼 상이하게 욕구된 의지내용들을 추상하고 순수하게 의지규정의 형식으로부터만 얻어진 것이다. 따라서 의지의 보편적 형식에 기반한 도덕법칙의 명령을 따르자면, 의지의 상이한 내용에 해당하는 욕구와 욕망, 감성적 경향성과 충동 등은 거부되거나 제지되게 된다. 보편적인 선의지는 의지의 내용을 고려함이 없이 오직 그 보편화가능성의 형식에 따라서만 자기 의지를 규정해야 하기 때문이다.

> 〔선의지는〕 감성적 충동에 의해 영향 받지 않을 뿐 아니라, 오히려 적극적으로 모든 감성적 충동의 거부와 모든 경향성의 단절을 통해 오직 도덕적 법칙성에 의해서만 의지를 규정한다.[21]

이처럼 보편적 도덕법칙의 명령을 따른다는 것은 곧 내 안에서 일어나는 개인적인 충동이 거부되고 사적 경향성이 제지될 수 있다는 것을 뜻한다. 경향성과 충동이 거부되고 제지될 때 나는 감정적으로 아픔과 고통을 느끼게 된다. 그럼에도 불구하고 나의 감성적인 이기적 경향성을 극복하고 도덕법칙을 따르게 되는 것은 선한 의지가 "도덕법칙에 대한 존중"의 느낌을 불러일으키기 때문이다. 인간은 도덕법칙에 대한 존경과 존중의 마음으로 그 법칙을 따르게 된다. 도덕법칙은 감성에 대해 감성적 경향성을 극복하고 도덕법칙을 따라야 한다는 명령으로 주어지며, 감성은 도덕법칙에 대한 존중심에서 그것을 순수 의무로 받아들이며 따르게 되는 것이다.

---

21) 《실천이성비판》, 분석론, 제3장: 순수 실천이성의 동기(85면).

이와 같이 칸트 윤리학에서 도덕법칙과 정언명령은 그 법칙을 존중하고 그 명령을 의무로서 따라야 하는 감성적 경향성과 충동을 전제하며, 이 점에서 이성과 감성, 도덕성과 경향성, 명령과 명령받는 자라는 이원성을 내포하고 있다. 이 둘이 서로 갈등하고 대립하는 한에서만 도덕이 성립한다. 만약 인간의 경향성과 감성이 이성이나 도덕성과 완전히 일치하게 되면, 그 때의 의지는 더 이상 그 둘 사이에서 갈등하고 선택하는 의지, 선을 결단하고 수행하는 도덕적 의지가 아니게 된다. 그런 의지는 이미 도덕적 선과 악의 피안에 이른 의지이기에 칸트는 이를 '성스러운 의지'라고 칭하면서, 그것을 인간의 의지와는 구분되는 신(神)적 의지로 간주한다.

> 각종 요구와 감성적 동인의 자극을 받는 인간에게 있어서는 신성한 의지, 즉 도덕법에 항쟁하는 준칙들을 느끼지 않는 의지를 예상할 수 없다. 그러므로 인간에게 도덕법은 명령이 되며, 이 명령은 정언적이다.[22]

그러나 이성과 감성, 의무와 존중이라는 이원성의 인간 의지를

---

22) 《실천이성비판》, 제1장, 제7절의 주석2(38면).

신성한 의지와 구분한다고 해서, 칸트가 그런 이원적 대립을 도덕의 궁극 지향점으로 놓고 있는 것은 아니다. 오히려 그와 반대로 칸트는 도덕성과 경향성, 이성과 감성이 하나로 조화되는 신성한 의지를 도덕이 지향해야 할 궁극 목표로 간주한다.

> 의지의 이러한 신성성은 반드시 원형으로 간주되어야 할 실천적 이념이며, 이 원형에 끊임없이 접근하는 것은 모든 유한한 이성존재자에게 허용되는 일이다.[23]

---

23) 《실천이성비판》, 제1장, 제7절의 주석2(38면).

4장 도덕과 행복

덕복일치의 최고선은 실현가능한가?

1. 문제제기

1) 도덕과 행복이 과연 일치할 수 있는가?

　도덕은 도덕법칙을 따라 행위하려는 의지의 결단에서 성립한다. 도덕법칙은 이성의 명령 또는 양심의 소리로 알려지며, '마땅히 어떻게 해야한다'라는 정언명령의 방식으로 주어진다. 그것이 명령인 것은 그 명령을 의무로 받아들이면서 명령을 따라야 하는 자, 즉 이성 저편의 감성과 욕망의 인간, 양심 저편의 이기심이 있기 때문이다. 도덕법칙은 감성적 욕구와 이기적 욕망의 인간을 이성적 질서로 고양시키기 위한 안내자라고 볼 수 있다.

　그러나 이처럼 양심의 소리 또는 도덕법칙의 명령을 따른다는 것은 곧 이기적 경향성에 저항하고 자연적 욕망을 억제한다는 것을

136

의미한다. 욕망을 억제한다는 것은 욕망충족을 포기한다는 것이며, 이는 곧 욕망충족에서 얻어질 수 있는 쾌락, 욕망이 지향하는 쾌락을 좇지 않음을 뜻한다. 결국 도덕성의 추구와 쾌락의 추구는 상반된 길을 가고 있는 것이며, 따라서 도덕성과 자기이익추구의 계산성이 서로 다른 것이 되는 것이다.

그런데 인간은 도덕적 양심과 더불어 자연적 욕망을 가진 존재이기 때문에 욕망이 충족될 때 쾌락과 더불어 행복을 느끼게 된다. 인간은 누구나 스스로 행복하기를 바라며 또 다른 사람에 대해서도 행복을 기원한다. 그러나 양심이 이기심과 대립되고, 도덕법칙이 욕망과 충돌하여, 결국 도덕과 행복이 서로 상충하는 것이라면, 어떻게 우리는 도덕적이고자 하면서 동시에 행복해지기를 바랄 수 있을까? 아니면 도덕적이면서 행복해지기를 희망하는 것은 불가능을 꿈꾸는 자기모순적 바람인가? 철저히 도덕적이고자 한다면 행복하기를 기대하지 말고, 행복하기를 꿈꾼다면 스스로 도덕적이기를 포기해야만 하는 것인가? 행복추구와 도덕성이 서로 다른 것임에도 불구하고 그 둘이 하나로 종합되기를 바란다면, 그 종합은 어떻게 가능한가?

양심/도덕성 ←→ 이기심/욕망
도덕 ←→ 행복

덕복일치가 가능한가?

도덕성과 행복, 즉 덕과 복의 일치가 불가능하다면, 그것은 곧 인간이 지향하는 덕과 복, 이성적 도덕과 감성적 경향성 중 어느 하나는 포기되어야 한다는 것을 의미한다. 그러나 인간의 두 본성 중 왜 어느 하나가 버려져야 한단 말인가? 어떻게 도덕과 행복 중 어느 하나를 포기할 수 있단 말인가? 도덕적이고자 하면서도 행복하기를 바라고, 행복한 속에서도 도덕을 완성하기를 기대하는 것이 인간의 궁극적 지향점이 아닐까? 더구나 우리는 자기 자신에 대해서뿐 아니라, 다른 사람에 대해서도 그 사람의 도덕적 완성과 더불어 지상에서의 행복을 기원하지 않는가? 우리가 희망하는 것은 도덕적 고행주의자나 이기적 쾌락주의자라는 양 극단보다는 오히려 행복한 도덕인이 아닌가?

이처럼 인간이 궁극적으로 지향하는 것은 도덕과 행복이 함께 실현되는 것, 즉 덕과 복의 일치이다. 그렇다면 현실에서는 왜 그 둘이 일치하지 않는 것일까? 덕과 복이 일치하지 않는 근본적 원인은 무엇인가? 인간 안에 남아있는 이원성, 양심과 이기심, 보편적 이성과 사적 욕망, 현상초월적 자유와 자연적 경향성, 탈세속적 도덕성과 세속적 욕망 등의 이원성이 그 원인이라면, 이런 이원성은 어떻게 극복될 수 있는 것인가? 만약 덕과 복의 종합이 가능하다면, 그 종합의 방식은 과연 어떤 것이며, 그런 종합을 가능하게 하는 조건은 또한 무엇인가?

2) 덕복일치의 가능조건은 무엇인가?

인간 내면의 도덕성과 행복추구의 이기성이 서로 대립하기에 덕과 복이 일치하지 않는 상황에서, 그럼에도 불구하고 그 둘의 불일치현상이 극복되어야 한다면, 그 극복은 어떻게 가능한가? 궁극적으로 성취되어야 할 덕과 복의 일치는 과연 무엇을 의미하는가?

덕과 복의 불일치는 개인적 차원에서 보면 인간 내면의 이원성,

즉 양심과 이기심, 이성과 욕망 사이의 갈등에서 빚어지는 것이라고 말할 수 있지만, 사회적 차원에서 보면 오히려 덕보다는 권력에 의해서 유지되는 사회구조에서 발생하는 것이라고도 볼 수 있다. 사회는 덕이 있는 선한 자가 더 불행해지고 오히려 권력을 가진 부도덕하고 이기적인 인간이 더 행복해질 수 있는 그런 모순적 구조를 갖고 있기 때문이다. 이렇게 보면 덕과 복의 일치 또는 불일치는 단지 인간 내면의 문제가 아니라 구체적인 사회현실의 문제가 될 수도 있다.

나아가 인간이 지향하는 복이 단지 신체적 쾌락이나 사회 정치적 또는 경제적 풍요에서 오는 만족감에 그치는 것이 아니라 자신의 도덕성에 합당한 지고의 행복까지를 포함한다면, 이 경우 덕과 복의 일치는 인간 자신의 내적 노력이나 사회적 변혁만으로 가능한 것이 아니라 오히려 그와는 또 다른 차원인 종교의 차원에서만 기대 가능한 것인지도 모른다.

어느 경우이든 도덕은 개인 스스로의 사유와 행위를 통해 자기 자신으로부터 시작되는 능동적인 것인 데 반해, 행복은 그 자신의 의지로도 어쩌지 못하는 자연적 경향성 또는 그 자신의 힘 밖에 있는 사회 정치경제적 구조 또는 유한한 인간 너머의 무한한 절대자에 의해 영향을 받게 되는 수동적인 것이다. 그렇기 때문에 내가 노력해서 덕을 쌓아도 복이 주어지지 않을 수 있고, 덕을 쌓는 노력이 없어도 복이 주어지는 경우들이 발생할 수 있는 것이다. 그러나 만약 이런 덕과 복의 불일치가 극복되고 덕과 복의 일치가 실현되어야 한다면, 그런 일치를 가능하게 하는 조건은 과연 무엇인가?

2. 칸트 이전 대답의 유형들

고대의 철학자들이 생각한 덕은 각자가 자신에게 주어진 몫을 다하는 것이다. 신체의 각 기관이 자기의 기능을 다할 때, 신체 전체가 조화롭게 살아갈 수 있듯이, 인간 각자가 사회라는 전체 구조 안에서 자기에게 주어진 몫, 자신의 역할을 충실히 수행할 때, 사회 전체가 조화롭게 유지될 수 있다고 보았으며, 바로 그것을 덕, 특별히 정의라고 보았다. 이렇게 볼 경우에는 그 덕에 따라 그에 상응하는 복이 주어지리라는 것이 이미 전제되어 있다. 물론 사회 구조 안에서 자기에게 주어진 몫이 계층마다 다르기에, 각 계층마다 기대할 수 있는 행복의 내용도 실질적으로 다를 것이다. 그 자기 몫을 해내는 덕을 이루면, 그 성과로부터 오는 즐거움을 곧 행복이라고 간주한 것이 된다.

덕 → 복

(자기 몫의 완수) (덕에 따르는 복)

이는 인간 존재를 사회의 구조 안에서 주어진 자기 몫을 수행해야 하는 계층적 존재로 이해함으로써 가능한 것이다. 인간에 대해 개인의 관점보다는 사회 내의 역할이라는 공동체성을 통해 그 정체성을 확립하려 한 것이다.

이 지상적 사회성이나 계층성보다는 개체의 영혼에 더 주안점을 두고자 한 기독교에서는 덕과 복은 근본적으로 분열된다. 덕을 쌓는 자는 이 세상에서는 괴로울 것이고, 덕이 없는 자는 오히려 이 세상에서 쾌락을 누리기도 한다. 예수가 십자가의 고난을 당한 것

140

이 단적으로 인간의 도덕성과 지상적 삶의 행복이 병행하는 것이
아니라는 것을 말해준다. 부자가 천당 가기 어렵다는 것은 이 지상
에서 쾌락을 누리는 자는 그만큼 덕이 없기에 천당에 가기 힘들다
는 말이다. 반대로 덕을 쌓은 자는 이 지상에서는 복을 누리지 못하
겠지만, 그 덕으로 인해 사후에 천당에 가서 복을 받게 된다. 이 지
상적 삶에 국한하면 덕은 복과 대립해있고 그 일치를 기대하기 힘
들며, 일치는 오히려 사후 신의 심판을 통해서만 기대할 수 있을 뿐
이다. 현생의 불행과 고통은 사후의 보다 완전한 행복을 위한 시험
이다.

지상에서의 대립:　　　　덕　　　←→　　　　복
　　　　　　덕있는 자(천당갈 자)　　　현재 복받는 자(부자)

사후의 보상:　　　　　　덕　　　＝　　　　복
　　　　　　(생전에 쌓은 덕)　　　　　(사후에 받는 복)

　인간이 지향하는 것은 결국 덕과 복의 일치이다. 그래서 철학자
들은 어떤 방식으로든 덕과 복이 일치하는 길을 모색하였다고 볼
수 있다. 스토아학파의 금욕주의자들은 덕을 중심으로 생각하며,
복은 그 덕으로부터 자연스럽게 파생되는 것, 즉 "자신의 덕을 스스
로 의식하는 것"[1]으로 간주한다. 도덕적 인간은 스스로 그 자신의
덕을 의식하면서 자기만족감을 느끼게 되는데, 그것이 바로 행복이
라는 것이다.

---

1)《실천이성비판》, 제2권: 변증론, 제2장(129면).

금욕주의자:　　　　도덕　→　행복: 도덕의 산물
　　　　　　　　　　　　　　(도덕의 의식)

　　그러나 이와는 완전히 반대되는 관점에서 덕과 복의 일치를 생각
하는 입장도 있다. 즉 행복을 중심으로 생각하고, 덕이란 그 복으로
부터 파생되는 것, 즉 복을 가져올 만한 사유나 행위가 곧 덕이라고
보는 것이다. 에피쿠로스학파의 쾌락주의적 관점이다. 그들은 "행
복만이 최고의 선이며, 덕은 행복을 얻고자 하는 준칙의 형식일 뿐
이다"[2]라고 주장한다. 예를 들어 '건강한 생활을 하라', '인사를 잘
하라' 등은 그렇게 함으로써 인간이 행복해질 수 있기에 도덕규칙이
된다는 것이다.

쾌락주의자:　　　도덕: 행복의 산물　←　행복
　　　　　　　　　(행복 얻는 준칙형식)

　　이 두 관점은 덕이나 복 중 어느 하나만을 실질적인 것으로 택하
고, 나머지 하나는 다른 것의 부산물로만 간주한다. 금욕주의자에
게 있어서는 도덕적으로 행동하면 그 자체가 행복이지, 도덕수행에
서 오는 행복 이외의 다른 행복을 구한다는 것은 의미가 없게 된다.
따라서 스스로 덕을 닦는 일에만 치중하면 되지, 행이나 불행에 신
경 쓸 필요가 없는 것이다. 자기 자신이나 타인이라도 누군가 스스
로 불행하다고 생각한다면, 그것은 그가 아직 자신의 도덕을 완성
하지 못했다는 것을 말해줄 뿐이다. 반대로 쾌락주의자는 자신의

---

2) 《실천이성비판》, 제2권, 제2장(129면).

쾌락과 행복을 증진시키기 위해 노력하기만 하면 된다. 쾌락과 무관한 덕목들에 매달린다거나 타인이나 사회의 도덕적 평가에 신경을 쓸 필요가 없는 것이다. 자기 자신에게 쾌락과 행복을 가져다주는 규칙들이 바로 인간이 따라야 할 규칙인 도덕 규칙인 것이다. 진정으로 자기 행복을 추구하는 삶은 그 자체가 도덕적 삶이 된다.

이 두 관점은 각각 어느 차원까지는 타당한 부분이 있지만, 다시 반문을 제기할 수 있다. 금욕주의에 관해서는 다음과 같은 물음이 가능할 것이다. 도덕적 행위 자체가 가져다주는 자기만족감이 있기는 하지만, 그것으로 행복이 다 설명될 수 있을까? 도덕적 삶을 이끌어 가는데도, 그것이 타인이나 사회에서 오도되고 악용되어 비참한 삶을 맞게 되는 경우도 있지 않은가? 그럴 경우에도 당사자는 스스로 행복해해야 하며, 그렇지 못할 경우 자신의 비도덕성을 탓해야 한단 말인가? 쾌락주의에 관해서는 이런 물음이 가능할 것이다. 자신에게 진정한 만족감과 행복을 가져다 줄 삶의 방식 이외에 달리 도덕을 구한다면 그것은 무척 가식적이고 기만적인 것일 수 있을 것이다. 그러나 행복을 가져오는 모든 규칙이 다 도덕적인 것은 아니지 않는가? 직접 또는 간접적으로 다른 사람에게 불행을 낳을 수도 있는 이기적 규칙을 따르면서도 자신은 행복해하는 경우도 있지 않은가? 또 자신에게 불행을 가져다주리라는 것을 알면서도 전체를 위해 자기를 희생할 경우, 그런데도 그것이 도덕적인 경우가 있지 않겠는가?

금욕주의나 쾌락주의는 덕과 복의 일치를 서로 상반된 방식으로 주장하기는 하지만, 그 둘 다 덕과 복 중 어느 하나로부터 다른 하나가 자연적으로 귀결되는 것처럼 설명함으로써, 결국 덕과 복의 근본적인 차이, 즉 도덕성과 자기이익이나 행복추구의 계산성과의 근본적 차이를 간과한 문제가 있다.

그렇다면 도덕성과 계산성, 덕과 복의 근본적 차이를 인정하되 그럼에도 불구하고 그 둘이 서로 종합적으로 일치할 수 있는 길은 과연 무엇인가? 우리가 지향하는 덕복일치는 과연 무엇을 의미하고 그것은 어떤 방식으로 실현될 수 있는 것일까? 그것이 가능하기 위한 조건은 무엇일까?

3. 칸트적 대답의 길

1) 도덕의 지향점: 덕복일치의 최고선

인간이 비록 이성과 감성적 경향성, 도덕성과 이기성을 다 갖고 있다고 하더라도, 행위를 위한 의지를 규정할 때는 오로지 도덕법칙에 따라야 한다는 것이 칸트의 기본 관점이다. 자기이익 추구 등 개인적인 비도덕적 계산이 첨가되면 그 행위가 비록 도덕법칙에 합당하게 행해졌다 하더라도 의도의 불순성 때문에 비도덕적인 것이 된다. 칸트에 따르면 도덕성과 비도덕성의 구분기준은 도덕법칙에 따라 '의무에 맞게' 행동하는가 아닌가가 아니라, 의지규정이 오로지 순수하게 '의무로부터' 행해진 것인가 아닌가이다. 그만큼 도덕성에 대해 엄격한 기준을 제시한다.

> 의무의 개념은 객관적으로는 행위에 있어 법칙과의 일치를 요구하고, 주관적으로는 행위의 준칙에 있어 법칙에 대한 존중을 요구하는데, 후자만이 법칙에 의한 의지규정의 유일한 방식이다. 의무에 맞게

행위한다는 의식과 의무로부터, 즉 법칙에 대한 존중에서 행위한다는
의식과의 차이는 바로 이 차이에 의거한다.[3]

이처럼 도덕적 인간의 의지 규정근거는 분명히 오직 순수하게 도
덕법칙이어야 한다. 순수한 도덕성은 욕망이나 경향성에 대항해서
양심에 따라 결단하고 행위하는 것으로서, 도덕적이고자 하는 인간
은 내적으로 끊임없이 양심과 이기심, 도덕법칙과 욕망 사이의 갈
등을 느끼겠지만, 결국은 도덕법칙을 택해야 하는 것이다.

그러나 칸트에게 이러한 인간 내면의 이원적 대립은 궁극적인 것
이 아니다. 도덕적 의지가 지향하는 대상이 단지 도덕성에 그치는
것이 아니라 의지가 도덕성을 위해 규정근거에서 제외시켰던 행복
까지를 다시 포함하는 것이기 때문이다. 즉 도덕적 의지가 궁극적
으로 지향하는 것은 도덕성의 완성과 더불어 그에 상응하는 행복을
얻는 것이다. 이와 같은 도덕성과 행복의 종합을 칸트는 '최고선'이
라고 칭한다.

이성은 순수 실천이성으로서 실천적으로 제약된 것(경향성과 자연욕구
에 기인한 것)에 대해 마찬가지로 무제약자를 구하는데, 그것을 의지의
규정근거로서가 아니라—그 규정근거가 (도덕법칙에) 주어졌어도—
순수 실천이성의 대상의 무제약적 전체로서 '최고선'의 이름 아래 구
한다.[4]

---

3)《실천이성비판》, 제1권: 분석론, 제3장(95면). 여기서 칸트는 전자는 "합법성"
　일 뿐이고 오직 후자만이 "도덕성"에 해당함을 강조한다.
4)《실천이성비판》, 제2권: 변증론, 제1장(125면).

최고선이 의지의 대상이지 의지의 규정근거가 아니라는 것은 덕과 복의 일치가 의지를 규정하는 근거로 작용해서는 안 된다는 말이다. 의지를 규정하는 근거는 순수한 도덕법칙이어야 하며 그럼으로써만 의지가 도덕적일 수 있다. 다만 그렇게 도덕적으로 규정된 도덕적 의지가 그 도덕성에 입각해서 바라고 지향하는 대상이 바로 덕과 복의 일치인 최고선이라는 것이다. 다시 말해 우리의 도덕적 의지는 주어진 개별상황에서 자신이 도덕적으로 행동하기를 바랄 뿐 아니라, 모든 상황에서 언제나 그럴 수 있게끔 자신의 도덕성이 완성되기를 바라고 또 그 완성된 도덕성에 상응하는 행복도 얻게 되기를 바란다. 이처럼 완성된 도덕성을 칸트는 '최상의 선'이라고 부르며, 이 완성된 도덕성에 상응하는 복이 더해지는 것을 완전한 최고의 선이라는 의미에서 '최고선'이라고 부른다.

> (행복할 만한 가치 있는 것으로서의) 덕이 우리가 바랄 만한 것으로 생각되는 모든 것의 최상의 조건이고 따라서 행복추구의 최상의 조건이며, 따라서 최상의 선이라는 것은 분석론에서 증명되었다. 그러나 덕은 아직 이성적 유한존재자의 욕망능력의 대상인 전체적 완전선은 아니다. 그러한 선을 위해서는 행복 또한 요구되기 때문이다.[5]

그렇다면 최고선에 있어 덕과 복은 어떤 방식으로 결합되어야 하는가? 칸트가 강조하는 것은 하나로 종합되어야 할 도덕과 행복을 같은 종류의 것으로 간주해서는 안 된다는 것이다. 덕과 복을 같은 것으로 간주하면, 아예 도덕성과 계산성, 도덕의 원리와 행복의 원

---

5) 《실천이성비판》, 제2권, 제2장(127~128면).

리가 구분되지 않게 되기 때문이다. 그 다름을 간과하고 덕과 복을 동일한 것으로 취급하면, 그 때의 종합은 진정한 종합이 아니라, 동일률에 입각한 분석적 동일성이 되고 만다.

칸트는 이런 식으로 덕과 복의 동일성에 입각하여 분석적 일치를 주장한 학파로 스토아학파와 에피쿠로스학파를 든다. 그 둘은 덕을 근본으로 보는가 복을 근본으로 보는가에서는 차이를 보이지만, 덕과 복의 일치를 동일률에 입각한 일치로 간주한 점에서는 마찬가지이다.

> 고대 희랍의 여러 학파 중 최고선의 개념규정에 있어 덕과 복을 최고선의 두 가지 서로 다른 요소로 보지 않고, 동일률에 의해서 통일적 원리를 추구했던 점에서 마찬가지 방법을 고수했던 학파가 둘 있었다. 다만 덕과 복 중 근본개념으로 택한 것이 서로 다를 뿐이었다. 에피쿠로스학파는 자신의 준칙이 행복에 도달하는 것을 의식하는 것을 덕이라고 하였고, 스토아학파는 자신의 덕을 의식하는 것이 복이라고 말했다. 전자에서는 영리함이 곧 덕이 되고, 후자에서는 도덕만이 참된 지혜가 된다.[6]

에피쿠로스학파의 쾌락주의자는 행복만을 인정하고 덕은 단지 행복에 이르는 준칙 정도로만 간주하므로, 이 경우 덕과 복의 일치는 참된 의미의 종합이 아니라, 단지 "심미적 동일성"[7]일 뿐이다. 반면 스토아학파의 금욕주의자는 덕만 인정하고 행복을 단지 덕의

---

6) 《실천이성비판》, 제2권, 제2장(129면).
7) 《실천이성비판》, 제2권, 제2장(129면).

의식으로만 간주하므로, 그렇게 주장되는 덕과 복의 일치는 단지 "논리적 동일성"[8]일 뿐이다. 두 경우 모두 덕과 복의 현실적 차이를 간과한 채 둘 간의 분석적 동일성만을 주장하는 문제가 있다. 요구되는 것은 덕과 복의 현실적 차이에도 불구하고 성립하는 그 둘 간의 종합적 일치이기 때문이다. 즉 칸트가 주장하는 최고선은 심미적 또는 논리적인 동일성에 근거한 무차별적 동일성이 아니라, 도덕과 행복이 근본적으로 서로 다른 것임에도 불구하고 그 둘이 다시 하나로 종합되는 그런 것이다.

> 행복과 도덕성은 그 종류가 완전히 다른 것으로서 최고선의 두 요소가 된다.[9]

그렇다면 종류상으로 그렇게 완전히 서로 다른 덕과 복이 그럼에도 불구하고 어떻게 서로 종합을 이룰 수 있는 것인가? 칸트에 따르면 덕과 복의 참된 종합은 덕이 최고도로 완성되고 다시 그 완성된 최고의 덕에 상응해서 그에 합당한 복이 주어지는 방식으로 성립한다. 덕과 복의 종합은 어디까지나 '덕에 합당한 복'의 방식으로 가능한 것이다. 여기서 완성된 도덕성이란 감성에서 비롯되는 인간의 경향성까지도 실천이성의 도덕성에 따라 완전히 순화되어 그 둘이 더 이상 갈등으로 여겨지지 않는 그런 상황을 의미한다. 이는 '해야만 한다'라는 당위적 도덕법칙이 '하고 싶다'라는 자연적 욕구와 경향성에 반하는 것이 아니라 자연스럽게 일치가 되는 경지, 예

---

8) 《실천이성비판》, 제2권, 제2장(129면).
9) 《실천이성비판》, 제2권, 제2장(130면).

148

를 들어 '마음대로 행해도 하늘의 뜻에 어긋나지 않는다'는 '종심소
욕불유구(從心所慾不踰矩)'와 같은 경지 또는 경향성과 도덕성이 완
전하게 조화된 '신성한 의지'의 경지라고 볼 수 있다.

　나아가 최고선은 도덕성에 합당한 복이 주어지는 것이다. 즉 경
향성이 덕에 합치하도록 변화된 도덕성의 완성 단계를 넘어서서 최
고선이 되기 위해서는 그렇게 완성된 도덕성에 복이 더해져야 한
다. 이렇게 보면 최고선은 단지 인간이 자신의 개인적 경향성이 도
덕성과 일치되도록 내면의 덕을 완성한다는 차원을 넘어서서 외적
으로 복이 첨가되어야 하는 것을 의미한다. 인간의 내면적 도덕성
이나 의지의 노력과는 별도로 외적으로 복이 부가되기를 바란다는
것은 곧 인간이 자기 자신의 능력이나 노력과는 무관하게 외부로부
터 부여되는 은총과 같은 것을 기대한다는 말이다. 그렇다면 이러
한 덕복일치의 최고선은 과연 어떻게 가능한가? 최고선의 경지는
어떻게 실현 가능한가? 이는 곧 인간에게 있어 신성한 의지가 어떻
게 실현가능한가의 물음이기도 하며, 나아가 그 의지에 상응하는
복이 어떻게 부여될 수 있는가의 물음이기도 하다. 완성된 덕과 그
에 일치하는 복과의 종합, 그 최고선은 어떻게 가능한가?

2) 덕복일치는 어떻게 실현가능한가?

(1) 인간의 유한성: 근본악

　덕복일치는 과연 어떤 차원에서 찾아지고 실현될 수 있는 것인
가? 인간의 의지는 어떤 길을 통해 완전한 도덕성의 신성한 의지로
고양될 수 있고, 또 그 완성된 도덕성에 상응하는 복을 누릴 수 있
는 것일까? 칸트에 따르면 인간에게 있어 신성한 의지는 도덕의 궁

극 지향점이기는 하지만 그러나 이 세상 삶에서 실현가능한 것이 아니다. 감성적 경향성과 자연적 욕구로 가득찬 인간에게 개인적 준칙이 도덕법과 전혀 갈등하지 않는 그런 신성한 의지는 현생에서는 실현되기 힘든 꿈이며 이상일 뿐이다.

> 각종 요구와 감성적 동인의 자극을 받는 인간에게 신성한 의지, 즉 도덕법에 항쟁하는 준칙들을 느끼지 않는 의지를 예상할 수 없다.[10]

최고선이 인간 자신의 힘으로 실현불가능하다는 것은 곧 인간의 의지는 신성한 의지와 구분된다는 것, 인간은 성인이나 신이 아니라는 것을 의미한다. 그리고 이는 곧 인간의 이성과 감성, 도덕성과 행복, 양심과 이기심의 갈등은 인간 자신의 힘으로는 끝내 극복될 수 없다는 말이다. 인간 자신 내면에 도저히 통합되고 화합될 수 없는 양면성이 들어 있다는 말이다.

이러한 양면성의 현전을 칸트는 인간 본성 안에 있는 근본악으로 파악한다. 칸트에 따르면 인간 본성 안에 근본악이 있다. 근본악은 여러 측면으로 설명될 수 있는데, 하나는 인간의 의지가 스스로 한 번 결단한 것을 고수할 만큼 그렇게 강하지 못하다는 것, 즉 순간의 결단을 지속적으로 이어가기에는 너무 약하다는 것이다. 이것이 곧 의지의 '허약성'이다. 그리고 또 인간은 순수한 도덕적 의도 이외에 다른 동기들을 따라가게끔 그렇게 유혹에 약하다. 따라서 겉으로는 도덕적 의도를 내세워도 의지의 내면은 여러 가지 잡다한 동기가 뒤섞여 있는 경우가 많다. 이것이 곧 의지의 '비순수성'이다. 그런

---

10) 《실천이성비판》, 제1권: 분석론, 제1장, 제7절의 주석2(38면).

데 이런 것들보다 더 근본적인 문제는 인간이 자기 자신을 자유로운 존재로 자각하기보다는 현상에 의해 규정되는 비자유로운 존재로 규정하려는 경향이 있다는 것이다. 자유의 무거운 짐을 벗고, 스스로를 충동과 경향성에 의해 규정되는 비자유의 존재로 규정함으로써 도덕적 책임을 벗어나려 하는 것이다. 이것이 바로 마음의 '도치성'이다.[11]

칸트는 인간 마음의 약점인 허약성과 비순수성 그리고 도치성을 인간의 근본악으로 파악한다. 인간의 마음 안에는 이러한 근본악이 존재하기에 인간 자신의 힘으로 최고선을 실현한다는 것은 불가능하다는 것이다. 물론 칸트가 근본악을 인정한다고 해서 인간의 자유의지를 부정하는 것은 아니다. 인간은 자유로운 존재이지만, 그 자유 안에 근본악이 함께 한다는 것이다.

> 의지의 자유는 아주 특이한 성질의 것이다. 즉 어떤 동기이든 인간이 그 동기를 자신의 준칙으로 받아들이지 않는 한, 그는 그 동기에 의해 행동으로 규정되지 않는다. 바로 이 점에서 동기는 그것이 어떤 종류의 것이든 상관없이 자유의지의 절대적 자발성과 함께 할 수 있다.[12]

인간을 근본악의 존재, 즉 마음의 허약성과 비순수성 그리고 도치성을 지닌 존재로 본다는 것은 인간 의지가 근본적으로 유한하고 제한된 것이며, 그 스스로 성스러운 의지로 된다는 것은 불가능하다는 말이다. 성스러운 의지는 예수와 같은 성인의 의지 또는 신적

---

11) 이상과 같은 인간본성의 약점에 대해서는 《이성의 한계 내에서의 종교》, 제1장, 제2절(VI, 29면) 참조.
12) 《이성의 한계 내에서의 종교》, 제1장(VI, 23~24면).

인 의지이다. 인간은 인식에서도 그렇고 도덕에서도 그렇고 근본적으로 유한하고 한계지어진 존재라는 것이다. 바로 이 점에서 칸트는 서구 기독교의 원죄의식을 계승하고 있다.

이런 근본악 때문에 인간 자신의 힘에 의해 성스러운 의지가 된다는 것은 불가능하다. 그리고 일단 도덕성의 완성이 실현되지 않으면 그에 상응하는 복이 주어지는 것을 기대할 수 없다. 이와 같이 칸트에 있어 도덕적 의지가 지향하는 궁극목적인 덕복일치의 최고선은 인간 자신의 힘으로는 성취될 수 없는 것, 인간의 권한 밖에 있는 것이다.

> 이것[최고선에의 도달]은 요청들 없이는 불가능하다. 왜냐하면 이 궁극목적이 완전히 우리의 권한 밖에 있기 때문이다.[13]

이처럼 인간 자신의 힘으로 덕복일치의 최고선을 완성한다는 것은 불가능하다. 따라서 인간은 최고선이 실현가능하기 위한 조건으로서 무엇인가를 요청하게 된다. 최고선의 실현가능조건으로서 요청되는 것은 과연 무엇인가?

---

13)《라이프니츠와 볼프 시대 이후 독일에서 형이상학이 이룬 실제적 진보는 무엇인가?》, (XX, 294면). 물론 궁극적으로 덕복일치는 행복 자체가 사회적 관계 안에서 조건지워지기 때문에, 사회적 차원으로까지 확대되어 완성되어야만 개인 차원에서도 완전하게 실현될 수 있는 것이다. 그러므로 그것은 내 개인적인 의지의 일 바깥의 일이 되고 만다. 그러나 칸트는 덕복일치 문제에서 이 점을 크게 고려하고 있지 않다. 왜냐하면 일단 인간의 근본적인 유한성, 인간 내면의 근본악 때문에 인간 개체 내에서도 이미 덕복일치는 성취될 수가 없다고 보기 때문이다.

(2) 제1요청: 영혼불멸

덕복일치로서의 최고선이 가능하자면 일단 인간의 도덕성이 완성되어 인간의 의지가 신성한 의지가 되어야 하는데, 칸트에 따르면 이것은 이 생애에서 인간 자신의 힘으로는 실현불가능한 것이다. 인간은 자신의 자유의지를 갖고 도덕적이 되고자 노력할 수는 있지만, 이 생애에서 자신의 경향성을 자신의 선한 의지와 완전히 일치하도록 바꿔놓을 수가 없다. 이는 인간의 의지가 유한하기 때문이다.

그러나 이처럼 이 생애에서 덕과 복의 일치, 곧 최고선의 실현이 불가능함에도 불구하고, 인간의 도덕적 의지는 덕복일치의 최고 조건으로서 도덕성을 완성하기를 요구한다. 그것이 도덕적 의지의 필연적 지향점, 의지의 대상이기 때문이다.

> 이 세상에서 최고선을 낳는 일은 도덕법이 규정하는 의지의 필연적인 대상〔지향점〕이다. 그리고 심정이 도덕법에 완전히 일치하는 것은 최고선의 최상의 조건이다. 이러한 일치는 가능해야 한다. 그러나 의지가 도덕법에 완전히 일치하는 것은 신성성을 의미한다. 다시 말해 감성계의 어떤 이성적 존재자도 그 생존의 어느 순간에서든 결코 소유할 수 없는 완전성을 의미한다. 그럼에도 불구하고 그러한 일치는 실천적으로 필연적인 것으로 요구된다.[14]

이 생애에서 실현할 수 없는 것임에도 불구하고 도덕적 의지가

---

14) 《실천이성비판》, 제2권: 변증론, 제2장, 제4절: 순수 실천이성의 요청인 영혼 불멸성(140~141면).

그것을 도덕성의 최고의 완성으로 지향하며 요구한다면, 그것은 어떤 방식으로든 실현가능한 것이어야 한다. 그렇다면 어떤 조건 하에서 신성한 의지는 실현가능한가? 우리의 도덕적 의지가 신성한 의지라는 도덕성의 완성을 지향할 때 우리는 과연 무엇을 그 가능조건으로서 전제하고 있는가? 즉 무엇을 요청하고 있는가?

> 그것[신성성]은 [의지와 도덕법과의] 완전한 일치로 향한 무한한 전진 중에서만 발견될 수 있다. 이러한 실천적 전진을 우리 의지의 진정한 목표로 가정하는 것은 순수 실천이성의 원리에 의해 필연적인 것이다. 그런데 이 무한한 전진은 동일한 이성존재자의 무한히 계속되는 생존과 인격성(이를 영혼불멸이라고 한다)의 전제 하에서만 가능하다. 그러므로 최고선은 영혼불멸의 전제 아래에서만 실천적으로 가능하다. 따라서 영혼의 불멸은 도덕법과 불가분적으로 결합된 것이며, 순수 실천이성의 요청이다.[15]

이렇게 해서 칸트는 인간의 도덕적 의지가 지향하는 대상인 최고선이 실현가능하기 위해서는 인간의 영혼이 무한히 존속하며 그 인격적 동일성이 유지되어야 한다고 주장한다. 최고선이 실현될 수 있는 가능조건이 결국 영혼불멸이라는 것이다. 따라서 인간이 도덕적 의지의 대상인 최고선을 지향한다면, 그 인간은 그 가능근거로서의 영혼불멸을 요청할 수밖에 없다는 것이다.

---

15) 《실천이성비판》, 제2권, 제2장, 제4절: 순수 실천이성의 요청인 영혼불멸성 (141면).

(3) 제2요청 : 신

영혼불멸은 최고선의 최상 조건으로서 도덕성의 완성을 가능하게 한다. 그러나 최고선은 궁극적으로 덕과 복의 일치이기 때문에, 도덕성의 완성에서 그치는 것이 아니라 그 도덕성에 상응하는 행복이 또한 가능해야 한다. 이 덕에 상응하는 행복의 가능조건은 제1요청인 영혼불멸뿐 아니라 그 이상의 것을 제2의 것으로 요청하게 한다. 그것이 바로 제2요청인 신의 존재이다.

> 이 실천과제〔도덕성을 완성하는 실천과제〕는 영원 안에서만 해결될 수 있기 때문에 도덕법은 우리를 영혼불멸의 요청에로 인도하였다. 그런데 그 도덕법은 다시 우리를 최고선의 둘째 요소인 도덕법에 적합한 행복의 가능성으로 인도해야 한다. 즉 행복을 결과하기에 충분한 원인이 생존한다는 전제에로 우리를 인도해야 한다. 다시 말해 최고선이 가능하기 위해서는 반드시 필요한 것으로서 '신의 존재'를 요청해야 하는 것이다.[16]

칸트가 행복을 인간 자신의 의지 또는 인간 영혼의 불멸만으로는 성취될 수 없다고 보는 것은 칸트의 윤리학이 기반하고 있는바 도덕성과 본성, 이성과 감성 등 인간의 이원성에 충실하기 때문이다. 완성된 도덕성에 더해져야 할 행복은 도덕성이나 인간 의지와는 무관하게 새롭게 부가되어야 할 것이라고 보는 것이다. 즉 인간에게서 도덕법은 인간의 자연적 욕구나 경향성과는 완전히 독립적으로

---

16) 《실천이성비판》, 제2권, 제2장, 제5절: 순수 실천이성의 요청인 신의 존재 (142~143면).

얻어지는 것이므로, 그 도덕법에 자연성이 일치하여 그로부터 행복
이 얻어질 수 있는 것은 인간의 능력 바깥의 일이 된다. 이는 결국
자연 자체가 인간 자신의 뜻과 의지대로 만들어진 것이 아니기 때
문이다. 이런 이유로 칸트는 완성된 도덕성에 상응해서 인간 자연
본성에서 기인하는 행복이 더해질 수 있는 것은 인간을 포함하여
일체 존재를 창조한 신을 통해서나 가능한 것이라고 주장한다. 유
한한 인간만으로부터는 덕에 상응하는 복을 기대할 수 없다는 것을
다음과 같이 논한다.

> 세계에서 행위하는 이성존재자는 세계와 자연 자체의 원인이 아니
> 다. 그러므로 도덕법에 있어서는 도덕성과 그 도덕성에 비례하는 행
> 복 간에 필연적 연관을 줄 수 있는 근거가 전혀 없다. 그러므로 이런
> 이성존재자는 자기의 의지에 의해서 자연의 원인일 수 없고 또 자기
> 의 행복에 관해서 자기 힘에 의해 자연을 자기의 도덕적 실천원칙들
> 과 완전히 비례하도록 할 수가 없다.[17]

　행복을 부여할 자연이 인간 자신의 산물이 아니기에 인간의 덕이
아무리 완성되어도 그 덕에 상응하는 복을 스스로 창출할 수 없다
면, 그런 덕과 복의 일치를 실현시켜줄 수 있는 자는 결국 자연을
창조하고 조정할 수 있는 절대적 존재인 신일 수밖에 없다. 인간 자
신에 의한 덕과 복의 필연적 연관을 기대할 수 없음에도 불구하고,
인간의 도덕적 의지는 최고선의 이름 아래 그와 같은 덕과 복의 일

---

17) 《실천이성비판》, 제2권, 제2장, 제5절: 순수 실천이성의 요청인 신의 존재
　　(143면).

치를 지향하고 있다. 결국 인간이 지향하는 최고선이 실현가능하기 위해서는 인간 너머의 절대자인 신이 존재하여 덕과 복의 일치, 덕에 상응하는 복을 허용해야 하는 것이다. 이렇게 해서 최고선의 실현가능조건으로서 도덕적 이성이 요청하는 것은 신의 존재이며, 이것이 바로 제2요청이다.

> 순수 이성의 실천적 과제에 있어, 즉 최고선의 필연적 추구에 있어, 이러한 연관[덕과 복의 연관]은 필연적인 것으로서 요청된다. 우리는 최고선의 촉진을 추구해야 하는 것이다. 따라서 이런 연관의 근거, 즉 도덕성과 행복이 엄밀하게 조화하는 근거를 내포하는 원인의 존재가 요청되며, 자연과 구분되는 전체 자연의 원인의 존재가 요청된다. 자연의 최상원인은 최고선을 위해 전제되는 한, 오성과 의지에 의해서 자연의 원인이 되는 존재자(따라서 그 창조자)이다. 즉 신이다. 그러므로 최고선의 가능성을 위한 요청은 최고의 근원적인 선의 현실태, 즉 신의 존재에 대한 요청이다.[18]

이와 같이 칸트는 인간의 도덕적 의지가 지향하는 최고선의 실현가능조건으로서 두 가지 요청을 제시한다. 하나는 도덕성의 완성을 위한 조건으로서 인간 영혼의 불멸이며, 또 다른 하나는 그렇게 완성된 도덕성에 상응하는 복을 가능하게 하는 조건으로서 신의 존재이다. 이렇게 해서 최고선의 실현가능조건으로서의 인간의 영혼불멸과 신의 존재는 그러한 최고선을 지향하는 도덕적 인간이면 누구

---

18) 《실천이성비판》, 제2권, 제2장, 제5절: 순수 실천이성의 요청인 신의 존재 (145면).

나 요청할 수밖에 없는 것이 된다.

3) 요청설에 있어 도덕과 종교의 관계

칸트에 따르면 인간의 힘 너머의 것은 신의 영역에 속한다. 인간이 그 자신의 유한성 또는 근본악으로 인해 완성하지 못하는 것은 신의 힘에 의해서만 완수될 수 있다는 말이다. 그러므로 인간이 자신의 힘으로 실현시킬 수 없는 최고선은 신이 존재하고 그 존재하는 신의 힘을 빌어야만 실현가능한 것이다. 물론 신이 존재한다고 해서 당장 각 개인에게 덕과 복이 일치하는 최고선이 실현되는 것은 아니다. 우선 각자의 도덕성이 완성되어야 그에 상응하는 덕이 주어질 수 있을 텐데, 그러한 도덕성의 완성도 단 한 번의 이 지상에서의 삶을 통해 실현될 수 있으리라고는 보기 어렵다. 도덕성이 완성되자면, 인간 영혼이 끊임없이 노력하여 자신의 근본악을 약화시켜나가야 할 것이다. 그러므로 최고선을 실현시키기 위한 조건으로서 도덕성의 완성 자체만을 위해서도 인간 영혼은 이 단 한 번의 생과 더불어 사멸하여 끝나는 것이 아니라, 영원히 멸하지 않고 남아 자신을 도덕적으로 완성해가야 한다. 즉 인간 영혼은 불멸해야 한다. 그리고 그렇게 완성된 도덕성에 상응하는 복을 인간이 누리게 되는 것도 인간 자신의 힘만으로는 불가능하다. 결국 덕과 복의 일치를 궁극적으로 가능하게 하는 것은 바로 신이며, 따라서 최고선이 실현가능하자면 신은 존재해야만 한다.

칸트에 따르면 신이 존재하는지, 영혼이 불멸하는지, 인간은 이론적으로는 알 수가 없다. 다만 중요한 것은 인간이 최고선을 도덕적으로 지향한다는 것이다. 최고선에의 지향은 도덕법칙이 정언명령이듯 인간의 도덕적 명령이다. 인간의 의지가 본질적으로 선한 의지, 도덕적 의지라면, 그 의지가 지향하는 최고선 또한 인간에게는 도덕적 과제가 된다.

그런데 인간의 도덕적 의지가 지향하는 최고선은 인간 영혼이 불멸하고 신이 존재해야만 달성될 수 있다. 그런데도 인간이 그것을 지향해야 하는 것이 도덕적이라면, 그 가능근거로서의 영혼불멸과 신의 존재도 도덕적 차원에서 믿을 수밖에 없는 것이 된다. 이런 의미에서 영혼불멸과 신의 존재는 인간의 도덕적 이성의 요청이며 도덕적 신앙인 것이다. 인간은 영혼불멸과 신의 존재를 전제하고서만 최고선의 달성을 지향할 수 있는데, 인간은 도덕적 의지를 지닌 한, 그런 최고선을 지향할 수밖에 없기 때문이다.

이런 방식으로 칸트는 종래의 형이상학에서 이론 이성을 통해 이성적 논변에 따라 신의 존재와 인간 영혼불멸을 증명하고자 한 것과는 달리 오직 실천 이성에 의한 도덕적 차원에서 그 둘을 논증하고 있다. 영혼불멸이나 신의 존재는 이론적으로 논증되거나 논파될 수 있는 것이 아니라, 오직 도덕적 의지와 실천 이성이 지향하는 최고선이 가능할 수 있는 조건으로서 도덕적으로 요청된다는 것이다. 인간이 도덕적 존재인 한, 인간은 덕복일치의 최고선을 지향할 수밖에 없고, 그것을 지향하는 한, 그것의 실현가능조건인 영혼불멸과 신의 존재를 믿을 수밖에 없다는 것이다.

5장 아름다움과 숭고함
미적 판단은 무엇에 근거하는가?

1. 문제제기

1) 미적 판단은 어떤 심성능력의 활동인가?

인간의 심성능력 또는 마음의 작용은 대개 크게 두 가지로 분류된다. 인식능력으로서의 지각과 실천능력으로서의 욕구가 그것이다. 전자는 세상 존재나 나의 존재가 어떠하다는 것을 수동적으로 받아들여 아는 것이라면, 후자는 그들의 존재양상을 내 의지대로 능동적으로 바꾸어 가는 행위라고 볼 수 있다. 예를 들어 책상 위에 책 한 권이 놓여 있을 때, 눈을 떠서 책이 거기 있음을 바라보아 아는 것이 지각의 인식과정이라면, 내 손을 뻗쳐서 그 책을 들어 올리는 것은 욕구의 실천과정이다. 인식에서는 책의 존재방식에 의해 나의 의식상태가 규정되는 데 반해, 실천에서는 내가 욕구하는 바에 따라 책의 존재양상이 달라지게 된다. 이 두 종류의 심성활동은 우리 몸에 구비된 두 종류의 신경체계, 즉 감각신경계와 운동신경계의 구분과도 상응한다고 볼 수 있다.

지각이나 인식은 무엇인가가 이미 어떤 특정한 상태로 존재하고 있을 때 그것을 아는 것이라는 점에서 이미 존재하는 과거에 의해 의식이 규정되는 것이라고 볼 수 있는 반면 욕구나 실천은 앞으로 어떻게 되기를 바라는 미래상태에 따라 행위하게 된다는 점에서 예상된 미래에 의해 의식이 규정되는 것이라고 볼 수 있다. 의식은 과거 원인에 의해 규정되기도 하고, 미래 목적에 따라 규정되기도 하는 것이다. 그러면서도 원인과 목적의 그 둘이 현재에서 만나야 한다면, 그 둘은 어떤 방식으로든 현재에서 조정되어야 할 것이다. 인식과 욕구, 그 둘을 현재에서 조정하는 심성의 제3능력은 무엇인가?[1]

우리의 심성의 작용에는 무엇이 어떠하다는 객관적 인식도 아니고, 무엇을 어떻게 변화시키겠다는 주관적인 실천적 욕구도 아닌 다른 종류의 의식활동이 있는데, 그것이 바로 느낌이다. 느낌은 늘 현재적이며 인식과 욕구와 관계되기는 하지만 그 자체는 인식이나 욕구와 구분되는 의식상태이다. 예를 들어 '이것은 빨간색이다'와 같은 객관적 상태에 대한 분별은 이론적 인식판단에 속하며, '인간은 거짓말을 해서는 안 된다'와 같은 도덕적 당위의 표현은 실천적 도덕판단에 속한다. 반면 '이것은 기분이 좋다', '이것은 쾌적하다'와 같은 기분의 표현 또는 '이것은 아름답다' 또는 '이것은 숭고하다' 등과

---

1) 칸트의 철학체계로 보면, 인식능력과 그 활동을 초월철학적으로 분석한 것이 《순수이성비판》이고, 실천능력과 그 활동을 초월철학적으로 분석한 것은 《실천이성비판》이다. 그리고 이 두 영역을 매개하고 연결짓는 제3의 것은 《판단력비판》에서 논하고 있다.

같은 미감의 표현은 인식이나 욕구와는 구분되는 느낌의 표현이다.

　이러한 느낌의 표현 중에서 주관적인 기분이나 쾌적한 심리상태의 표현이 아닌 아름다움이나 숭고함의 표현을 '미적 판단'이라고 한다.[2] 미적 판단은 아름다움이나 숭고함의 느낌, 즉 미적 느낌에 기반한 것이다. 이론적 인식능력을 이론이성 또는 오성이라고 하고, 실천능력을 실천이성 또는 의지라고 한다면, 미적 감각 또는 느낌의 능력은 무엇인가?

인식(인식판단): 지각　　—　　이론이성/오성　　—　　진
실천(도덕판단): 욕구　　—　　실천이성/의지　　—　　선
　(미적판단): 느낌　　—　　　　　?　　　　—　　미

---

2) 세계에 대한 객관적인 이론적 인식도 느낌과 마찬가지로 신체적 오감(Sinne)의 감성 차원을 떠나 있는 것이 아니므로 이론인식과 느낌이 서로 연관될 수밖에 없다. 인식과 느낌이 둘 다 감성적 표상(ästhetische Vorstellung)을 지니는 것이다. 이 감성적 표상이 객체와 연관될 때 감각(Empfindung)이 되고, 주관과 연관되면 감정 또는 느낌(Gefühl)을 일으킨다. 감각에 기반해서는 논리적인 인식판단(Erkenntnisurteil)이 성립하게 되고, 느낌에 기반해서 광의의 감성적 판단(ästhetische Urteil) 또는 취미판단(Geschmacksurteil)이 성립하게 된다. 후자의 감성적 판단은 다시 감각내용에 의해 규정되는 '기분이 좋다, 나쁘다' 등의 쾌적(angenehm), 불쾌적에 대한 판단인 감관판단(Sinnenurteil)과 감각적 표상내용이 아닌 표상형식에 따라 행해지는 '아름답다, 숭고하다' 등 쾌(Lust), 불쾌에 대한 판단인 본래적 의미(협의)의 감성적 판단, 즉 취미판단으로 구분된다. 이 본래적 의미의 감성적 판단을 번역할 경우에만 '감성적' 대신에 '미감적' 또는 '미적'이라는 단어를 사용하며, 우리가 이 장에서 문제삼게 되는 판단도 바로 이러한 미적 판단이다.
　실제 '감성적'이라는 것과 '미감적'이라는 것은 둘 다 동일한 개념 'ästhetisch'의 번역이다. 그러므로《순수이성비판》'감성론'이 일반적 의미의 '미학과 마찬가지로 'Ästhetik'이라고 불리는 것이다. 이상의 개념적 구분은 칸트《판단력비판》, 제1절(39~40면)에 따른 것인데, 이를 도표화해보면 다음과 같다.

지각을 통해 존재가 어떠함을 아는 것이 인식으로서 진·위의 가치를 갖게 되는 것이라면, 욕구를 통해 존재를 변화시키는 것은 실천으로서 선·악의 가치를 갖게 된다. 존재에 대한 미적 감각은 느낌을 불러일으키며 그 느낌의 표현은 미·추의 가치를 지니게 된다.

그렇다면 미적 판단에 담긴 미, 아름다움이나 숭고함은 어떤 방식으로 존재하는가? 미적 판단이 기반하는 미적 느낌은 어떤 심성론적 구조에 따라 발생하는가? 그리고 그런 느낌은 인간의 지각이나 욕구와 어떤 관계에 있는가? 느낌의 능력, 미적 판단의 능력은 오성이나 의지와 어떻게 연관되는가?

2) 미적 판단은 주관적인가, 객관적인가?

'이것은 아름답다'라는 판단은 자연이나 예술작품을 대면했을 때 내게 생겨나는 느낌에 근거한 것이다. 그런데 느낌이란 본래 순수하게 주관적인 것이 아닌가? 그래서 미적 느낌과 그에 근거한 미적 판

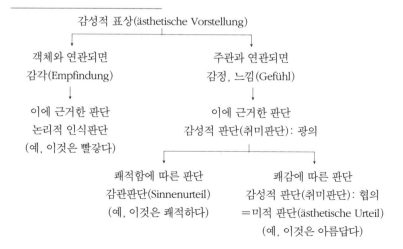

단 역시 순전히 주관적일 수밖에 없는 것처럼 여겨지게 된다. 느낌의 주관성은《장자》,「제물편」중의 다음 구절에 잘 표현되고 있다.

> 사람이 습기 찬 곳에서 자면 허리를 앓아 반신불수가 되어 끝내는 죽으니 미꾸라지도 그러한가? 나무에 올라가면 몸이 떨리며 두려우니 원숭이도 그러한가? 이 세 가지 거처 중에 어느 것이 바른 거처인 줄을 누가 알겠는가? 사람은 소와 돼지를 먹고 순록과 사슴은 풀을 먹으며 지네는 뱀을 달게 먹고 솔개나 가마우지는 쥐를 즐긴다. 이 넷 중에 어느 것이 바른 맛일 줄을 누가 알겠는가? 원숭이는 편저로써 암놈을 삼고 순록은 사슴과 짝하며 미꾸라지는 고기와 논다. 모장과 여희는 사람들이 아름답다고 여기지만 물고기가 그들을 보면 깊이 숨고, 새들이 그들을 보면 높이 날며 순록과 사슴이 그들을 보면 필사적으로 도망치니, 이 네 가지 중에 어느 것이 천하의 바른 색인 줄을 누가 알겠는가?

안락함의 느낌, 맛의 느낌이 그러하듯 아름다움의 느낌 또한 그렇게 느끼는 자에 따라 상이한 것일 수밖에 없다는 것이다. 누군가는 어떤 것을 보며 그것을 아름답다고 판단하지만, 다른 누군가는 그것을 추하다고 여길 수 있는 것이다. 물론 이 글에서는 사람의 판단이 다른 종류의 생명체가 내릴 판단과 다를 것이라는 점에서 느낌의 주관성과 상대성을 말하고 있지만, 그러한 주관성과 상대성은 그대로 인간 개체들 간의 상이한 판단에 대해서도 말할 수 있을 것이다. 즉 사람이 아름답다고 보는 여인을 물고기가 싫어 도망가듯, 사람 중에서도 갑이 아름답다고 여기는 사람이 을에게는 전혀 아름답게 보이지 않을 수 있는 것이다. 이렇게 보면 '이것은 아름답다'

라는 미적 판단은 주관적이며 상대적인 것이다.

그러나 우리가 자연이나 작품을 보면서 '그것이 아름답다'라고 판단할 때에는 단지 '그것이 내 마음에 든다'와 같이 느낌의 주관적 상태를 말하고 있는 것이 아니라 대상 자체에 대해 '그것이 아름답다'라고 판단하고 있는 것이 아닌가? 따라서 나뿐만 아니라 누가 보든지 제대로 된 미감을 가지고 있다면 그것을 아름답다고 판단하리라고 기대하지 않는가? 어떤 식으로든 미적 판단의 객관성과 보편성이 전제되어야 예술적으로 의미 있는 작품을 그렇지 않은 것으로부터 구분할 수 있으며, 고전이 고전으로 성립할 수 있지 않겠는가?

이렇게 보면 미적 판단은 단순히 주관적이고 상대적인 심리상태의 발현이 아니라, 미적 판단을 성립시키는 객관적 기준이 존재한다고 여기게 된다. 음악에서의 화음이나 대위법 등의 규칙, 그림에서의 원근법이나 구도 또는 색채 조화의 원리, 시에서의 운율이나 표현법 등 예술에는 미의 특정한 객관적 기준이 있어서 그에 따라 미적 판단이 내려지는 것이라고 간주하게 되는 것이다. 만일 그런 기준에 따라서 미적 판단이 내려지는 것이라면, 미적 판단은 단순히 주관적이고 상대적인 것이 아니라, 누구나 동의할 만한 객관성과 보편성을 지닌 판단이 될 수 있으며, 그래야 객관적 학문으로서의 미학이 성립할 수 있게 된다.

이렇게 해서 미적 판단의 주관성 또는 객관성, 상대성 또는 보편성에 대한 물음이 제기된다. 미적 판단 그리고 그 판단의 기반이 되는 미적 감각이나 미적 느낌은 과연 주관적인가, 객관적인가? 상대적인가, 보편적인가? 만일 미적 판단이 단지 주관적이고 상대적인 것이 아니라 객관적이며 따라서 보편성을 가진다면, 그러한 보편성의 근거는 과연 무엇인가? 보편적인 미적 판단은 어떻게 가능한가?

2. 칸트 이전 대답의 유형들

서양 전통철학에서는 진리나 존재에 관한 이론적 체계화나 도덕 실천에 관한 윤리학적 체계화와 달리 예술이나 미에 대한 학문적 체계화는 아주 뒤늦게 성립하였다. 그것은 주로 미나 예술을 객관적 학문의 대상으로 간주하지 않았기 때문이라고 볼 수 있다.

고대의 플라톤에 따르면 참된 진리의 세계는 오직 비가시적인 이데아의 세계일 뿐이며 우리가 몸담고 사는 이 가시적 현상세계는 그런 참된 이데아계의 모상일 뿐이다. 나아가 이 현상세계 안에서 인간이 만들어내는 예술작품은 그것이 아무리 아름답고 귀하게 여겨질지라도 그 자체는 현상세계를 다시 본떠서 만든 모방이고 가상일 뿐이다. 그러므로 예술은 이데아의 모상인 현상세계를 다시 본뜬 것이기에, 결국 이차적 모상, 모상의 모상에 지나지 않는 것으로 평가되었다. 따라서 플라톤은 가상의 현상세계로부터 이데아의 진리로 나아가는 것이 아니라, 오히려 반대로 모상의 모상으로, 거짓의 거짓으로 나아가는 예술가를 진리로부터 멀어지는 허구의 산출자로 여기며 비판하였다. 그는 심지어 예술가를 진리를 추구하고 진리를 실현시켜야 할 폴리스의 공동체로부터 추방되어야 할 존재로 간주하기까지 하였다.

그러나 아리스토텔레스는 플라톤과 달리 개별자로 구성된 현상세계를 이데아의 그림자인 거짓이나 허위로 간주하지 않고 오히려 보편적 이데아계의 실현이나 전개로 간주하므로, 가시적 현상세계를 플라톤만큼 평가절하하거나 폄하하지는 않으며, 마찬가지로 예술이나 예술가에 대해서도 모상의 모상 또는 가상의 가상이라는 방식으로 비판하지도 않는다. 그렇지만 아리스토텔레스에게도 예술은 주관적인 느낌과 개인적인 감정의 표현으로, 인간의 감정적인 순화와 카타르시스의 경험으로 간주되었을 뿐, 예술에 대한 객관적인 학문적 논의가 전개된 것은 아니다. 아리스토텔레스에 따르면 예술은 감상자에게 감정적 순화의 기회를 제공한다. 즉 예술 작품 속에 등장하는 주인공의 고통에 동참함으로써 사실은 자기 자신의 고통을 슬퍼하고 괴로워하면서 결국 그런 슬픔과 고통의 감정으로부터 스스로를 정화하여 해방의 느낌을 갖게 된다는 것이다.

미나 예술에 대한 논의를 학문체계로 완성하기 위해서는 미적 느낌이나 미적 판단을 단순히 주관적이고 심리적인 감정표출로 간주하는 것이 아니라, 미적 판단의 객관성이나 보편타당성을 논증할 수 있어야 한다. 진리인식이나 도덕에서와 마찬가지로 미에 있어서도 미를 성립시키고 미의 판단을 가능하게 하는 보편적 기준이 존재해야 하는 것이다. 그래야만 미적 판단의 객관성과 보편성이 확보될 수 있으며, 그럴 경우에만 미에 대한 논의가 하나의 학문으로서 성립할 수 있기 때문이다. 이런 방식으로 미학을 하나의 학문으로 확립하고자 시도한 첫 철학자가 바로 독일의 합리주의 철학자 바움가르텐이다.

그는 미적 판단의 객관성과 보편타당성을 가능하게 하는 아름다움에 대한 객관적 기준을 발견하고 제시함으로써 미학을 하나의 학문으로 확립하고자 하였다. 이러한 시도의 바탕에는 아름다움을 자연이나 작품 등 아름다운 대상 자체에 속하는 객관적인 것으로 간주하면서 대상 안에 간직된 아름다움의 객관적 기준을 제시하고, 나아가 미적 판단을 그러한 보편적 기준에 따르는 판단으로 간주하는 고전주의 전통이 자리잡고 있다. 이는 미에 대한 객관주의적 관점을 표방한다.

이런 객관주의적 관점은 자연이나 예술 작품을 아름답다고 판단할 때, 그 판단 기준이 객관적으로 존재한다고 여긴다. 그리고 그 기준은 예술 작품을 창작할 때 그것이 아름다운 작품이고자 하면 작가가 반드시 따라야만 하는 미의 기준이 되기도 한다. 따라서 고전주의 미학전통에서 예술창작은 일정한 규칙들을 알고 그 규칙을 따르는 방식으로 행해진다. 음악을 작곡할 때 작곡가는 일정한 화음의 규칙을 알아야 하며 각 악장마다 전개되어야 할 멜로디의 흐름, 기승전결의 원리, 대위법 등을 따라야 한다. 그림을 그릴 때도 사물이나 자연은 원근법에 따라 그려져야 하며, 아름다운 도형, 아름다운 구도, 아름다운 비율 등은 이미 정해져 있다. 인간 신체에서 머리와 몸의 이상적 비율은 1:7이라든가, 색깔의 배합에서 구해야 할 것, 피해야할 것 등이 있는 것이다. 이러한 객관적 기준을 제대로 따라 가면서 창작된 작품이 아름다운 작품이고, 작품은 다시 그 기준에 따라 아름답다고 평가되므로, 아름다운 작품은 그 평가에서 보편성을 확보하게 된다. 그래서 시간과 장소를 초월한 아름다운 작품, 고전이 성립하게 되는 것이다.

반면 흄과 바크 등으로 대변되는 영국 경험주의 미학자들은 일반 인식이론에서와 마찬가지로 미학적 판단 역시 주관적이고 상대적일 뿐이라고 주장한다. 미는 객관대상에 놓여 있는 것이 아니라 단지 인간 자신의 주관적 느낌으로만 존재할 뿐이다. 따라서 미적 판단에는 어떠한 객관성도 존재하지 않는다.

이는 예술작품이란 사물 안에 간직된 객관적 미를 그리는 것이 아니라 인간 주관이 사물을 보고 갖게 되는 주관적 인상을 그릴 뿐이라는 인상주의 또는 사물과의 관계에서 생겨나는 주관적 느낌을 표현할 뿐이라는 표현주의 정신과도 상통하는 것이다. 인상이나 표현은 모두 주관적인 것으로서 각자마다 다를 수 있으며, 그 점에서 상대적일 뿐이다. 이와 같이 경험주의적 관점에 따라 미의 객관성을 부정하고 나면 미는 단지 주관적이고 상대적인 것으로 간주되며 따라서 학문으로서의 미학이란 성립하기 힘들어진다.

우리에게 미적 느낌을 불러일으키는 아름다운 자연이나 아름다운 예술작품에 있어 그 아름다움은 과연 무엇을 의미하는가? 아름다움은 어디에 어떤 방식으로 존재하는 것인가? 우리에게 미적 판단의 객관적 기준이 과연 존재하는가? 아니면 그런 기준은 없으며, 미적 느낌이나 판단은 단지 주관적 감정의 표현일 뿐이기에, 미에 관한 어떠한 보편적 합의도 있을 수 없는 것인가? 미적 판단의 객관적 기준이 존재한다고 주장하는 합리주의 미학의 독단성도 피해가고, 그런 기준을 부정하는 경험주의 미학의 상대주의도 피해가면서, 미와 미적 판단에 대해 철학적으로 논의하여 보편적 미학을 확립하는 제3의 길이 과연 있겠는가?

3. 칸트적 대답의 길

1) 보편적인 미적 판단은 어떻게 가능한가?

(1) 미적 판단능력: 반성적 판단력
미적 판단에 객관적 기준이 과연 존재하는가, 아니면 그런 것은 존재하지 않고 따라서 미적 판단은 단지 주관적일 뿐인가? 이러한 물음을 칸트는 다음과 같은 정립과 반정립의 이율배반의 형식으로 표현한다.

취미의 원리에 대해 다음과 같은 이율배반이 제시된다.

정립: 취미판단은 개념에 근거를 둔 것이 아니다. 개념에 근거를 둔 것이라면, 취미판단에 관해 논의를 하는 것(증명에 의해 결정을 내리는 것)이 가능하겠기 때문이다.

반정립: 취미판단은 개념에 근거를 둔 것이다. 개념에 근거를 둔 것이 아니라면, 취미판단이 서로 다를 경우에 그에 관해 논쟁을 하는 것(다른 사람이 취미판단에 반드시 찬동할 것을 요구하는 것)조차 불가능하겠기 때문이다.[3]

정립은 취미판단이 개념적 논증을 통해 증명되거나 반박될 수 있는 것이 아니므로 개념에 근거를 둔 판단이 아니라고 주장한다. 취미판단의 **주관성**을 강조하는 것이다. 반면 반정립은 취미판단이 단순히 주관적인 감정표현이 아니라 다른 사람에게 그 판단에의 동의를 요구할 수 있는 것으로 개념에 근거를 둔 판단이라고 주장한다. 취미판단이 타인에게 동의를 요구할 만큼의 **보편타당성**을 가진다는 것이다. 취미판단이 개념적으로 증명가능한 것이 아닌 것을 보면 정립이 맞는 것 같지만, 다른 사람에게 동의를 구할 수도 있는 것을 보면 반정립이 맞는 것 같다. 과연 취미판단은 개념에 근거를 둔 판단인가, 그렇지 않은가? 칸트는 정립과 반정립에 사용된 '개념'이라는 단어가 서로 다른 의미라는 것을 통해서만 이율배반이 해결가능하다고 본다.

---

3) 《판단력비판》, 제1권: 미의 변증론, 제56절(197면).

〔이율배반에 대해〕 다음과 같이 말한다면 일체의 모순은 사라진다: 취미판단은 하나의 개념에 근거를 두기는 하지만, 그 개념은 그 자체 규정될 수 없으며 인식에 도움이 되는 것도 아니어서 그 개념에 의해서는 객체에 관해 아무것도 인식될 수도 증명될 수도 없다. 그렇지만 취미판단은 바로 그 개념에 의해 모든 사람에 대한 타당성을 획득하게 된다. 이는 취미판단의 규정근거가 인간성의 초감성적 기체라고 간주될 수 있는 것의 개념 중에 있기 때문이다.[4]

칸트에 따르면 취미판단은 단지 주관적 감정표현에 그치는 것이 아니라 서로 동의를 요구할 수 있을 만큼 개념에 근거한 것이다. 그러나 그 개념은 객관적인 인식에서와 같은 '규정적 개념'은 아니다. 즉 취미판단에서의 동의가능성과 보편성은 규정적인 객관적 개념에서 오는 보편성과는 다른 근거에서 성립하는 보편성이다. 그렇다면 칸트에 있어 미적 판단은 과연 어떤 판단인가? 미적 판단의 근거는 무엇이며, 그런 판단은 어떻게 가능한가?

판단은 개별적인 것을 보편적인 것과 연관시키는 의식활동이다. 인간 심성의 활동에는 일반적인 보편을 포착하는 오성의 활동이 있고, 개별적인 특수를 포착하는 감성의 활동이 있는데, 이 둘을 별개의 것으로 떼어놓지 않고 서로 연관시킴으로써 판단이 성립하게 된다.

일반적으로 판단은 눈앞에 주어지는 특수를 오성이 파악하는 일반개념 또는 일반원리인 보편 아래 포섭시킴으로써 성립한다. 특수를 주어진 일반에 의해 규정함으로써 특수가 비로소 이해되고 해석되는 것이다. 이러한 판단의 능력을 '규정적 판단력'이라고 한다. 반

---

4) 《판단력비판》, 제1권: 미의 변증론, 제57절(198~199면).

면 오직 특수만이 주어져 있고 아직 보편이 주어져 있지 않을 때,
그럼에도 불구하고 특수를 보편과 연결지어 판단하면서 그 보편을
찾아나가는 능력을 '반성적 판단력'이라고 한다.

> 판단력 일반은 특수를 보편 아래 포함된 것으로서 사유하는 능력이
> 다. 보편(규칙, 원리, 법칙)이 주어져 있는 경우 특수를 이 보편 아래
> 포섭하는 판단력은 … 규정적 판단력이다. 그러나 오직 특수만이 주
> 어져 있어서 판단력이 특수에 대해 보편을 찾아내어야 할 경우의 판
> 단력은 반성적 판단력이다.[5]

　오성적인 인식차원의 판단이나 의지적인 실천적 판단은 모두 규
정적 판단에 속한다. '이것은 빨간색이다'라는 판단도 눈앞에 주어
진 표상을 빨간색이라는 개념 아래 포섭시켜 그 개념에 따라 규정
하는 것이다. '이 돌멩이의 낙하는 만유인력의 법칙에 따른다'라는
것도 특수한 돌멩이의 낙하 사례를 일반적 법칙에 따라 규정하고
이해하는 것이다. 의지적 판단인 '거짓말을 해서는 안 된다'라는 도
덕판단도 지금 이 순간 나의 특수한 의지를 일반적인 도덕법칙에
따라 규정하는 것이다. 인식에는 일반적인 오성법칙들이 존재하고,
실천에는 일반적인 도덕법칙들이 존재하며, 우리는 각 상황에서 개
별적 상황을 그 일반 원리에 따라 규정하면 되는 것이다. 이처럼 인
식이나 도덕 차원에서 행해지는 판단은 모두 보편에 따라 특수를
규정하는 판단이므로 규정적 판단력의 작용이라고 할 수 있다.
　반면 미적 판단에서의 판단력은 규정적 판단력이 아니다. 미적

---

5) 《판단력비판》, 서론, 제4절(15면).

172

판단은 형식적으로 보면 이것 또는 저것의 특수한 것들을 아름다움이나 숭고함 등의 일반 개념 아래 포섭시키는 판단처럼 보이지만, 미적 판단을 내릴 때 우리는 어떤 것을 아름답다고 판단하기 위한 일반적 기준을 선행적으로 가지고 있는 것이 아니다.

> 무엇이 아름다운 것인가를 개념에 의해서 규정할 수 있을 만한 취미의 객관적 규칙이란 있을 수 없다.[6]

이처럼 보편이 규정적 개념으로 주어져 있지 않은 상황에서 그럼에도 불구하고 특수에 대해 판단하는 능력이 반성적 판단력이다. 보편이 이미 주어져서 그 아래 특수를 포섭시키는 것이 아니라, 특수를 아름답다든가 숭고하다는 식으로 판단하면서 그 보편이 무엇일까를 비로소 반성적으로 찾아나가게 되는 것이다.

그러므로 예술작품을 창작하거나 미적 판단을 내릴 때 아름다움 또는 숭고함에 대한 객관적 규칙이나 기준은 존재하지 않지만, 아름답거나 숭고한 자연 또는 작품은 존재하며, 그런 것에 대한 미적 판단 역시 가능하다. 칸트에 따르면 아름다운 예술 작품은 미의 보편적 규칙을 따라 만들어지는 것이 아니라, 천재적 예술가의 영감에 따라 만들어진다. 그러므로 칸트는 예술은 천재의 예술이라고 말한다.

> 미적 예술은 천재의 예술이다. 천재란 예술에 규칙을 부여하는 재능이다.[7]

---

6) 《판단력비판》, 제1권: 미의 분석론, 제17절(72면).

예술작품은 객관적인 규칙에 따라 만들어지는 것이 아니라 천재에 의해 창작되며, 그 천재의 예술작품을 통해 비로소 규칙이 만들어진다. 그러나 미에 대한 객관적 기준이 먼저 존재하는 것이 아니라면, 미적 판단은 도대체 어떻게 가능한 것인가?

   (2) 미적 판단의 특징: 무관심성과 보편성
   미적 판단은 이미 존재하는 보편적인 객관적 기준이나 객관적 개념에 따라 행해지는 것이 아니라, 개별 작품이 내게 일으키는 느낌 또는 감정에 따라 행해진다. 미적 판단은 주관적 느낌에 근거한 주관적 판단이기에 '취미판단'(Geschmacksurteil)이라고도 하는데, 이 판단은 순수하게 감성적인 판단이다.

   취미판단은 인식판단이 아니며 따라서 논리적이 아니라 감성적(미감적)이다. 감성적이라고 하는 것은 그 규정근거가 주관적일 수밖에 없는 판단이라는 것을 뜻한다.[8]

   그렇다면 감성적 차원의 취미판단에 해당하는 미적 감정이나 느낌은 그 외의 감정이나 느낌의 판단과 어떤 점에서 구분되는 것인가? 대개 감정이나 느낌은 개인적인 신체적 욕망이나 경향성에 바탕을 둔 감각적 관심과 그 관심에 의해 주목받게 되는 현존하는 대상과의 관계에서 발생한다. 주어진 대상이 나의 감각적 관심을 충족시킬 때, 나는 그 대상에 대해 쾌적한 느낌을 갖게 되고, 그렇지

---

7) 《판단력비판》, 제46절(160면).
8) 《판단력비판》, 제1절(39면). 여기서 감성적(ästhetisch)이란 용어는 미감적 또는 미학적이란 말로도 번역된다. 앞의 주2 참조.

174

않을 때 불쾌한 느낌을 갖게 된다. 이처럼 현존하는 대상의 실질적 내용에 의해 채워진 느낌, 만족된 느낌이 바로 쾌적감이다. 또는 실천이성이 지향하는 선(善)에 대한 **도덕적 관심**이 있을 경우, 그 관심을 만족시키는 대상이나 행위 앞에서 도덕적 감정이나 느낌을 가지게 되며 그것이 곧 도덕적 판단이 된다. 이처럼 욕구에 기반한 감정적 판단이나 도덕성에 기반한 도덕적 판단에는 특정한 관심과 결부된 만족이 함께 하게 된다.

이에 반해 미적 판단에서의 만족은 칸트에 따르면 일체의 관심으로부터 독립적이다. 미적 쾌감은 특정한 의도나 관심 또는 욕구 없이, 따라서 욕구의 충족이나 의도의 실현과 상관없이 그냥 대상 자체로부터 얻게 되는 쾌감이다. 감각적 관심이든 도덕적 관심이든 일체의 관심으로부터 자유로울 때 비로소 순수한 미적 판단이 가능해지는 것이다.

> 취미판단을 규정하는 만족은 일체의 관심과 무관하다. … 미에 관한 판단에 조금이라도 관심이 섞여 있으면, 그 판단은 매우 편파적이며 순수한 취미판단이 아니다.[9]

이와 같이 칸트에 따르면 관심은 신체적 욕구나 경향성에서 발생하는 감각적 관심과 선한 의지에서 발생하는 지적 관심의 둘로 구분된다. 그리고 그 각각의 관심을 충족시키며 만족감을 주는 것도 서로 구분되어 다르게 칭해지는데, 욕구나 경향성에 기반한 관심을 만족시켜주는 것은 '쾌적한(angenehm) 것'으로, 도덕적 선에 대한

---

9)《판단력비판》, 제2절(41면).

관심을 만족시켜주는 것은 '선한(gut) 것'으로 불린다. 쾌적한 것은 향락의 대상이고, 선한 것은 존중의 대상이 된다. 쾌적한 것의 향락은 동물적 차원에서, 선의 존중은 이성적 차원에서 발생하는 것이다. 반면 미적 판단에는 이러한 관심이 개입되어서는 안 되며, 따라서 미적 판단에서의 만족은 **무관심**의 **만족**이어야 한다. 그러므로 미적 판단에서는 대상이 향락되지도 존중되지도 않고 단지 '마음에 든다'(gefallen)고만 말할 수 있을 뿐이다. 이러한 미적 만족과 미적 판단은 동물적 차원과 이성적 차원을 동시에 지닌 존재인 인간에게 서만 가능한 것이다. 이상은 다음과 같이 정리될 수 있다.

쾌적함	— 경향성에서 오는 감각적 관심	— 향락(Vergnügung)
선	— 도덕성에서 오는 지적 관심	— 존경(Achtung)
미	— 무관심의 관심	— 호감(Gefallen)[10]

---

10) 《판단력비판》, 제5절(46~47면). 이처럼 미적 판단 자체가 무관심에서 비롯되기에 우리가 그 대상의 현존이나 내용에 무관심해야 함에도 불구하고 실제로 우리는 관조와 쾌감에 이끌려 미적 대상의 현존을 희망하게 되고 그 대상에 관심을 갖게 된다. 이처럼 미에 대해 우리가 갖게 되는 관심을 칸트는 다시 경험적 관심과 지적 관심이라는 두 측면으로 분석한다. 미에 대한 경험적 관심은 인간의 사회성이나 사교성(Geselligkeit)에 근거해서 생겨나는 미에 대한 관심으로, 이는 개인적이며 신체적인 욕구에서 비롯되는 감각적 관심과 구분된다. 인간은 사회적 존재로서 다른 사람들과 지식과 느낌 등을 공유하고자 하는 욕구를 가지며 따라서 미에 대한 쾌감과 취미도 공유하려는 경향이 있다는 것이다. 그러므로 칸트는 "경험적으로 미는 오직 사회 안에서만 관심을 일으키며, 우리는 사회 안에서만 미를 지니고자 하는 관심을 갖게 된다"(《판단력비판》, 제41절, 148면)고 말한다. 미에 대한 지적 관심은 도덕심에 의해 유발된 관심으로, 칸트는 예술미와 달리 자연미에 있어서는 미적 판단이 궁극적으로 도덕적인 지적 관심과 결부되어 있다고 본다. "자연의 미에 대한 직접적 관심은 선한 심령의 표징이다."(《판단력비판》, 제42절, 150면) 바로 이 점에서 자연의 미와 도덕적 선 사이에 "미는 도덕의 상징"이라는 관계가 성립하게 된다. 특히 숭고

	미적 판단이 무관심의 만족에 근거한다는 것을 칸트는 걸상에 대한 판단의 경우를 들어 설명한다. 예를 들어 앉기 위한 목적으로 만들어진 걸상에서 감각적 만족을 느끼자면 그 걸상이 현존해야 한다. 현존하는 걸상에 앉아서 편하게 느껴질 때, 우리는 쾌적한 느낌을 갖게 되며 그 느낌을 즐기게 된다. 이 만족은 대상의 현존과 결부된 만족이다. 그러나 하나의 걸상을 바라보며 그것이 보기에 아름답다고 느낄 때 그 미적 쾌감은 대상의 현존에 대한 관심과 결부되어 있는 만족감이 아니다. 그냥 바라보기만 해도 느껴지는 느낌이란 현존하는 대상의 실질이나 내용으로부터 특정 의도가 충족되는 바가 있어서 발생하는 느낌이 아니라, 아무 의도나 관심 없이 그냥 대상 형식으로부터 받게 되는 느낌이며, 그런 쾌감에 따라 ‘이 걸상은 아름답다’라고 판단하게 된다. 이처럼 미적 판단은 일체의 관심, 감각적 관심도 지적 관심도 떠난 무관심의 판단이며, 따라서 순수하게 관조적일 뿐이다.

	취미판단은 오로지 관조적이다.[11]

───────────

의 감정은 자연과 인간 영혼 안의 초감성적인 힘, 무한한 것에 대한 느낌으로 존경(Achtung)의 감정을 불러일으키며, 이는 곧 도덕에서의 존경의 느낌과 상통하는 것이다. 이처럼 보편적 도덕법칙에 의해 규정된 의식이 아니라, 미감과 결부된 자유로운 도덕적 의식은 ‘도덕적 취미’라고 불릴 수 있다.(《판단력비판》, 제5절, 48면)

11) 《판단력비판》, 제5절(46면). 이렇게 무관심적이며 단지 관조적일 뿐인 미적 쾌감은 주관으로 하여금 계속 그러한 미적 쾌감을 일으킨 대상에 머무르게 하는 의식을 일으킨다. 이는 쾌감 자체가 본래 주관을 그 동일한 상태에 지속하게끔 만드는 힘을 가지고 있기 때문이다. “주관을 동일한 상태에 지속시키려고 하는 의식이 쾌감이다.”(《판단력비판》, 제10절, 58면)). 미적 만족의 쾌감이 주관을 동일한 상태에 지속시키려고 하므로, 미적 쾌감을 느끼는 사람은 뚜렷한

이처럼 미적 만족의 쾌감이 무관심적이고 비의도적이므로, 그 쾌
감의 표현인 취미판단은 감성적이고 주관적임에도 불구하고 단지
상대적 판단에 그치는 것이 아니라 보편적 판단이 될 수 있다. 다시
말해 미적 판단의 보편성은 바로 그 무관심성에서 비롯되는 것이다.
특정 관심과 의도의 충족에서 오는 쾌적감은 의도나 목적에 따라
그 느낌의 만족여부가 서로 다를 수 있으므로 그 판단은 상대적이
게 된다. 무엇을 욕구하고 어디에 관심을 갖는가에 따라 무엇에 만
족하는가가 다를 수 있기 때문이다. 따라서 쾌적함의 느낌은 경험
적이고 상대적이다. 그러나 취미판단에서의 미적 만족은 그처럼 서
로 상이한 주관적 욕구나 관심으로부터 독립적이며 따라서 대상의
실질적 내용에 의해 규정되는 것이 아니기 때문에, 개인적 차이를
넘어 보편적일 수 있다. 그러므로 우리가 한 작품을 바라보며 그것
이 아름답다는 취미판단을 내릴 때는 단지 개인적인 주관적 감정상
태를 지칭하는 것이 아니라, 작품 자체가 그렇다는 것을 의미하며
따라서 다른 사람들도 누구나 그렇게 판단하리라는 것을 요구하게
된다.

> 취미판단에는 객체에 의거하는 보편성은 없지만, 일체의 관심으로부
> 터 떠났다고 하는 의식과 함께 모든 사람들에 대한 타당성의 요구가
> 따르지 않으면 안 된다. 다시 말해 취미판단에는 주관적 보편성에 대
> 한 요구가 결부되어 있을 수밖에 없다.[12]

의도가 없는데도 시선은 이미 아름다운 대상으로 향해있게 된다. 아름다운 대
상이 주관을 그 느낌의 상태에 계속 머무르게끔 유혹하기에 저절로 그 대상에
시선이나 주의를 집중하게 되는 것이다. 그러므로 미적 판단에서는 관조가 관
조를 강화하고 재생시킨다.

이와 같이 칸트에 따르면 미적 감정이나 느낌이 개인적인 관심의 차이로부터 자유로운 무관심의 만족에 근거한 것이기에, 미적 판단은 주관적인 감정이나 느낌에 의거한 것이면서도 동시에 보편성을 요구하는 판단이 된다. 그리고 이처럼 미적 판단과 미적 쾌감이 보편성을 가진다는 것은 궁극적으로 인간의 감정이나 느낌의 구조가 동일하다는 것을 의미하는데, 칸트는 이러한 공통의 감각을 '공통감'이라고 칭한다.

취미판단이 주장하는 필연성의 조건은 공통감의 이념이다.[13]

공통감은 보편적 상식과 마찬가지로 보편적 느낌, 보편적 감정을 뜻한다. 우리 인간의 느낌의 구조는 마치 이론적 인식판단에서 보편성의 근거가 되는 오성의 구조가 그렇듯 만인에게 동일하다는 것이다. 이 공통감에 기반해서 미적 쾌감이 보편적일 수 있고 그에 근거한 미적 판단이 보편성을 지닐 수 있는 것이다. 따라서 우리는 미적 판단에 대해 보편적 동의를 요구할 수 있게 된다. 이처럼 취미판단의 보편성과 필연성을 성립시키는 궁극적 근거는 바로 인간 누구나에게 갖추어져 있는 보편적인 공통감이다. 그렇다면 공통감에 기

---

12) 《판단력비판》, 제6절(48면) 내용적으로 채워진 쾌적함의 느낌과 형식상으로 발생하는 쾌감의 느낌, 이 두 느낌의 차이를 촉각의 느낌과 시각·청각의 느낌의 차이에 상응하는 것으로 볼 수도 있을 것이다. 촉각은 몸의 느낌이다. 몸의 안락함, 쾌적함의 느낌으로서 이는 개인마다 상당히 큰 차이를 보일 수 있다. 반면 시각과 청각이 일으키는 느낌은 마음의 느낌으로 관조적 성격을 갖는다. 미감은 여기 속하며, 시청각에서 오는 쾌감의 개인별 차이는 촉감상의 차이보다 적다고 볼 수 있겠다.

13) 《판단력비판》, 제20절(79면).

반한 미적 쾌감은 어떤 형식, 어떤 구조에서 발생하는 것인가?

  (3) 미적 쾌감의 원천: 형식적 합목적성
  취미판단은 주어진 대상의 표상을 일정한 원칙에 따라 특정 개념 아래 포섭시키는 객관적 인식이 아니다. 취미판단은 주어진 규칙도 개념도 없는 상태에서 주어진 표상이 그것을 포착하는 인식능력들을 자유롭게 활동하게 하여 특정한 미적 감정 상태를 일으킴으로써 성립하는 판단이다.

> 〔취미판단에 있어〕 표상에 의해 인식력들이 활동을 시작하게 되는데, 이 경우 일정한 개념이 인식력을 제한하여 일정한 인식규칙에 따르도록 하는 일이 없기에, 인식력들은 자유로운 유동을 할 수 있다. 그러므로 이런 표상에서 일어나는 심적 상태는 곧 표상력들이 주어진 표상에 있어 인식 일반을 목표로 자유롭게 유동하는 감정 상태이다.[14]

> 취미판단이 감성적(미감적)이라고 불리는 이유는 그 판단을 규정하는 근거가 개념이 아니라 심의력의 유동에 있어서의 조화의 감정이며, 이 조화는 감각될 수 있을 뿐이라는 데에 있다.[15]

  그렇다면 과연 어떤 인식력들이 자유롭게 유동하며 조화를 이루어 미적 쾌감을 일으키는가? 취미판단 역시 표상을 통한 대상인식을 바탕으로 해서 성립하는 것이므로 취미판단에서 자유롭게 유동

---

14) 《판단력비판》, 제9절(55~56면).
15) 《판단력비판》, 제15절(68면).

180

하는 인식력은 대상을 인식하는 인식력과 다르지 않다. 다만 그 인식력이 특정 규칙이나 개념에 구속받지 않고 자유롭게 유동한다는 점에서만 차이를 보일 뿐이다.

> 표상으로부터 인식이 성립하기 위해서는 직관의 다양을 결합하는 구상력과 그 다양의 표상을 개념에 의해 통일하는 오성이 필요하다. … 취미판단에 있어 표상방식이 가지는 주관적인 보편적 전달가능성은 일정한 개념을 전제함이 없이 성립하는 것이므로, 그것은 **구상력과 오성과의**(인식 일반의 성립에 필요한 대로 이 양자가 상호 합치하는 한) **자유로운 유동**에서 나타나는 심적 상황 이외의 것일 수가 없다.[16]

이처럼 칸트에 따르면 취미판단은 구상력과 오성이 주어진 표상들을 포착하는 활동을 하되 객관적 인식에서처럼 개념이나 규칙에 의해 규정되거나 제한받지 않고 오히려 자유롭게 유동함으로써 느껴지는 쾌감의 표현이다. 그럼에도 불구하고 그러한 취미판단이 보편타당성을 갖는다고 주장할 수 있는 것은 그러한 구상력과 오성의 활동에 기반한 객관적 인식이 보편타당성을 지닌다는 것에 입각한 것이다.[17] 그러한 보편타당성에 근거해서 미적 쾌감은 다른 사람에게 전달가능성을 갖게 되며, 그러한 전달가능성의 의식 자체가 미

16) 《판단력비판》, 제9절(56면).
17) 이 점을 칸트는 다음과 같이 설명한다. "인식일반에 적합한 이 주관적 관계〔구상력과 오성의 자유로운 유동〕가 모든 사람들에게 타당하며 따라서 보편적으로 전달될 수 있어야 한다는 것은, 언제나 이 관계를 주관적 조건으로 하고 그 위에 기초를 둔 모든 규정적 인식이 모든 사람들에게 타당하며 또 보편적으로 전달될 수 있는 것과 마찬가지이다."(《판단력비판》, 제9절, 56면).

적 쾌감의 느낌을 강화한다고 볼 수 있다.

> 자기의 심적 상태를 비록 인식능력에 관계되는 점에 있어서라도 전
> 달할 수 있다는 것이 일종의 쾌감을 수반한다.[18]

그렇다면 이러한 보편적 전달가능성을 가지는 **심의력의 자유로운
유동**이란 어떤 심적 상태인가? 여기서 심의력은 구상력과 오성이
다. 주어진 대상을 직관함에 있어 구상력의 작용은 시간 공간적 연
장 속에서 다양을 포착하는 활동이라면, 오성의 작용은 그러한 다
양을 하나로 통일화하는 활동이다. 따라서 심의력의 자유로운 유동
이란 다(多)를 포착하는 구상력과 일(一)을 포착하는 오성이 각각
자유롭게 활동하되 그 활동이 서로 조화를 이루어 즐거운 유희처럼
진행되는 상태를 의미한다. 이 조화는 곧 구상력이 포착하는 객관
의 다(多)와 오성이 포착하는 주관의 일(一), 즉 객관과 주관의 조화
를 의미한다. 이러한 조화의 느낌, 자유로운 유동의 느낌이 우리에
게 쾌감을 일으키며, 그렇게 쾌감을 낳는 대상을 우리는 아름답다
고 판단하게 되는 것이다.

그런데 오성의 일(一)과 조화관계에 있게 될 대상의 다(多), 구상
력이 포착하는 대상의 다(多)는 대상에 담긴 실질적인 내용이 아니
라, 오히려 그런 내용들을 배치하는 대상의 형식일 뿐이다. 예를 들
어 그림에서 거기 그려진 사물의 내용이나 칠해진 색감이 아니라
단지 사물들이 배치되는 구도에 해당하는 **공간적 형식** 또는 음악에

---

18) 《판단력비판》, 제9절(56면). 바로 이 점에서 미가 사회적 차원을 갖게 된다. 아
름답다는 것은 결국 아름답게 보인다는 것을 뜻하며, 이것이 또한 인간의 자연
적인 사회적 성향을 설명해준다.

서 연주되는 악기의 음색이나 가사의 내용이 아니라 단지 음들이 배치되는 음의 구성으로서의 시간적 형식 등이 그것이다. 대상의 이러한 형식들을 포착하는 구상력의 유동적 활동성이 그런 형식들을 통일적으로 의식하는 오성의 유동적 활동성과 조화를 이룸으로써 생동적 쾌감이 발생하는 것이다.

그러므로 칸트는 미적 쾌감의 원천을 회화에서의 도안이나 음악에서의 작곡으로 간주한다. 이는 그림이나 음악에서 그 내용으로서의 색감이나 음색을 제외하고 남겨지는 대상의 순수 형식에서 미를 구하는 것이다. 사물의 배치가 가지는 공간적 형식, 음의 구성이 가지는 시간적 형식을 종합적으로 인식하는 구상력의 활동과 그 형식을 통일적으로 인식하는 오성의 활동이 어느 하나가 다른 하나에 의해 일방적으로 규정되는 것이 아니면서도 서로 자연스럽게 조화를 유지하여 그 자유로운 유희 안에 담긴 유동적이며 활동적인 생명감이 쾌감을 낳는다고 보는 것이다.

이러한 미적 쾌감과 미적 판단에서의 조화관계를 칸트는 '형식적 합목적성'이라고 칭한다. 구상력과 오성의 일치관계인 합목적성이 대상의 형식에 기반한 합목적성이기에 형식적 합목적성이라고 하는 것이다.

> 취미판단은 대상의 (또는 대상의 표상방식의) 합목적성의 형식만을 기초로 가진다.[19]

---

19) 《판단력비판》, 제11절(59면). 칸트는 목적을 다음과 같이 규정한다. "목적이란 어떤 개념이 대상의 원인(그 대상을 가능하게 하는 실재적 근거)으로 간주되는 한 그 개념의 대상이다."(《판단력비판》, 제10절, 58면).

합목적성은 목적에 적합함을 뜻한다. 미적 판단에서 구상력과 오성의 관계를 합목적적이라고 하는 것은 마치 구상력에 의해 포착되는 시공간 형식 속의 대상이 오성에 의해 부여되는 개념을 그 근거로 한 것처럼 상호조화관계를 보이기 때문이다. 그러나 실제로 오성개념이 구상력의 종합작용을 규정하는 것으로서 객관적으로 전제되어 있는 것은 아니므로 그 합목적성은 객관적이 아닌 단지 '주관적 합목적성'[20]일 뿐이며, 마찬가지로 그 합목적성에 오성의 특정 목적이 전제된 것도 아니므로 이를 '목적 없는 합목적성'이라고 한다. 미적 판단은 이와 같이 두 인식능력인 구상력과 오성의 유동적 조화, 주관과 객관의 조화적 일치 또는 미적 대상의 형식적 합목적성에 근거하여 가능한 판단이다. 그것이 순수한 형식적 합목적성 또는 무관심의 만족에 기반한 판단이기에 보편적 공통감을 소유한 인간 누구에게나 그 타당성을 요구할 수 있는 보편적 판단이 될 수 있는 것이다.

---

20) 《판단력비판》, 제15절(68면). 주관적 합목적성과 달리 객관적 합목적성을 칸트는 다음과 같이 정의한다. "객관적 합목적성은 다양한 것을 일정한 목적에 관계시킴으로써만, 따라서 어떤 개념에 의해서만 인식될 수 있다."(《판단력비판》, 제15절, 66면). 그러므로 그런 목적에 해당하는 개념을 갖지 않는 미적 판단의 합목적성은 객관적이 아닌 주관적 합목적성이라고 할 수 있다. 합목적성 대한 칸트의 분류는 다음과 같이 정리될 수 있다.

```
┌ 객관적 합목적성 ┌ 외적 객관적 합목적성: 대상의 유용성
│                └ 내적 객관적 합목적성: 대상의 완전성
└ 주관적 합목적성: 목적 없는 합목적성
```

2) 아름다움의 판단과 숭고함의 판단

칸트는 취미판단을 아름다움의 판단과 숭고의 판단의 두 종류로 구분하며, 미와 숭고의 차이를 다음과 같이 설명한다.

> 자연의 미는 대상의 형식에 관계하는 것이며 대상의 형식은 한정에서 성립한다. 그에 반해 숭고는 몰형식적 대상에서도 찾아볼 수 있다. 그러나 이 경우 무한정성은 대상에 따라 또는 대상을 계기로 표상되는데, 그 무한정성의 총체가 덧붙여서 사유된다. 그러므로 미는 부정적인 오성개념의 현시이지만, 숭고는 부정적인 이성개념의 현시라고 볼 수 있다.[21]

취미판단 중 아름다움의 판단은 구상력과 오성의 자유로운 유동적 합치에서 발생하는 조화의 느낌인 단선적 쾌감으로 성립한다. 그러나 숭고의 판단에서는 이러한 조화의 느낌에 앞서 일단 부조화의 느낌이 선행하게 된다. 즉 숭고의 느낌은 부조화에서 조화에로의 이행의 느낌, 형식적 합치가 파괴되는 몰형식을 거친 고양된 느낌이라는 점에서 복선적 쾌감이다.

어떤 대상이 숭고하다고 여겨지는 것은 그것이 단적으로 크거나 단적으로 위대한 힘을 가진 것으로 여겨지는 것이다. 점진적으로 진행해가면서 사물의 현시를 종합해가는 일상적 구상력이 사물의 단적인 큼이나 위대함으로 인해 그것을 한 순간에 총괄할 수 없을 때, 구상력은 유동적 활동성에서 자기 한계에 부딪치게 된다. 그 순

---

21) 《판단력비판》, 제2권: 숭고의 분석론, 제23절(87면).

간 구상력과 오성의 자유로운 유동적 일치와 조화의 느낌인 생동적
쾌감은 깨어지며 오히려 그 둘 간의 부조화의 느낌, 저지된 생명력
으로부터 오는 불쾌감이 발생한다.

그러나 이러한 대상 현시능력으로서의 구상력의 한계의식은 곧
인간 심의 안에 내재된 초한계의 의식, 무한정성의 의식을 다시 불
러 일으킨다. 한정된 것을 포착하는 구상력의 한계의 의식은 그 자
체 불쾌의 의식이지만, 그것은 곧 동시에 그러한 한정된 것 너머에
대한 의식, 무한정의 것에 대한 의식을 일깨우기 때문이다.

> 주관의 무능력의 의식이 곧 동일한 주관의 무한정의 능력의 의식을
> 드러낸다.[22]

이 무한정의 의식이 바로 이성이 제시하는 무한 이념의 의식이
다. 자신의 유한성의 의식이 내적 무한의 의식을 전제함으로써만
비로소 가능하듯이, 구상력이 자기 활동성의 한계에 부딪쳐서 느끼
는 불쾌감은 실은 우리 내면의 초감성적인 이성 이념의 현시를 바
탕으로 해서 비로소 가능한 것이다. 그러므로 부조화에서 느껴지던
불쾌감은 곧 그 기저에 있는 이성 이념과 심성과의 일치의 느낌, 조
화와 합목적성의 느낌인 쾌감으로 전환된다. 이처럼 이성에 의한
무한의 이념적 현시를 통해 앞서의 부조화의 불쾌감은 다시 조화의
쾌감으로 전환되며, 이때의 느낌이 바로 숭고의 느낌이다. 숭고의
느낌은 곧 깨어진 조화, 저지된 생명력에 대한 불쾌감을 통과하고
나서 그보다 한층 더 고양된 차원에서 얻어지는 조화의 느낌이며

---

22) 《판단력비판》, 제27절(104면).

쾌감인 것이다.

　이러한 숭고의 판단에서 칸트가 강조하는 것은 그처럼 숭고한 것, 무한정한 것은 객관적 사물 자체가 아니라 이성의 이념이라는 것이다. 자연 안의 어떠한 사물도 우리가 그것보다 더 큰 것을 생각할 수 없게끔 그렇게 단적으로 큰 것은 없다. 아무리 크게 여겨지는 것도 그것보다 더 큰 것을 상상할 수 있으며, 그것은 그 더 큰 것에 비한다면 작은 것이 된다. 아무리 큰 천문학적 숫자로 표현되는 우주의 크기일지라도 우리는 그것에 대해 그것의 두 배의 크기를 다시 생각해볼 수 있다.[23] 그러므로 숭고의 감정을 일으키는 단적으로 위대한 것, 단적으로 큰 것은 단순한 수학적 크기가 아니라 미감적 크기이며, 그렇게 단적으로 크고 위대한 것은 그 직접적 현시가 불가능한 인간 이성 안의 이념일 뿐이다.

　　숭고는 자연 사물 안에서 찾아지지 않고 오히려 우리의 이념 안에서만 찾아진다.[24]

　숭고가 우리의 이념 안에 있다는 것은 곧 우리가 무엇인가를 숭고하다고 판단할 때 실제로 숭고한 것은 그렇게 판단되는 대상에 놓여있는 것이 아니라 그렇게 판단하는 우리의 심성 상태라는 것을 의미한다.

　반성적 판단력을 활동시키는 객체의 표상에 의해 야기된 우리의 정

---

23) "수학적 크기의 최대란 있을 수 없고, 단지 미감적 크기로서만 최대의 크기라는 것이 있을 수 있다." (《판단력비판》, 제26절, 95면).
24) 《판단력비판》, 제25절(93~94면).

신 상태 자체가 숭고한 것이지, 객체 자체가 그런 것이 아니다.[25]

  그런데도 자연 앞에서 숭고의 판단을 내릴 때, 숭고를 느끼는 내
가 숭고하다고 판단하지 않고 자연 자체가 숭고하다고 판단하는 까
닭은 무엇인가? 그것은 자연에 숭고가 현시되어 있기 때문이다. 직
접적 현시가 불가능한 무한성이 그럼에도 불구하고 감성적으로 현
시되어 나타나는 것, 즉 자연이 개념적으로 표현할 수 없는 무한의
이념에 일치하고 있다는 것, 한마디로 개념적으로 규정하여 말할
수 없는 것이 말로써 표현되고 있다는 부정적 현시방식이 바로 숭
고의 본질이다. 물론 여기서도 미적 판단의 심의 상태와 마찬가지
로 숭고를 느끼는 자의 마음속에 숭고의 이념이 있지 않다면 숭고
를 느끼지 못한다는 점에서, 그리고 자연은 그 이성 이념을 현시하
고 있다는 점에서, 숭고의 판단에서 숭고를 느끼는 주관적 의식과
숭고하다고 여겨지는 객관적 자연은 서로 분리되지 않는 조화로운
합목적성을 보인다고 말할 수 있다.
  자연과 인간 영혼 안에 내재된 무한정한 것, 초감성적인 것을 의
식하면서 갖게 되는 숭고의 느낌은 그처럼 숭고한 것에 대한 존중
의 감정을 불러일으킨다. 칸트는 이러한 숭고에 대한 존중심은 도
덕 차원에서 도덕법칙에의 존중심과 결부되어 있다고 강조한다.

  자연에서의 숭고에 대한 감정은 그것에 도덕적인 것과 유사한 심정
  의 상태가 결합되지 않으면 생각될 수 없는 것이다.[26]

---

25)《판단력비판》, 제25절(94면).
26)《판단력비판》, 제29절의 주석(115면).

이처럼 숭고의 감정을 통해 미는 도덕과 연결되며, 이 점에서 칸트는 미를 도덕의 상징으로 간주한다.

3) 인간 심성의 선험적 보편성

《순수이성비판》의 핵심물음이 현상세계에 대한 '선험적 종합판단이 어떻게 가능한가?'이고 《실천이성비판》의 핵심물음이 선의지에 입각한 '보편적인 도덕적 판단이 어떻게 가능한가?'인 것처럼 《판단력비판》의 중심물음은 자연이나 예술작품에 대해 '보편적인 미적 판단은 어떻게 가능한가?'이다. 칸트의 비판철학은 이와 같이 이론적 인식영역과 실천적 도덕영역 그리고 미감적 예술영역 각각에서 사적 특수성을 넘어서는 보편적 판단이 어떻게 가능한가를 묻는 것이다. 경험적 우연성을 넘어서는 보편적 판단 가능성이 확보되어야 비로소 인식론과 윤리학 나아가 미학이 보편적 학문으로서 확립될 수 있기 때문이다.

그런데 이 각각의 물음에 대해 칸트가 답을 찾아가는 방식은 근본적으로 동일하다. 인식이나 도덕 또는 미적 판단에 있어 그 각각의 대상이 제공하는 구체적 내용이나 그 내용의 수용인 경험으로부터는 보편성이 찾아질 수 없다는 것, 보편성은 오히려 각각의 대상을 포착하는 인간 주관의 선험적 형식에서만 확보될 수 있다는 것이 칸트의 기본 통찰이다. 인식영역에서 경험을 가능하게 하는 선험적 형식은 직관형식인 시간과 사유형식인 범주이고, 실천영역에서 도덕판단을 가능하게 하는 선험적 형식은 의지규정에서의 보편적 형식이며, 예술영역에서 미적 판단을 가능하게 하는 선험적 형식은 인간 감성과 느낌의 보편적 형식이다. 바로 이 주관의 선험적인 보편적 형식이 각 영역에서의 보편적 판단과 경험을 가능하게 하는 근거가 되는 것이다.

이 점에서 코페르니쿠스적 전회는 이론영역뿐 아니라 실천영역과 예술영역에서도 마찬가지로 행해지고 있으며, 그 모든 영역에 있어 초월적 관념론의 정신이 관통하고 있다. 이론적 판단의 진(眞)과 도덕적 판단의 선(善) 그리고 미적 판단의 미(美), 이 세 영역에서 판단의 보편성과 필연성의 근거와 기준은 주관의 선험적 형식에 있으며, 이는 결국 진선미의 판단기준을 인간 주관 안에서 찾는 것이 된다.

이론적 판단이나 실천적 판단 나아가 미적 판단에서 그 판단의 기초와 근거가 되는 진과 선과 미를 그렇게 판단하는 인간 주관의 의식을 떠난 객관적 실재로 간주하는 것은 독단일 뿐이다. 객관적인 근거나 기준을 설정하는 독단론에 빠지지도 않고 그렇다고 일체의 보편성을 부정하는 회의론에 빠지지도 않으면서 그 각각의 영역에서 판단의 보편타당성을 확보해나가는 것 그리고 그에 따라 인식론과 윤리학 그리고 미학의 성립근거를 밝혀나간 것이 칸트 초월철학의 시도이며 그 성과라고 볼 수 있다.

6장 기계와 유기체
자연은 어떤 존재인가?

1. 문제제기

1) 자연은 물질적 기계인가, 합목적적 작품인가?

자연은 물리화학적 법칙에 따라 움직이는 물질적 기계일 뿐인가? 아니면 물리화학적 법칙만으로는 다 설명될 수 없는 특정한 목적에 합치하는 합목적적 존재인가? 자연을 전자의 방식으로 설명하는 것을 '기계론'이라고 하고, 후자의 방식으로 설명하는 것을 '목적론'이라고 한다. 그렇다면 이 둘의 차이는 정확히 무엇인가?

비가 내리는 현상을 놓고 생각해보자. 공기중의 수증기가 상승하다가 온도가 내려가면 냉각되어 물이 되고 그러면 아래로 떨어지게 되는 것은 물리법칙이다. 비가 되어 떨어지는 물의 운동은 그런 물리법칙에 따른 현상일 뿐이다. 반면 내가 산 위에 있다가 산 아래로 걸어내려 온다면, 그것은 물리화학적 법칙 때문이 아니라 산 아래 내 집에 찾아가기 위해서이다. 나의 운동은 귀가라는 목적을 지닌 행위인 것이다. 물론 산 비탈에 서있다가 발을 헛디뎌 굴러 떨어진다면, 그 경우 나의 움직임은 나의 의도와는 상관없이 무목적적으로 발생하는 것으로, 빗물이 떨어지는 것 또는 돌멩이가 굴러 떨어지는 것과 다를 바 없이 물리적 법칙에 따라 발생하는 움직임일 뿐이다.

이렇게 보면 어떤 운동을 기계적 운동이라고 볼 것인가, 목적적 운동이라고 볼 것인가는 운동 당사자가 그 운동에 대해 숙고하였으며 그것을 의도하였는가 아닌가에 달린 문제처럼 여겨지게 된다. 특정 목적을 의도적으로 지향한 운동이면 목적지향적 운동이고, 그 운동을 통해 그 목적이 달성되면 합목적적 운동이라고 판단되는 것이다.

그러나 자연의 합목적성은 이것보다 더 넓은 의미로 말해진다. 예를 들어 화창한 봄날 화려하게 피어나는 꽃을 보자. 그 꽃잎의 아름다운 색깔과 향기에 대해서는 꽃잎 세포체 내의 물리 화학적 법칙에 따른 설명이 가능할 것이다. 그런데 꽃의 그 화려한 색채와 향기에 따라 벌 나비가 모여든다는 사실을 알게 되면, 우리는 꽃의 색깔과 향기에 대해 또 다른 설명을 부가하게 된다. 즉 꽃의 색과 향기는 벌 나비를 부르기 위한 목적에 따라 발생하는 합목적적 현상인 것이다. 왜 부르는가? 벌 나비의 접촉을 통해 꽃가루가 수정되기 때문이다. 그래야 열매를 맺을 수 있다. 벌 나비를 부르는 것은 열매를 맺으려는 목적이 있는 것이다. 다른 한편 벌 나비가 꽃향기를 따라 가는 것도 그들 신체의 화학적 작용에 따른 기계적 운동으로 설명가능할 것이다. 그러나 그들이 꽃잎에 앉아 꿀을 먹는다는 사실을 알게 되면, 우리는 비로소 그들이 꿀을 먹기 위해, 바로 그 목적으로 간다는 것을 알게 된다. 이것은 기계론적 설명과는 구분되는 목적론적 설명이다. 이처럼 자연의 움직임에는 물리화학적 법칙에 따른 기계론적 설명으로는 다 드러날 수 없는 감추어진 목적이 있을 수 있다. 자연 현상이나 자연의 운동은 이 목적을 실현시키기 위한 것으로 합목적적이다. 그러나 벌이나 꽃의 움직임이 목적을 갖는다고 해도 그것이 그 목적을 숙고하고 의도했기 때문은 아닌 것이다.

이렇게 보면 비가 내리는 것도 단순히 기계적 현상이 아니라 합목적적 사건일 수 있다. 즉 비가 내리면 땅이 젖고 그로부터 초목이 자랄 수 있는 것을 보면, 비는 초목의 성장이라는 목적에 합치하는 현상인 것이다. 그럼 초목이 자라는 것은 무엇을 위해서인가? 풀을 뜯어먹고 사는 동물의 생존을 위해서이다. 그럼 동물의 생존 목적은 무엇인가? 그들은 무엇을 위해 존재하는가? 풀을 먹은 소를 잡아먹는 인간을 위해서인가? 그럼 인간은 무엇을 위해 존재하는가? 인간 존재의 목적은 무엇인가? 인간을 포함한 자연 전체의 궁극 목적은 과연 무엇인가? 이렇게 해서 자연의 목적론적 이해는 또 다른 차원의 물음으로 이어지게 된다. 그러나 이처럼 한 자연물을 그것이 지향하는 목적을 따라 이해하는 것, 그래서 그 합목적적 관계를 끝없이 이어나가 결국 자연의 궁극 목적을 묻게 되는 것, 그리고는 그 궁극목적을 통해 자연물 각각의 존재 의미를 되찾으려 하는 것이 과연 정당한 것인가?

2) 자연물은 합목적적 수단인가, 자기 목적적 존재인가?

자연의 목적론적 이해는 하나의 자연물을 그것이 지향한다고 생각되는 목적에 따라 합목적적인 것으로 이해하는 것이다. 합목적적이라는 것은 그 어떤 것이 그것의 목적에 적절하게 합치한다는 것을 뜻하며, 이는 결국 그것이 그 목적을 충족시키고 실현시키는 좋은 수단이라는 것을 의미한다. 결국 목적론적 이해는 자연물을 수단과 목적의 관계 안에서 특정 목적을 실현시키는 좋은 수단으로 이해하는 것을 의미한다. 이는 곧 무엇을 뜻하는가?

자연물을 특정 목적을 위한 좋은 수단으로 여긴다는 것은 그 자연물을 그 자체 고립된 존재로 이해하지 않고 그것이 수단—목적의 관계를 이루는 다른 자연물과의 상호연관성 안에서 이해한다는 것을 의미한다. 한 포기 풀을 그 자체의 물질적인 물리 화학적 법칙에 따라 고립적 개체로 이해하는 것이 아니라, 그 풀의 생존을 가능하게 하는 물과의 연관관계 안에서 그리고 그 풀이 다시 기여할 동물과의 연관관계 안에서 이해하는 것이다. 그리고 이러한 수단—목적의 관계는 계속 이어져서 결국 자연 전체와의 상호연관관계를 형성하게 되며, 한 자연물은 자연 전체와의 유기적 연관관계 안에서 이해되는 것이다.

나아가 한 자연물을 전체 자연과의 상호연관관계 안에서 목적론적으로 이해한다는 것은 곧 자연물을 전체 자연 안에서 그 자신의 고유한 위치를 가지는 것으로 이해한다는 것을 뜻한다. 그것의 존재 의미는 그 개체 자체에 의해 다 설명되지 않고, 전체 자연 안에서 다른 자연물들과의 관계 안에서 그 자신이 차지하는 위치에 따라 결정되는 것이다. 그 자신의 고유한 위치, 지위가 곧 자연물이 운동

을 통해 그리로 지향해 나아가는 **목적**(telos)이 된다. 자연물의 운동
은 자기 위치에 처하고자 하는 운동, 자기 자리를 찾아가는 목적적
운동이다. 고유한 위치와 지위가 그 각각이 처해야 할 본래 자리이
다. 물이 아래로 내려가는 것, 공기가 위로 오르는 것, 새들이 공중
을 나는 것, 짐승이 땅 위를 기는 것은 모두 각각 그 자신의 위치와
지위가 서로 다르기 때문이다.

　이처럼 자연물을 고립된 개체로 이해하지 않고 자연 전체와의 상
호연관관계 안에서 이해하는 것, 그리고 그 각각의 자연물을 자연
전체 내에서 각각의 고유한 위치와 지위를 갖는 것으로 간주하는
것, 이것이 목적론적 자연 이해의 특징이다. 그러나 이것은 곧 자연
물 각각을 그 자체 자기 목적으로 이해하지 않고, 다른 것을 위한
한갓 수단으로 간주한다는 것, 그리고 자연물들을 모두 평등한 절
대 가치의 것으로 인정하지 않고 상하와 선후의 차별적 위치와 지
위를 갖는 것으로 간주한다는 것을 의미한다. 이는 결국 자연 전체
를 수단-목적의 통합적 연관관계로 이해하면서 자연물 각각을 그
관계에 따라 수단화하고 차등화한다는 것을 의미한다.

　그러나 자연물이 다른 자연물과 관계하는 방식이 반드시 수단-목
적의 관계인 것인가? 자연물은 다른 목적을 위한 수단으로서 존재
가치를 갖는 것이 아니라, 그 자체가 자기 목적인 것은 아닌가? 자
연물 각각이 전체 자연의 일부분으로서가 아니라, 그냥 그 자체로
서, 자기 목적으로서 존재하는 것은 아닐까?

2. 칸트 이전 대답의 유형들

플라톤은 인간 행위에 대해 기계론적 설명과 목적론적 설명을 구분한다. '소크라테스가 왜 감옥에 앉아 있는가?'의 물음을 감옥 속에 위치하고 있는 그의 뼈나 근육 또는 신경체계 등 신체 구조를 통해 설명하는 것은 기계론적 설명으로서, 플라톤은 이러한 자연주의자들의 설명은 인간 행위를 설명하기에 불충분하다고 본다. 오히려 소크라테스가 '악법도 법'이라는 생각 때문에 탈옥하여 도주하지 않고 사약을 먹으리라고 의도하였기에 감옥에 앉아있는 것이라는 그런 목적론적 설명이 인간 행위를 설명하기에 적절하다고 본 것이다. 기계론과 목적론은 동일한 현상, 동일한 운동에 대한 서로 다른 두 가지 설명 방식으로 간주되지만, 자연적 발생이 아닌 인간 행위를 설명하기 위해서는 목적론적 설명이 불가피하다는 것이 플라톤의 생각이다.

아리스토텔레스는 인간의 행위뿐 아니라, 동식물 나아가 무생물의 운동까지도 단순히 물질적 차원에서 설명될 수 있는 기계적 운동이 아니라, 특정한 목적을 지향하는 목적론적 운동이라고 본다. 자연을 목적론적으로 설명하기 위해 그는 운동의 원인을 네 가지 원인, 즉 질료인, 목적인, 운동인, 형상인으로 구분하는데, 이는 결국 물질과 정신, 질료와 형상이라는 이원론에 입각한 것이다. 형상은 **질료**와 상반되는 본질로서 사물 운동에 있어 형상인이 된다. 그 형상이 사물의 운동을 야기시킨다는 점에서 운동인이고, 운동이 지향하는 궁극 지점이라는 점에서 **목적인**이 되는 것이다. 예를 들어 질료인으로서의 대리석에 소크라테스 상을 새길 때, 새겨질 상(형상)이 형상인이며, 조각가가 그 형상을 따라 새기게 된다는 점에서 조각가 의식 속의 형상이 운동인이 되고, 그 형상이 조각행위의 목적이 된다는 점에서 목적인이 된다.

아리스토텔레스에 따르면 비가 오는 것은 공기나 물의 물리적 성질 때문만이 아니라, 땅을 적시기 위해서이며, 땅이 젖는 것은 초목을 성장시키기 위한 것이다.[1] 그가 이처럼 자연현상에 대해 목적론적 설명을 지지하는 것은 자연물 상호 간의 연관에서 독특한 규칙성이 발견되기 때문이다. 즉 비가 내림으로써 곡식이 자라게 되는 것을 그저 부수적이고 우연적인 관계라고 설명하는 것은 불충분하다고 보는 것이다. 우연이기에는 자연물들 간의 연관관계가 너무 규칙적이며, 그러한 규칙성은 목적을 배제하고는 제대로 이해되지 않는다는 것이다.

> 〔자연에서 발생하는 것들이〕 부수적인 것들일 리도 없고 우연적인 것들일 리도 없다면, 그것들은 무엇인가를 지향하고 있는 것들일 수밖에 없다.[2]

이는 자연을 특정 목적에 따라 만들어진 예술이나 기술의 산물과

---

1) 물론 이 현상들이 기계론적으로 설명될 수 있는 가능성이 배제되는 것은 아니다. 목적론에 대한 반론을 아리스토텔레스 자신이 제기한다. "우리는 왜 자연이 무슨 일이든 무엇인가를 지향하여 행하며, 또 그렇게 하는 것이 더 낫기 때문에 행하는 것이라고 상정해야 하는가? 모든 것은 비오는 것과 똑같지 않은가? 곡식을 자라게 하기 위해 신이 비를 뿌리는 것은 아니다. 비가 오는 것은 필연적인 일이다. 위로 올라간 증기는 냉각되기 마련이며, 냉각된 증기는 물이 되어 아래로 떨어질 수밖에 없는 것이다. 이런 일이 일어난 다음, 곡식이 자라는 것은 그저 부수적인 일일 따름이다."(아리스토텔레스,《자연학》, 제2권, 제8장, 198a).
2)《자연학》, 제2권, 제8장, 198a.

198

유비적인 것으로 이해하는 방식이다. 예를 들어 내가 나무둥치를 잘라 걸상을 만들 때는 걸터앉고자 함이 그 목적이며 나는 그 목적에 적합하게 걸상을 만들려고 노력한다. 만약 완성된 나무 걸상이 그 목적에 적합하게 잘 만들어졌으면, 그 걸상은 목적에 합치한다는 의미에서 '합목적적'이라고 말할 수 있다. 만들어진 현상사물로서의 걸상이 내가 이미 가졌던 걸상의 이념 또는 목적에 합치한다는 말이다. 그런데 숲을 걷다가 마치 걸상처럼 생긴, 잘려나간 나무 밑둥을 발견해도 나는 그것이 앉기에 적합하다는 의미에서 '합목적적'이라고 말할 수 있다. 예술가의 의도에 따라 만들어진 결과물인 예술작품이 합목적적인 것이듯이, 자연도 어떤 목적의 실현, 의도의 외화라고 보는 것이다. 소크라테스의 조각상이 그 질료인 대리석으로부터 우연히 형성된 것이 아니라, 조각가의 목적에 따라 대리석에 새겨짐으로써 존재하게 된 예술작품이듯이, 대리석을 포함한 모든 자연물 또한 물질적 요소들의 단순한 우연적 배합결과라고 보기 힘든 합리적 질서와 조화, 아름다움과 생명력 등을 보일 때, 자연은 질료 너머의 형상의 발현, 목적의 실현으로 간주되는 것이다. 자연은 그 자체 예술이나 기술 작품처럼 이념 또는 목적의 현실태(energeia), 일종의 작품(ergon)으로 간주된다. 자연의 산물을 기술의 산물과 유비로 보는 것이다.

> 예를 들어 한 채의 집이 자연적으로 생겨나게 된다면, 그것은 그것이 바로 해당 기술을 통해 생겨나듯이 그렇게 생겨나게 될 것이다. 또한 자연물이 자연적으로가 아니라 기술을 통해 생겨나게 된다고 해도, 그것은 그것이 자연적으로 있게 되는 것과 똑같은 방식으로 생겨나게 될 것이다.[3]

　이처럼 자연산물과 기술의 산물을 같은 방식을 따라 존재하는 유비적인 것으로 이해함으로써, 자연을 합목적적인 것으로 간주하게 된다. 그러나 예술작품은 예술가의 의도와 숙고 때문에 합목적적이 되는 것이라면, 그럼 자연은 누구의 의도를 따라 합목적적인 것이라고 말할 수 있는 것인가? 이에 대해 아리스토텔레스는 그것이 우리 인간의 의식적인 의도나 숙고와는 다를 수 있음을 강조한다. 오히려 예술가의 활동에 있어서조차도 그 기술이 뛰어날 경우 의도적 숙고가 없을 수 있는 것이다. 즉 자연의 목적론이 반드시 인간적 차원의 숙고의 흔적을 제시해야 하는 것은 아니라는 말이다.

> 문제의 변화를 가져오는 것이 숙고를 통한 것이라고 여겨질 경우에만 무엇인가를 지향하여 어떤 것이 생겨난 것이라고 생각하는 것은 불합리하다. 기술도 숙고하지 않는다.[4]

　이는 곧 행위에 있어 특정 목적을 내적으로 의식하고 지향하는 것이 그것을 목적론적인 것으로 성립시키는 필요조건은 아니라는 말이다. 목적이나 형상은 그 자신의 의식을 넘어선 차원에서 부과된 목적일 수 있다.
　나아가 아리스토텔레스에게서 자연물 각각은 목적을 지향하긴 하지만, 그것이 자기 목적적인 것은 아니며, 한 자연물의 목적은 다른 자연물일 수가 있다. 구름은 비를 내리기 위해 뭉치고, 비는 풀을 자라게 하기 위해 내리고, 풀은 소들을 먹이기 위해 자란다.

---

3) 《자연학》, 제2권, 제8장, 199a.
4) 《자연학》, 제2권, 제8장, 199b.

그렇다면 그 목적의 연관관계는 결국 어디로 나아가게 되는가? 자연 전체의 궁극 목적은 자연 전체의 발생의 궁극 원인이 되는 순수 형상이며, 아리스토텔레스는 이를 신(神)이라고 설명한다. 자연 전체를 목적이 실현된 작품으로 본다면, 그것은 궁극적으로 신의 작품이 된다. 여기에서 아리스토텔레스의 자연학은 신학으로 이어진다. 순수 형상인 신이 존재하며, 그 신의 형상 안에서 자연의 목적은 객관적인 것으로 존재한다. 신은 순수 형상으로서 자연 전체의 궁극 목적이고, 자연의 움직임의 궁극적 작용자로서 부동(不動)의 동자(動者)이다.

중세 스콜라철학에서도 자연의 이해는 아리스토텔레스의 이해를 크게 벗어나지 않는다. 자연은 신의 섭리에 따라 존재하고 운행되며, 신이 부여한 목적을 실현시키는 것이다. 이렇게 고대와 중세에는 자연의 이해에서 목적론적 관점이 지배적이었다.

근세에는 자연에 있어서의 목적론적인 연관관계는 해체되며, 일체가 기계론적으로 설명된다. 자연현상을 설명하는 데 궁극적 순수 형상이나 부동의 동자로서의 신이 도입될 필요 없이, 자연은 그 자체로서 물리화학적 법칙에 따라 설명된다. 자연은 물질적인 연장적 실체일 뿐이며 그 운동과 생명작용까지도 물질들의 물리 화학적 법칙에 따른 작용 반작용의 현상으로 간주된다. 자연물은 그것을 구성하는 물질적 요소들의 기계적 법칙에 따라 존재하고 운동하는 것이지, 그 자신을 넘어 자연 전체와 연관되는 목적지향성을 갖고 있지 않다. 비는 초목을 자라게 하기 위해 내리는 것이 아니라, 증기가 냉각되므로 아래로 떨어지는 것이고, 초목은 자라나기 위해 물을 빨아들이는 것이 아니라, 삼투압작용에 의해 뿌리에서 물이 흡수되므로 그것이 초목을 확장시키는 것일 뿐이다. 이처럼 물리 화학적인 인과적 법칙에 따라 자연을 설명할 뿐, 그러한 물리화학적 법칙으로 환원되지 않는 목적을 따로 설정하지 않는다.

　나아가 근세의 기계론은 목적론적 설명에서와 같이 자연물 각각을 자연 전체 안에 차등적으로 계층적인 자기 자리를 갖는 것으로 이해하지 않는다. 목적론에서는 각각의 자연물이 자기가 처할 고유의 목적지를 갖고 있으며, 따라서 자연물의 운동은 그 자기 자리를 찾아가는 목적론적 운동으로 간주되었다. 물은 그 자리가 아래이므로 아래로 흐르고, 불은 위이므로 올라가며, 새는 하늘이므로 날고, 짐승은 땅 위이므로 땅 위에서 걷는다고 여긴 것이다. 이에 반해 근세의 기계론에 따르면 자연물들은 서로 다른 자기 목적지를 갖고 있지 않다. 자연물들은 질적으로 서로 다른 존재가 아니라 단지 양적으로만 서로 구분되는 존재일 뿐이다. 자연 전체를 규정하고 지배하는 획일적인 보편적 법칙이 존재하며, 모든 것은 그 물리화학적 기계적 법칙에 의해 규정되고 조절된다. 그 법칙 안에서는 어떤 것이 다른 어떤 것과 수단과 목적의 관계에 있지도 않다. 모든 것은 양으로 규정된 크기일 뿐, 질적으로 다른 위치나 목적을 갖고 있는 것이 아니기 때문이다. 물이 내려가는 것이나 돌멩이가 굴러가는 것, 하늘에 새들이 나는 것이나 땅 위에 동물이 뛰노는 것 또는 방 안에 먼지가 떠다니는 것이나 천체에서 별이 돌아가는 것 등이 모두 다 동일한 법칙인 만유인력 법칙의 지배를 받아 발생하는 현상일 뿐이다. 차이는 단지 무겁고 가벼운 질량의 차이, 즉 양의 차이일 뿐이다.

　그렇다면 고중세의 목적론과 근세의 기계론 중 어느 것이 자연의 운동이나 존재방식을 보다 더 적절하게 설명하는 것인가? 자연은 물리화학적 법칙, 기계적 인과필연성에 의해 지배받는 것인가, 질료적 차원을 넘어서는 목적론적 질서에 따른 합목적적 존재인가?
자연에 대한 바른 판단은 기계론인가, 목적론인가?

3. 칸트적 대답의 길

1) 기계론과 목적론의 조화: 구성적 원리와 반성적 원리

자연은 물리화학적 인과 필연성에 의해 지배받는 기계적 존재인
가, 아니면 목적론적으로만 설명 가능한 합목적적 존재인가? 칸트
는 이 물음을 다음과 같은 정립과 반정립의 이율배반으로 제시한다.

> 판단력의 첫째 격률인 정립: 물질적 사물들과 그 형식들의 모든 산
> 출은 단지 기계적인 법칙에 따라 가능한 것으로 판정되지 않으면 안
> 된다.

> 판단력의 둘째 격률인 반정립: 물질적 자연 중 일부의 산물들은 단지
> 기계적인 법칙에 따라 가능한 것으로 판정될 수 없다. 이러한 산물들의
> 판정은 전혀 다른 인과성의 법칙, 즉 목적인의 법칙을 필요로 한다.[5]

자연의 모든 산출은 단지 기계적 법칙만에 따라 가능한 것으로 판
정될 수 있다는 정립과 그렇지 않고 목적인의 법칙이 필요하다는 반
정립의 이 이율배반을 해결하기 위해 칸트는 판단력을 둘로 구분하

---

5) 《판단력비판》, 목적론적 판단력의 변증론: 제70절(251면).

며, 그 각각의 판단이 적용되는 차원이 서로 다르다는 것을 논한다.

> 물리적인 기계적 설명방식의 격률과 목적론적인 기술적 설명방식의
> 격률 사이에 이율배반이 성립하는 듯이 보이는 것은 다음과 같은 상
> 황에 기인한다. 즉 우리가 반성적 판단력의 원칙을 규정적 판단력의
> 원칙과 혼동하고 또 전자의 자율성(특수한 경험법칙에 관한 우리의 이성
> 사용에 대해 단지 주관적으로만 타당한 것)을 오성에 의해 주어진 법칙에
> 따르지 않으면 안 되는 후자의 타율성과 혼동하기 때문이다.[6]

  이는 곧 인간 인식능력에서의 규정적 판단력과 반성적 판단력을
구분하고, 자연현상의 설명에서 그 각각의 판단력을 통해 설명될
수 있는 영역이 서로 다르다는 것을 주장하는 것이다. 오성원칙에
입각한 규정적 판단력에 따라 기계론적으로 파악될 수 있는 자연은
시공간적 형식에 따라 연장적 양태로 주어지는 현상으로서의 자연
이다. 그런 자연은 인간의 사유형식과 직관형식에 따라 구성되는
현상이며, 그 현상은 오성의 인과필연성에 따라 기계론적으로 설명
된다. 기계론적 인과필연성은 현상을 설명하는 규정적 판단력의 원
리이다.
  반면 현상 너머의 자율적 주체로서의 인간이 자연에 대해서도 인
간 자신과 마찬가지로 그러한 현상초월적 기체, 초감성적 기체를
상정하며 자연을 그 기체의 발현으로 이해한다면, 그 초감성적 기
체에 대해서는 기계적 인과필연성의 설명이 적용될 수 없다. 그것

---

6) 《판단력비판》, 제71절(253면). 여기서 논의되는 규정적 판단력과 반성적 판단
   력의 구분은 앞의 5장 3절 1)에서 설명한 것이다.

204

은 우리의 인식형식에 따라 구성된 현상이 아니라 그 너머의 것이
기에 오성원칙에 따라 규정될 수 있는 것이 아니기 때문이다. 그러
므로 목적론이 적용될 수 있는 자연은 현상으로서의 자연이 아니
라, 현상의 초감성적 기체로서의 자연이다.

> 목적과 연관되는 충분한 근거는 현상으로서의 외적 대상에서는 찾아
> 질 수 없으며, 오히려 자연 가운데 있되 단지 자연의 초감성적 기체
> 일 뿐인 것에서 찾아져야 한다.[7]

그러나 자연의 이 초감성적 기체는 현상처럼 규정가능한 인식대
상이 아니므로 그에 대한 우리의 판단은 현상을 규정적으로 설명하
는 규정적 판단력의 작용일 수가 없다. 즉 현상 너머의 초감성적 기
체가 가지는 합목적성에 대한 판단은 규정적 판단력의 작용이 아니
고 반성적 판단력의 작용이다. 다시 말해 자연의 목적성은 자연을
유의미한 하나의 통일적 체계로 이해하기 위해 우리가 반성적으로
필요로 하는 원리이지, 우리의 반성과 상관없이 자연 자체를 구성
하는 객관적 원리가 아닌 것이다. 이처럼 칸트에 따르면 자연의 합
목적성은 자연을 그 자체로 규정하는 객관적 원리가 아니라, 우리
가 자연을 반성하기 위해 필요로 하는 주관적 원리이다. 이 점에서
칸트의 목적론은 고대의 객관주의적 목적론과 구분된다.

물론 자연을 오성적 사유대상으로서의 현상으로만 파악할 경우
자연은 그 이상의 목적의 상정이나 초감성적 기체와의 연관 없이
그 자체로서 체계적으로 이해될 수 있으므로, 목적론을 배제한 기

---

7) 《판단력비판》, 제77절(276면).

계론적 설명이 자연 전체를 설명하는 하나의 과학적 체계로서 존재
할 수 있다. 그러나 그 경우 우리는 자연을 이론적으로 **설명**하고 있
을 뿐이지 자연을 그 내적 근거에 따라 이해하고 있는 것이 아니라
는 것이 칸트의 생각이다.

> 인간은 단순한 기계적 원인만으로는 단 하나의 풀잎의 산출조차도
> 이해하기를 기대할 수 없다.[8]

 이와 같이 기계론만으로 설명될 수 없는 자연의 이해를 위해 목
적론이 요구된다. 이런 점에서 자연을 오성 원칙에 따라 필연적 인
과법칙의 현상으로 설명하는 기계론과 그 현상 배후의 생성적 힘을
자연의 본질로 이해하는 목적론이 한 자연에 대한 두 가지 관점으
로 가능하다. 다만 이 목적론을 현상으로서의 자연에 대한 규정적
판단력의 원리로 착각하여 목적론과 기계론을 동일차원에 놓고 대
립적인 관계로 이해하게 되면, 그 두 원리는 상호 이율배반적 관계
로 나타나는 것이다. 그러므로 중요한 것은 규정적 판단력과 반성
적 판단력을 서로 다른 차원에서 자연에 적용되는 두 원리로 구분
하는 것이다. 그렇게 구분하여 규정적 판단력의 원리(기계론)를 현
상으로서의 자연에 대한 객관적 원리로 이해하고, 반성적 판단력의
원리(목적론)를 현상의 초감성적 기체에 대한 반성원리인 주관적 원
리로 이해하면, 이율배반은 해결될 수 있다. 그렇다면 칸트적 목적
론이 말하고자 하는 자연의 목적, 자연의 합목적성은 과연 어떤 것
인가?

---

8) 《판단력비판》, 제77절(253면).

2) 내적 합목적성으로서의 자연목적: 유기체론

칸트는 합목적성을 크게 주관적 합목적성과 객관적 합목적성으로 구분한다. 대상의 형식이 그것을 인식하는 인식주관의 인식능력과 합치한다는 의미에서의 합목적성을 '주관적 합목적성'이라고 하고, 대상의 형식이 대상 그 자체의 가능성(목적)과 합치한다는 의미에서의 합목적성을 '객관적 합목적성'이라고 한다. 대상형식과 주관적 인식능력과의 합치인 주관적 합목적성은 주관에 쾌감을 불러일으키며, 이로부터 '미적 판단'이 가능해진다. 반면 자연이 합목적적인가 아닌가의 '목적론적 판단'은 객관적 합목적성의 영역에 속한다.[9] 객관적 합목적성에 있어 대상형식이 대상 그 자체의 가능성과 합치한다는 말은 곧 어떤 자연상태가 선행 원인의 결과로서 기계론적으로 귀결되는 것이 아니라, 오히려 원인의 근저에서 **목적인**으로서 작용한다는 것을 의미한다.

> 경험이 우리의 판단력을 인도하여 객관적 실질적 합목적성의 개념, 다시 말해 자연의 목적의 개념에 이르게 하는 것은 원인과 결과와의 관계가 다음과 같이 판정될 수 있는 경우뿐이다. 즉 우리가 결과의 관념을 그 원인의 인과성의 기초에 전제하고, 이 결과의 관념을 원인 그 자체의 근저에 있으면서 결과를 가능하게 하는 조건으로 볼 수 있는 그런 경우에만 원인과 결과와의 관계를 합목적적 관계로 이해할

---

9) 주관적 합목적성에 대해서는 앞 장의 미적 판단에서 이미 논하였다. 이와 구분하여 자연의 합목적성을 '객관적 합목적성'이라고 칭해도 그것이 고대나 중세의 객관주의적 목적론을 뜻하는 것은 아니다. 칸트에서 목적론은 어디까지나 주관적으로만 타당한 반성적 판단력의 원리이기 때문이다.

수 있다.[10]

기계적 인과관계에서는 인과관계가 선후의 관계로서 원인만이 작용력을 가지는 데 반해, 합목적적 관계에서는 결과적으로 나타나는 현상이 바로 그런 현상을 가능하게 한 원인, 즉 목적인으로서 작용하는 것이다. 이처럼 자연을 합목적적인 것으로 여길 때에는 자연을 단순한 물리화학적 메카니즘의 산물로만 간주하는 것이 아니라, 마치 우리가 어떤 목적을 갖고 기술적으로 어떤 물건을 만들어내는 경우처럼 자연을 특정 목적을 위한 결과물로 간주하는 것이다. 즉 자연을 기술의 산물처럼 간주하는 것이다. 이 경우 자연은 기술의 산물과 마찬가지로 특정한 목적을 가지는 합목적성, 즉 객관적 합목적성으로 간주된다. 그런데 칸트는 이러한 객관적 합목적성을 다시 두 가지 종류로 구분한다.

> 이런 일〔객관적 합목적성〕은 두 가지 방식으로 일어날 수 있으니, 결과를 직접 기술의 산물로 간주함으로써 일어나거나 또는 결과를 단지 다른 가능적 자연존재자의 기술을 위한 재료로 간주함으로써이다. 즉 결과를 목적으로 간주하는 경우 또는 다른 원인의 합목적적 사용을 위한 수단으로 간주하는 경우이다. 후자의 합목적성은 유용성 또는 유익성의 합목적성인데, 이는 단지 상대적 합목적성일 뿐이다. 반면 전자의 합목적성은 자연존재자의 내적 합목적성이라고 한다.[11]

---

10) 《판단력비판》, 목적론적 판단력의 분석론: 제63절(228면).
11) 《판단력비판》, 제63절(228~229면).

자연의 객관적 합목적성을 둘로 구분할 수 있는 것은 기술의 경우에도 그 산물이 그 자체로 목적인 경우가 있고, 그 산물이 다른 목적을 위한 수단인 경우가 있는 것과 마찬가지이다. 자연물에 있어 그 목적이 그 자연물 자체 안에 있는 경우를 '내적 합목적성'이라고 하고, 그 자연물의 목적이 다른 자연물 안에 있는 경우를 '외적 합목적성'이라고 한다.

그 중 후자인 외적 합목적성은 다시 둘로 구분된다. 자연이 인간의 목적에 합당한 것은 '유용성의 합목적성'이고, 자연의 일부가 자연의 다른 부분에 합당한 것은 '유익성의 합목적성'에 해당한다. 예를 들어 강물이 모래를 실어 날라 물가를 인간이 쓸 수 있는 비옥한 옥토로 변화시키는 현상은 유용성의 합목적성을 보여주며, 비가 내려 풀이 자라기 좋고 풀이 자라 소가 자라기 좋은 현상은 유익성의 합목적성을 보여준다. 그런데 칸트는 이러한 외적 합목적성은 단지 상대적 합목적성일 뿐이며, 진정한 의미의 자연의 합목적성은 아니라고 본다.

> 상대적 합목적성은 비록 가설적으로 자연목적을 제시하기는 하지만, 그래도 절대적인 목적론적 판단의 근거가 되지는 못한다.[12]

칸트에 따르면 진정한 의미의 자연의 합목적성은 자연물을 다른 자연물을 위한 수단으로 간주하는 외적 합목적성이 아니라, 자연물 그 자체를 목적으로 간주하는 내적 합목적성이다. 이러한 내적 합목적성을 칸트는 '자연목적'(Naturzweck)이라고 부른다. 그런데 자

---

12) 《판단력비판》, 제63절(231면).

연물을 내적 합목적성의 자연목적으로 간주할 수 있기 위해서는 자연물을 기술의 산물, 즉 기술의 결과물로 보는 것에서 더 나아가 자연물을 그 자신의 원인으로도 간주할 수 있어야 한다. 즉 자연물 자체가 원인이며 동시에 결과로 간주될 수 있어야 한다.

> 자연산물로서 인식되는 어떤 것을 목적으로, 따라서 자연목적으로 판정하기 위해서는 그 이상의 것〔기술의 산물로 간주되는 것 이상의 것〕이 요구된다. 즉 하나의 사물이 스스로 원인이자 결과일 경우에 그 사물은 자연목적으로 현존한다.[13]

　자연을 특정 목적에 따른 기술의 결과물로만 간주한다면, 이는 자연을 기술산물과 마찬가지 차원의 것으로 보는 것이다. 반면 자연물에 대해 그런 결과를 낳은 원인이 그 결과물로서의 자연 자체에 내재되어 있는 것으로 간주한다면, 그 때 자연은 스스로 원인이며 결과인 것으로 여겨지는 것이다. 이렇게 이해된 자연이 바로 자연목적이다. 자연목적으로서의 자연은 기술의 산물 또는 예술 작품과 달리 그 자체 원인이고 결과인 존재이다. 이 경우 자연은 그 목적이 다른 존재자를 통해 부과된다거나, 목적으로서의 원인이 자신 밖에 있는 것이 아니라, 그 자신이 자기 원인이며 동시에 그 원인의 결과이다. 이상 칸트가 《판단력비판》에서 구분하는 합목적성은 다음과 같은 방식으로 정리될 수 있다.

---

13)《판단력비판》, 제64절(233면).

```
┌ 주관적 합목적성: 무목적의 합목적성 (미적 판단)
└ 객관적 합목적성: 유목적의 합목적성 (목적론적 판단)
              ┌ 외적 합목적성: 상대적 합목적성
              │           ┌ 유용성의 합목적성
              │           └ 유익성의 합목적성
              └ 내적 합목적성: 절대적 합목적성 = 자연목적
```

내적 합목적성으로서의 자연은 자연목적으로 간주된 자연이다. 여기서는 자연 자체가 스스로의 자기원인이며 또 동시에 그 원인의 결과로서 존재한다. 이러한 자연목적의 존재는 곧 유기체이다.

자연목적으로서의 사물들은 유기적 존재이다.[14]

따라서 칸트는 자연목적을 설명하기 위해 한 그루의 나무를 들어 그 유기체로서의 특징을 제시한다.

첫째로 … 한 그루의 나무는 유(類)로 보면 자기 자신을 산출한다. 그 유(類) 안에서 그 나무는 한편으로는 결과로서 다른 한편으로는 원인으로서, 자신으로부터 산출되며 동시에 자신을 산출하면서 유(類)로서 부단히 존속한다. 둘째로 한 그루의 나무는 또한 개체로서도 자신을 산출한다. 이런 종류의 결과를 우리는 성장이라고 부른다. 이 성장은 기계적 법칙에 따르는 양적 증대와는 완전히 구별되는 창조적 형성력이다. 이것은 나무가 자연 그대로의 질료를 분해해서 그것을 새로 합성함으로써 자신을 성장시키는 것이다. … 셋째로 나무의 한

---

14) 《판단력비판》, 제65절(235면).

부분의 유지는 다른 부분의 유지에 상호 의존한다는 의미에서 나무의 한 부분은 또한 자기 자신을 산출한다.[15]

유기체의 특징은 유적 산출로서의 생식, 자체 생산으로서의 성장 그리고 자기 부분의 산출로서의 자기 보존이라는 세 가지로 정리된다. 이와 같이 자연에는 자기 형성과 자기 보존 그리고 자기 산출의 힘을 지닌 유기체로서의 자연목적이 존재한다. 이러한 유기체의 목적론적 설명은 오성의 인과론적 자연필연성의 기계론과는 구분되는 반성적 판단력의 설명이다.

3) 자연의 목적과 문화

자연물 각각을 그 자체 유기체인 자연목적으로 이해하면, 그것은 그 자체가 자기 원인이고 목적이므로 더 이상의 목적을 물을 수 없게 된다. 그런데도 우리는 다시 그런 유기체로서의 자연이 '왜, 무엇을 위해 존재하는가?'라는 마지막 물음을 묻지 않을 수 없다. 물론 이 물음은 자연을 '자연목적'으로서 내적 합목적성에 따라 이해하는 것이 아니라, 다시금 외적 합목적성의 관점에서 '자연의 목적'을 묻는 물음이다. 외적 합목적성에 따라 자연의 목적을 묻는 물음은 결국 자연의 궁극 목적에 대한 물음으로 나아가게 된다.

하나의 사물을 그의 내적 형식 때문에 **자연목적**으로 판정하는 것은 이 사물의 현존을 자연의 목적이라고 간주하는 것과는 전연 별개의

---

15) 《판단력비판》, 제64절(233~234면).

일이다. 후자의 주장을 하기 위해서는 우리는 가능적 목적의 개념을 필요로 할 뿐만 아니라 자연의 궁극목적의 인식을 필요로 하며, 그러기 위해 모든 목적론적 자연인식을 훨씬 넘어서는 어떤 초감성적인 것에 자연을 관련시킬 필요가 있다.[16]

자연목적으로서의 유기체는 왜, 무엇을 위해 존재하는 것인가? 지상 위의 유기물, 식물, 초식동물 그리고 육식동물, 이들은 모두 다 무엇을 위해 존재하는 것인가? 자연 피조물의 최종목적은 과연 무엇인가? 이에 대해 칸트는 다음과 같이 말한다.

> 그것〔자연계〕은 인간을 위해서이며, 인간의 다양한 용도를 위해서이다. 인간의 오성은 이러한 모든 생물들을 다양하게 사용할 것을 인간에게 가르쳐주는 것이다. 그리고 인간은 이 지구상의 창조의 최종 목적이다. 왜냐하면 인간은 목적을 이해할 수 있고, 합목적적으로 형성된 사물들의 집합을 자기의 이성에 의해 목적의 체계로 만들 수 있는 지상 유일의 존재이기 때문이다.[17]

칸트에 따르면 자연 전체의 수단—목적 계열의 목적론적 연관관계에서 그 최종목적은 인간이다. 그러나 이때의 인간은 자연 본성에 따라 행복을 추구하는 자연성의 인간이 아니라, 자연적인 것을 도덕적인 것으로 고양해나가는 도덕성의 인간이다.

---

16) 《판단력비판》, 제67절(241면).
17) 《판단력비판》, 제82절(295면).

도덕적 존재자로서의 인간에 관해서는 '무엇을 위하여 그는 현존하는가?'라고 더 물을 수가 없다. 인간의 현존재는 최고의 목적 그 자체를 자신 속에 가지고 있어서, 인간은 가능한 한 최고의 목적에 전 자연을 예속시킬 수 있으며, 적어도 그 최고의 목적에 반하는 자연의 어떠한 영향에도 복종해서는 안 되는 것이다. 세계의 사물들이 그 현존으로 보아 의존적 존재자이어서, 목적에 따라 활동하는 어떤 지고한 원인을 필요로 한다면, 인간이야말로 창조의 궁극 목적이다. 왜냐하면 인간이 없으면 상호 종속적인 목적들의 연쇄가 완결되지 못할 것이기 때문이다. 인간에게만, 그리고 **도덕성의 주체로서의 인간에게만** 목적에 관한 무조건적인 입법이 성립하며, 따라서 이 무조건적 입법만이 인간으로 하여금 전 자연이 목적론적으로 종속하는 궁극목적일 수 있게 하는 것이다.[18]

자연의 목적 계열의 궁극목적은 결국 인간이며 그것도 도덕적 주체로서의 인간이다. 그렇다면 인간의 도덕성 그리고 그 도덕적 삶의 목적은 결국 무엇이란 말인가? 칸트는 그것을 인간의 정신이 형성해가는 문화라고 말한다.

문화만이 인류에 관한 한 자연에 귀속시켜야 할 이유가 있는 최종목적일 수 있다.[19]

자연은 인간의 도덕적 삶을 위해, 그리고 그것은 다시 문화의 형

---

18) 《판단력비판》, 제84절(305면).
19) 《판단력비판》, 제83절(300면).

성을 위해 존재한다. 자연은 궁극목적인 도덕과의 연관 하에서, 즉 도덕의 완성을 위해 존재하며, 도덕은 인간이 자기 자신을 자연적 본성으로부터 고양하여 보편적 가치의 문화를 창달해나가는 데 기여하는 것이다. 칸트에 따르면 그것이 바로 자연과 인류의 궁극목적이다. 이 문화를 통해 인간의 자연성 또는 경향성이 도덕성으로 고양됨으로써 결국 인간의 도덕성과 경향성, 덕과 복이 합치하는 사회가 가능해진다. 그러한 세계 안에서만 덕과 복의 일치, 즉 최고선이 실현가능해지는 것이다. 결국 자연의 궁극목적, 문화의 궁극지향점은 덕복일치의 최고선의 단계라고도 볼 수 있다. 그러나 이러한 자연의 목적, 그리고 도덕의 목적에 대한 목적론적 판단은 자연 전체 그리고 인류의 문화를 전체로서 조망하는 반성적 판단력의 원리일 뿐이지, 자연 자체로부터 경험적으로 증명될 수 있는 현상 구성적 원리가 아니다.[20]

---

20) 이처럼 자연의 궁극목적으로 신을 설정하지 않고 도덕적 주체로서의 인간과 그 인간의 문화를 설정한다는 것이 칸트의 목적론이 고대나 중세의 목적론과 구분되는 또 다른 특징 중의 하나이다. 이는 결국 칸트가 중세 스콜라철학에서의 '목적론적인 신존재 증명'을 부정하며, 신존재는 오직 인간의 도덕성과 그 도덕성이 지향하는 최고선의 실현가능조건으로서 요청될 수 있을 뿐이라고 본 점과 상통하는 논점이다.

7장 도덕과 법
개인의 도덕성과 사회의 법은 어떤 관계인가?

1. 문제제기

1) 도덕과 법은 어떤 관계인가?

도덕은 개인의 선한 심성에 기반하며 그 심성이 발현된 내재적 덕목이라는 점에서 인간 상호 간의 원활한 관계 유지를 위한 외적 행동규제방식으로서의 예의범절이나 법과는 구분된다. 어떤 행위가 그 사회에서 통용되고 있는 예절이나 법에 들어맞는 행위라면 그것은 예의바른 행위 또는 합법적 행위이기는 하지만, 그렇다고 그것이 반드시 도덕적 행위가 되는 것은 아니다. 왜냐하면 만일 그 행위가 내적인 계산, 즉 예절이나 법에 맞게 행동함으로써 남들의 지탄이나 처벌을 받지 않고 자신이 원하는 바를 이루리라는 자기 이익의 계산에 입각한 것이라면, 그것은 영리함과 신중함에 기인한 행위이지 도덕성에 기인한 것은 아니기 때문이다. 나아가 자선이나 장학금 기부처럼 공공의 이익에 기여하는 바가 있다고 할지라도 그 것이 곧 그 행위에 도덕성을 부여하는 것은 아니다. 만일 그것이 자 기 명성을 위한 것 또는 다음 선거를 위한 것 등 반대급부를 기대하 며 행해진 것이라면, 그것 역시 자기 이익 증대를 위한 계산된 행위 에 지나지 않기 때문이다.

이처럼 **도덕성**이란 행위자의 내면성에 입각한 고유한 덕목으로 서 내적 의지의 차원에서 판단되어야지 외적으로 드러난 행위 자체 또는 그 행위의 결과에 따라 판단될 수 있는 것이 아니다.[1] 이에 반 해 법은 암묵적이고 관습적인 예의범절뿐 아니라 예의와 상관 없이 공적 사회유지를 위해 요구되는 일정한 사항들을 외적 행동규범으 로 정하여 명시적으로 성문화해놓은 것이다. 따라서 한 행위가 외 적 행동규범에 맞는가 아닌가의 물음은 **적법성**의 물음이 된다.

그런데 도덕성의 물음은 적법성의 물음과 서로 구분될 뿐만 아니 라 때로는 서로 상충하기도 한다. 예를 들어 선의의 행위가 과실치 사가 되는 경우처럼 도덕적 행위이되 불법적 행위가 되는 경우도 있고, 반대로 우정을 믿고 자기 잘못을 고백한 친구를 밀고하는 경 우처럼 적법적이되 비도덕적 행위가 되는 경우도 있다.

이러한 상충은 도덕과 법 그 각각의 기준이 인간의 내면적 자율성

---

1) 물론 도덕성을 행위주체의 내면성에서 구하지 않고, 행위 자체나 행위 결과에 서 구하는 도덕이론도 있다. 행위나 규칙 직관주의 또는 공리주의적 관점이 그 것이다. 그러나 칸트에 따르면 한 행위가 도덕적인가 아닌가의 문제는 외적으 로 수행되는 행위 자체나 그 행위가 이끌어 올 결과에 의해서가 아니라 오로지 그 행위를 선택하는 순간의 의지의 순수성에 의해 판단되어야 하는 것이다. 따 라서 이와 같은 칸트식의 도덕성은 적법성과 쉽게 구별된다.

과 외적인 타율성에 놓여 있기 때문이다. 도덕성은 스스로 판단하고 결정내릴 수 있는 자율적 능력을 전제하며 바로 이 점에서 도덕적 책임을 논할 수 있게 된다. 반면 법이란 우선적으로 내면적 자유나 자율성과는 상관 없는 외적 강제의 의미를 지닌다. 내가 개인적 주관적으로 옳은 것이라고 생각하는가 아닌가와 상관없이 법은 이미 객관적으로 규정되어 있는 것이며, 적법성이란 바로 그와 같은 법의 항목을 따르는가 아닌가만을 물을 뿐이다. 도덕성이 개인의 주관적인 내면성에 관계하는 데 반해, 적법성은 외적이며 공적인 국가 제도의 문제인 것이다. 따라서 도덕과 법은 서로 무관하거나 또는 서로 대립되는 것으로 여겨질 수도 있다.

그러나 도덕과 법의 관계가 이와 같이 자율과 타율, 자유와 강제, 내면과 외면, 개인과 사회라는 대립관계만으로 그치는 것일 수는 없다. 우리는 개인적으로는 자기 자신에게 충실하기 위해 도덕성이나 자율성에 우선권을 부여하겠지만, 그러나 인간의 삶이 하나의 공동체 안의 사회적 삶이라는 점을 고려하면 공동체의 규율인 법에의 복종 또한 소홀히 할 수 없기 때문이다. 개인으로서뿐 아니라 사회인으로서 살아가는 한, 인격의 통일적 삶을 위해서도 도덕과 법은 단지 대립과 갈등적 관계에 그치는 것이 아니라 서로 조화되고 합치되는 지점이 발견되어야 하는 것이다. 일방적으로 개인적 자율성과 자유만 강조하고 객관적 법의 권위를 부정한다면 공동체 내의 무정부주의를 면치 못할 것이며, 그렇다고 자율성이나 도덕성의 의미를 간과한 채 법의 권위와 적법성의 의미만 강조하다 보면 그런 사회는 개인의 내적 양심이나 자율성 대신 외적 권위와 타율성이 지배하는 권위주의적 전체주의로 빠지고 말 것이다.

그러므로 문제는 개인의 내면적 도덕성과 공동체의 질서인 법은 서로 어떤 관계에 있는가 하는 것이다. 내적인 도덕성과 외적인 적법성, 도덕과 법은 어떤 근거에서 그리고 어떤 방식으로 서로 조화될 수 있는가?

2) 개인과 사회는 어떤 관계인가?

도덕과 법, 내적 도덕성과 외적 적법성이 서로 어떤 관계에 있는가 하는 물음은 곧 인간에게 있어 도덕적 자율성의 기반이 되는 개체성과 법의 적법성이 문제가 되는 사회성이 서로 어떤 관계에 있는가 하는 물음이기도 하다. 도덕의 기반이 되는 개인과 법이 부과되는 사회는 서로 어떤 관계에 있는가? 사회를 배제하고 도덕을 논한다든가, 개인의 자율성을 배제하고 법을 논하는 것이 과연 가능한가? 인간은 본질적으로 개체적 존재인가 사회적 존재인가? 개인과 사회, 개체성과 사회성은 서로 어떤 관계에 있는가?

'인간은 사회적 동물이다', '인간이란 말 그대로 사람[人] 사이[間]를 뜻한다.' 이러한 주장은 인간 본성을 사회성으로 파악하며, 인간의 인간다움은 고립된 개체로서가 아니라 오직 인간들 간의 관계 안에서, 즉 사회 안에서만 실현 가능하다는 것을 강조하는 말이다. 그러나 우리는 또한 '인간은 어차피 혼자다'라는 인간 개체성의 주장에도 익숙하다. 인간 안에는 다른 사람들과의 관계에서의 지위나 역할로 다 해소될 수 없는 각자성 또는 고유성이 개체적 본질로 존재한다고 보는 것이다. 개체성과 사회성 중 인간의 본래적 속성은 과연 어느 것인가? 인간 본성은 그 근본에 있어 개체성으로 표현되는가 아니면 사회성으로 표현되는가?

이는 오늘날까지도 계속되는 개인주의와 공동체주의의 논쟁의 핵심물음이기도 하다. 인간의 본성은 철저히 개인적인 것이며, 사회는 단지 그러한 개인들이 어울려 살기 위해 형성한 우연적인 외적 집단에 지나지 않는 것인가? 아니면 인간은 본래 사회정치적인 삶을 통해서만 비로소 자기 자신을 실현할 수 있는 공동체적 존재인가?

2. 칸트 이전 대답의 유형들

아리스토텔레스는 "인간은 사회적 동물이다"라고 말한다. 인간을 사회적 존재로 규정하는 것은 인간이 그 본성상 단지 생존을 위해서뿐 아니라 자기 자신의 인격의 완성을 위해서도 일정한 공동체를 필요로 한다고 보는 것이다. 개별적 자아의 자기완성이 공동체적 삶 속에서 비로소 가능하다고 보는 것이다. 그리스의 폴리스는 바로 이처럼 개인이 자기 자신을 완성시키는 공동체적 장으로 이해되었다. 가정은 사적 영역으로서 생리적 필요를 충족시키는 곳인 데 반해, 폴리스는 공적 영역으로서 인간의 사회정치적 본질을 실현시키는 곳이다. 폴리스의 정치에 참여함으로써 인간은 바로 자기 자신을 실현하고 완성시켜 나간다. 그런데 폴리스의 정치에 참여하는 그리스 시민들에게는 가족과 국가, 사적 영역과 공적 영역, 인간의 개체성과 사회성은 서로 갈등과 대립이 아닌 조화의 관계로 이해되었다. 사적 영역의 원리는 신적 법칙의 자연인 피시스이고, 공적 영역의 원리는 인간적 법칙의 법인 노모스인데, 그리스에서는 이 피시스와 노모스가 균형 잡힌 조화의 관계로 간주된 것이다.

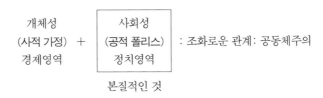

그러나 이미 고대 소피스트들에서부터 그리고 보다 본격적으로는 로마법의 시대에 이르러 자연과 법, 인간의 개체적 욕망의 자연성과 사회적인 인위적 법칙의 노모스는 더 이상 균형 잡힌 조화가 아니라 오히려 갈등과 대립으로 간주된다.[2] 개체적 욕망과 보편적 질서, 자연과 법, 감성과 이성이 서로 대립하고 충돌하는 이원적 요소로 파악된 것이다.

중세에 국교로 채택된 기독교에도 이러한 이원적 갈등은 그대로 잔존한다. 즉 신의 보편적 율법을 따르고자 하는 정신과 그것으로부터 벗어나려 하는 인간의 자연적인 사적 욕망은 빛과 어두움, 하늘과 땅처럼 서로 화합할 수 없는 대립으로 간주된다. 신의 율법에 따라 선과 악이 구분되며, 인간 개체적 자연성과 욕망은 악으로 여겨진다.

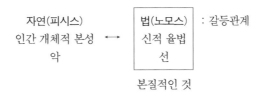

---

2) 이 대립을 극명한 형태로 볼 수 있는 것이 소포클레스의 비극 《안티고네》이다. 여기서 남자 크레온은 인간의 법인 노모스의 대표자이며, 여자 안티고네는 신과 자연의 법인 피시스의 대변자이다.

근세의 르네상스는 중세의 세계관과 가치관의 부정을 위해 그리스 정신으로의 복귀를 주장한다. 그러나 근세의 모토는 개체성과 사회성의 조화, 공동체적 인간 본질의 회복이 아니라, 중세에 악으로 규정되었던 인간의 개체적 자연성과 개체적 욕망의 긍정일 뿐이다. 노모스를 신의 율법으로 받아들였던 중세 신학의 권위를 벗어나면, 피시스와 대립되는 노모스는 더 이상 의미가 없게 되며, 법은 오로지 자연성에 기반해야 한다는 **자연법사상**이 등장하게 된다. 법은 인간의 본성인 피시스에 기반하여 얻어지는 것이며, 이때 인간의 본성은 철저하게 개체성으로, 신체와 결부된 이기적 욕망으로 간주된다.

자연(피시스) 개체적 본성 이기적 욕망	→	법(노모스) 추상적 법	: 근세 자연법사상: 개인주의

본질적인 것

인간의 본성을 철저하게 개체적인 것으로 파악한 근세 개인주의적 사고의 전형은 홉스에게서 찾아볼 수 있다. 홉스에 따르면 인간은 자연의 일부이다. 자연사물이 각각 개별적 실체로 존재하듯, 인간 역시 개체적 존재이며 인간의 본성은 자연의 본성을 벗어나지 않는다. 자연 만물이 자기 상태를 유지하는 관성의 법칙을 따르듯, 인간 또한 개체로서의 자기 자신을 보호 유지하고자 하는 자기 보존의 원리를 따라 행동한다. 자기 자신을 보존하기 위한 힘의 추구, 그리고 미래의 자신의 안정을 확보하기 위해 끊임없이 현재보다 더 큰 힘을 추구하는 것이 인간의 본성이다. 인간은 각자 자기 이익에만 충실한 존재이고 자기 힘의 확장에만 전념하는 존재인데, 그런 힘의 확장은 권력 관계 속에 등장하는 타인의 힘을 무력화시킴으로써만 비로소 얻어질 수 있으므로, 결국 자연 상태에서 인간과 인간과의 관계는 끊임없는 힘의 대립과 갈등 그리고 투쟁의 관계가 된다.

그렇다면 그런 개인적 인간이 왜 국가라는 집단을 형성하게 되었는가? 이는 개인 간의 끊임없는 투쟁 속에서 인간이 살아남기 위해 그리고 죽음의 공포를 벗어나기 위해 서로 죽이지 말고 서로 해치지 말자고 계약을 체결한 결과이다. 사적인 투쟁을 종식시키자는 그러한 계약이 지켜지도록 하기 위해서는 무한히 큰 거대한 힘의 괴물 같은 리바이어던적 국가가 요구된다. 거대한 힘의 리바이어던이 개인의 힘을 월등히 넘어서서 모든 개인을 굴복시킬 수 있는 강제력을 소유할 경우에만 개인이 그 힘에 굴복하게 되고 따라서 개인 간의 투쟁이 종식되기 때문이다. 결국 국가란 인간의 자기완성을 위한 인격 실현의 장이 아니라, 단지 자신의 개인적 삶을 안전하게 유지시키기 위한 수단에 지나지 않는 것이다. 인간은 자연 상태에서든 국가 안에서든 본질적인 개체성과 이기성을 벗어날 수가 없다.

이에 반해 루소는 홉스가 인간 본성으로 간주하는 경쟁적 이기심은 실제로 자연적이고 천부적인 것이 아니라고 주장한다. 루소에 따르면 인간이 본래 타고나는 자연적 본성은 타인과의 경쟁적 적대 관계의 바탕이 되는 이기심이 아니라, 타인과의 비교나 경쟁 없이 자기 자신의 욕구에 충실한 자기애이다. 자기애는 남과 자신을 비교하고 경쟁하며 투쟁하기에 앞서 자신의 자연적이고 내면적인 욕구에 따라 행동하며 그것이 충족되면 자기만족을 할 줄 아는 인간의 기본 정서이다. 루소에 따르면 인간은 본성적으로 타인의 만족이나 고통에 함께 기뻐하고 아파할 줄 아는 공감과 동정의 마음인 보편의지를 가진다. 이러한 인간의 천부적 본성이 사회화 과정을 거치면서 비로소 서로 비교하고 경쟁하는 적대적 이기심으로 바뀌어 간다. 따라서 그는 "신의 손에서 나온 것은 모두 선하나, 모든 것이 인간의 손안에서 변질된다"라고 말한다. 인간은 자연인으로서는 선하고 평등한데, 사회인으로 살면서부터 비교와 경쟁을 시작하게 되고, 서로 간에 적대적인 투쟁관계를 형성하면서 소유에 있어 불평등한 관계로 나아가게 되는 것이다. 그러므로 루소가 기대하는 것은 문명화된 사회로부터 인간 본성이 살아있는 원초적인 자연으로 되돌아가는 것이다. 그래서 "자연으로 돌아가라!"는 구호를 외친다.

이렇게 보면 자연상태와 문명상태에 대해 홉스와 루소가 생각하는 것은 서로 상반된다. 홉스에 따르면 자연상태가 사적 이기심의 투쟁상태이고 인위적 사회가 평화상태라면, 루소에 따르면 자연상태에서는 보편의지의 평등관계가 유지되다가 사회가 문명화될수록 이기적 경쟁과 투쟁상태가 된다.

	자연상태		문명사회상태
홉스:	투쟁(사적 이기심)	⟷	투쟁의 종식을 지향
루소:	평화(보편 의지)	⟷	투쟁(이기적 경쟁)

이는 결국 자연상태의 인간 본성에 대한 이해가 서로 다르기 때문이다. 자연적 인간 본성을 달리 이해하므로, 자연상태와 사회상태의 관계에 대한 이해도 서로 다르게 되는 것이다. 이는 다음과 같이 정리될 수 있다.

	홉스	← →	루소
자연상태의 인간본성	이기심 = 사적 욕망		자기애 = 공적 보편의지

　　그렇다면 인간의 본성은 과연 어떤 것인가? 사적인 이기심인가, 아니면 공적 보편의지인가? 개체적 인간들은 어떻게 해서 사회나 국가라는 공동체를 형성하게 되었는가? 그 공동체 내에서의 법과 개체적 인간 내면의 도덕은 서로 어떤 관계에 있는가?

3. 칸트적 대답의 길

1) 인간성: 비사회적 사회성

　　(1) 인간의 이원성: 경험적 자아와 초월적 자아

　　칸트가 순수 이론이성과 순수 실천이성의 비판적 분석을 통해 밝히고자 한 것은 인간 그리고 그 인간이 관계하는 세계는 이원적 구조를 가진다는 것이다. 우리 감관에 주어지고 우리가 경험적으로 대상화하여 인식하는 세계는 시공간적인 사물들의 현상세계인 데 반해, 그런 현상세계를 인식하고 변화시키는 인간 주체 자체는 현상계를 넘어선 무제약적 존재라는 것이다. 현상세계에 속하는 것들은 시공간적 질서에 따라 인과필연성에 의해 지배받는 것들인 데 반해, 인간 주체는 인과필연성을 넘어서서 스스로 선택하고 결단할 수 있는 자유의 존재이다.

　　그런데 이 이원성은 인간 자신에서 발견되는 이원성이다. 즉 인간은 현상계를 넘어선 존재이면서 동시에 현상계에 속한 존재이다. 인간은 감성적 현상세계의 일원으로서는 인과필연성에 의해 지배받으며, 초감성적 세계의 일원으로서는 그로부터 독립적인 자유의 존재이다. 이러한 인간의 양면성을 칸트는 '감성적 자아'와 '초감성적 자아' 또는 '경험적 자아'와 '초월적 자아'로 대비시킨다.

현상세계 속에서 인과필연성에 의해 규정되는 자아는 '경험적 자아'이다.[3] 이는 시공간 형식에 따라 주어지는 수적 자기동일성을 유지하는 개체적 자아이다. 따라서 나와 너, 나와 세계의 분별을 형성하며 개체적 경계 속에 존재하는 자아이다. 이에 반해 현상세계 너머의 초월적 자아는 개체적 분별성을 넘어선 보편적 자아이다. 그러면서도 개체적 자아의 심성 안에 살아있는 개체적 영혼의 핵인 것이다.

칸트 철학에서 이와 같은 자아의 양면성은 결국 홉스가 말하는 사적 이기심의 자아와 루소가 주장하는 공적 보편의지 둘 다를 자아의 본성으로 수용하는 기본틀이 된다. 인간은 일상의 차원에서는 너와 나의 분별 속에서 서로 비교하고 경쟁하며 투쟁관계를 유지하는데, 이것이 경험적 자아이다. 그러나 인간은 그러면서도 자기 자신을 일상적 자타분별을 넘어선 포괄적 존재, 현상의 인과필연성을 넘어선 자유의 존재, 그리고 그 점에서 평등하고 존엄한 존재로 자각하는데, 이것이 초월적 자아이다. 결국 경험적 자아는 홉스가 강

---

3) '경험적 자아'라고 해서 경험적으로 비로소 형성된 이차적 존재, 경험과 문화의 산물이라는 뜻은 아니다. 칸트에서는 인간의 신체적 욕망과 결부된 자연적 경향성이 경험적 자아를 구성하는 주요 요인이다. 다만 경험적인 현상세계에 속하며 그 현상세계의 질서를 따른다는 점에서 '경험적 자아'라고 칭하는 것일 뿐이다.

조하는 현상적인 사적 이기심의 자아이며, 초월적 자아는 루소가 통찰한 공적인 보편의지라고 볼 수 있다.

경험적 자아는 현상계의 일원으로서 현상세계의 인과필연성에 의해 지배받고 행복의 원리에 따라 자기 이익을 계산하는 사적 자아라면, 초월적 자아는 초감성적인 무제약적 정신계의 일원으로서 사적 이익추구로부터 자유롭게 도덕성의 원리에 따라 판단할 수 있는 보편적 자아이다.

칸트에서 도덕은 바로 이와 같은 자아의 이원성, 정확히 말하자면 초월적 자아의 경험적 현상세계로부터의 독립성, 자율성, 자유에 기반한 것이다. 초월적 자아의 자유와 내면적 의지의 선함 또는 선의지의 자율적 판단에 도덕의 기본원리가 근거한다.[4] 그렇다면

---

4) 이 초월적 자아의 자유가 곧 현상적 규정성이나 경험적 경향성을 넘어서서 보편적 관점에서 사유하고 결단하는 의지의 자율성이 된다. 보편적 관점에서 사유한다는 것은 자신의 행위준칙이 보편적 법칙이 될 수 있게끔 그런 보편화가능한 규칙에 따라 사유한다는 것을 뜻한다. 그와 같은 초월적 자아의 자율성에 입각한 도덕의 제1원칙은 곧 "너의 의지의 준칙이 언제나 동시에 일반적 법칙 부여의 원리가 될 수 있도록 행위하라"이다. 자신을 초월적 자아로 자각하는 것은 곧 개체적 차별성을 넘어선 보편적 인간성에 눈뜬다는 것이며, 따라서 나 아닌 타자 역시 초월적 자아임을 자각한다는 말이다. 따라서 타인을 대할 때도 그를 인

도덕과 구분되는 사회적 차원의 법은 무엇에 근거하는가? 사회화 과정에서 인간의 양면성은 어떤 역할을 하는가?

(2) 사회적 관계형성에서의 반사회성

칸트에 있어서 "절대적으로 선한 것으로 간주될 수 있는 것은 오직 선의지뿐이다."[5] 보편적 입법의 형식으로 나타나는 정언명령을 따라 순수한 도덕적 의무로부터 행위하고자 하는 의지는 자신의 사적 행복의 추구나 계산을 배제하는 동기의 순수성 때문에 그 자체로 선한 것이다. 이는 인간이 자신을 자연적 경향성이나 신체적 욕망으로부터 독립적인 초월적 자유로 자각함으로써 비로소 가능한 것이다. 따라서 인간 각자가 초월적 오성계의 일원인 인격으로서 파악되는 한, 그 각자는 자신의 자유에 근거하여 내면적인 도덕성에 머무를 수가 있다. 그러나 인간의 의지가 그렇게 그 자체로 선한 것이라면, 현상적인 악은 어디에서부터 발생하는 것인가?

> 이것〔악의 위험〕은 인간이 홀로 존재할 때 그 자신의 본성에서 생겨나기보다는 그가 타인과의 관계나 결합 속에 있을 때 비로소 생겨나게 된다.[6]

악은 인간이 다른 인간과의 상호 작용의 관계에 들어서게 되는

과필연성에 의해 규정된 현상적 존재로 간주하지 않고 현상초월적 존재, 즉 자유로운 인격으로 대하는 것이다. 그러므로 도덕의 또 다른 원칙은 "타인을 언제나 목적으로 대하지 단지 수단으로만 대하지 말라"는 것이다.
5) 《도덕형이상학 원론》, 제1장(IV, 393면).
6) 《이성의 한계 내에서의 종교》, 제3장(VI, 93면).

현상세계 안에서 비로소 발생하게 된다는 말이다. 그렇다면 인간 본성에 있지 않던 악이 어떻게 타인과의 관계 속에서 발생하게 되는 것인가?

이는 초감성계에서는 인간의 초월적 자유가 무제한적으로 향유될 수 있지만, 정작 그 자유가 실현되어야 할 외적 현상에서는 그 어느 것도 무제한적으로 향유될 수 없다는 현상세계의 제약성 때문이다. 현상세계에 속하는 일체의 것은 어느 누구에게도 무제한적으로 속할 수 없게끔 그 자체 양적으로 제한되어 있다. 우리에게 주어진 현상세계는 오직 하나이며 따라서 그 안의 각각의 사물은 동시에 우리 모두의 것으로서 소유될 수 없다. 그것은 나의 것이 됨으로써 너의 것이 아니거나, 너의 것이 됨으로써 나의 것이 아닌 그런 배타성을 지니는 것이다. 따라서 초월적 자아가 현상세계의 제약성과 배타성을 고려하지 않고, 자신의 무제한의 자유를 현상계에서 향유하려 하는 순간, 갈등과 대립이 있게 되며, 그로부터 악이 발생하게 된다. 무제한의 자유를 향유하려는 의지는 곧 현상세계의 제한성으로 인해 서로 충돌할 수밖에 없으며, 그러한 투쟁에서는 한쪽 편의 자유의 쟁취는 곧 다른 한쪽 편의 자유의 박탈이 된다.

이와 같은 현상세계의 배타성으로 인해 인간이 다른 인간과 맺게 되는 사회적 관계는 결국 배타적이고 대립적이게 된다. 사회적 관계 자체가 구체적이고 가시적인 현상세계 내에서의 일이기 때문이다. 즉 사회적 관계는 경험적 자아들 상호 간의 관계로서 성립한다. 사회적 관계에서의 자아는 우선적으로 현상적인 경험적 자아이며, 따라서 그 관계 또한 배타적 관계일 수밖에 없다. 공적 보편의지인 인격성의 초월적 자아가 아니라, 사적 이기심의 경험적 자아가 사회적 관계의 주체이다.[7] 결국 현상세계의 경험적 자아로서 남과 나를 비교하고 경쟁하는 투쟁적 관계가 사회적 관계로 형성되는 것이다.

사회적 관계에서의 인간의 기본 심리는 남과의 비교를 통해 자신의 위치를 확인받는 비교 경쟁의 이기심이다. 이는 결국 자신을 타인과 분리시키고 적대시함으로써 보편적 공동체를 해체시키고 분열시키는 반사회적 성향이다. 칸트는 인간이 사회를 형성할 때는 이와 같은 반사회적 성향이 그 근저에 놓인다고 보면서, 이를 '반사회성'이라고 칭한다. 반사회적인 경쟁심, 투쟁적 이기심, 그리고 그 근저의 소유욕, 지배욕, 명예욕 등이 인간의 사회적 관계의 기반이 되며, 결국 이로 인해 사회에는 불화와 시기, 경쟁과 투쟁이 발생하게 되는 것이다. 이러한 반사회성은 결국 홉스가 논하는 이기적 인간 본성과 일치한다.

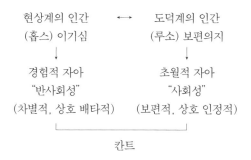

---

7) 《이성의 한계 내에서의 종교》, 제1장, 제1절(VI, 26면). 초월적 도덕성을 인격성이라고 하고, 현상세계 내 일원으로서의 경험적 욕구존재를 '동물성'이라고 한다. '인간성'은 인격성과 동물성의 합이다.

    인간성 =   동물성   +   인격성
            경험적 자아의   초월적 자아의
             사적 이기심   보편의지

그러므로 칸트에 따르면 인간의 반사회적 성향에 의해 지배받는 인간 상호 간의 자연상태는 결코 평화상태가 아니다. 그것은 오히려 투쟁상태이다. 이처럼 원초적 자연상태를 평화적이 아닌 상호 반목적인 투쟁상태로 파악한다는 점에서 칸트는 루소보다 홉스에 가깝다. 루소가 생각하는 이상사회는 칸트에 따르면 자연상태가 아니라, 오히려 인간에 의해 비로소 구축되어야 할 사회상태인 것이다.

> 공존하여 사는 인간 간의 평화상태는 자연상태가 아니다. … 평화상태는 〔자연적으로 주어지는 것이 아니라 인간 자신에 의해〕 구축되어야 하는 것이다.[8]

그러나 인간 본성이 이처럼 상호 반목적이고 투쟁적인 반사회성이라면, 그런 인간이 어떻게 평화로운 사회를 구축할 수 있단 말인가? 사적 이기심의 반사회적 인간이 어떻게 평화로운 사회 질서를 확립할 수 있는가?

(3) 이성의 간계

반사회성이 인간 상호 간의 관계를 평화로운 조화가 아닌 반목과 질시, 경쟁과 투쟁의 관계로 만들기는 하지만, 그렇다고 해서 그런 관계로부터 평화로운 사회적 관계가 아주 불가능한 것은 아니다. 나아가 평화로운 사회가 구축되었다고 해서 인간의 반사회성이 완전히 해소된다거나 소멸되어야 하는 것도 아니다. 칸트에 따르면 그럴 수도 없고 또 그래서도 안 된다. 오히려 칸트는 인간의 반사회

---

8) 《영구평화를 위하여》, 제2장(VIII, 349면).

성이 역설적이게도 인간을 사회화하는 데에, 그것도 보다 발전된 사회로 나아가게 하는 데에 결정적 역할을 한다고 본다. 그러므로 칸트는 이 반사회성을 '반사회적 사회성'이라고 부른다.

> 자연이 인간의 모든 소질을 발전시키기 위해 사용하는 수단은 사회에서의 인간 상호 간의 적대관계인데, 이 적대관계가 결국 사회의 합법적 질서의 원인이 된다. 이것이 곧 인간의 **반사회적 사회성**을 의미한다.[9]

반사회성은 인간 서로를 분열시키고 비교 경쟁시키는 성향이므로 인간 관계를 반목과 투쟁의 관계로 만들지만, 바로 그것으로 인해 보다 진보한 사회적 관계형성이 비로소 가능해진다는 것이다. 칸트는 만일 인간의 자연상태가 서로 비교 경쟁함이 없는 오로지 평화로운 목가적 상태였다면, 그것으로부터 오늘날과 같은 문명의 사회는 기대할 수 없었으리라고 주장한다. 이기심과 경쟁심, 지배욕과 명예욕에 따라 남보다 나아지려는 욕구를 갖고 투쟁함으로써 인류의 발전이 있게 되고, 발전적인 사회로 나아갈 수 있다는 것이다. 이처럼 사회 발전의 원동력이 바로 "반사회적 사회성"이라는 것이다. 자연적 본성 안의 반사회성이 결국은 보다 나은 사회발전으로 나아가게 한다는 점에서 자연 안에 이성의 간계가 작용하고 있다고 볼 수 있다.

> 인류를 장식해주는 모든 문화와 기술 그리고 가장 훌륭한 사회적 질

---

9) 《세계시민적 관점에서 본 보편사의 이념》, 제4명제(VIII, 20면).

서는 반사회성의 결실들이다.[10)]

반사회성에 입각해서 인간은 자신의 경쟁적 능력을 최대로 발휘하여 보다 낳은 문화를 이룩해가지만, 그러나 그렇다고 해서 인간이 자신의 반사회성을 극한으로까지 몰고 가는 것은 아니다. 반사회성이 극한으로 가면 상호 파멸에 이르리라는 것을 직감함으로써 반사회성에 적절한 선을 긋게끔 하는 것 또한 인간 본성 안에 내재된 이성의 작용이라고 볼 수 있다. 이 이성의 또 다른 간계로 인해 인간은 결국 투쟁적 자연상태에서 평화상태로 나아가게 된다. 즉 반사회성으로부터 야기되는 갈등, 투쟁, 대립의 상태에 있다보면, 인간은 오래지 않아 극단적인 반목과 투쟁은 결국 자기 파멸적이라는 것을 깨닫고 곧 그런 상태를 종식시키고 평화를 가져다 줄 사회질서를 요구하게 된다.

그런 인간의 [반사회적 사회성의] 경향이 인간들을 그런 자연적 자유상태에서는 오래 공존할 수 없도록 만드는 것이다.[11)]

그리하여 결국 반사회성의 결과로서 훌륭한 사회적 질서를 모색하게 된다. 인간 본성의 반사회성으로부터 야기되는 갈등과 투쟁이

---

10) 《세계시민적 관점에서 본 보편사의 이념》, 제5명제(VIII, 22면). 이처럼 역사의 과정이 인간 개인의 계획이나 의도를 넘어서서 자연 안에 내재된 자연 목적의 자기 실현이라는 점에서 칸트는 "자연의 계획", "자연의 합목적성"을 전제하고 있다. 그것이 바로 자연 안에 감추어진 이성의 간계가 된다. 《세계시민적 관점에서 본 보편사의 이념》, 제1~4명제 참조.
11) 《세계시민적 관점에서 본 보편사의 이념》, 제5명제(VIII, 22면).

자기파멸적임을 알게 된 인간은 서로 간에 그런 적대관계를 종식시킬 것을 희망하게 되며 그 길을 찾게 되는 것이다. 그리하여 더 이상 자연적 적대관계가 아닌 이상적인 협동의 사회적 질서를 추구하게 된다.[12]

그렇다면 이러한 상호 반목적이고 투쟁적인 자연상태로부터 어떻게 서로 조화하고 화합하는 평화상태로의 이행이 가능한가? 도덕적 이념에 맞는 현상세계, 상호 투쟁이 아닌 평화상태를 이룩하기 위해서는 어떤 과정과 절차가 요구되는가? 초월적 자아와 경험적 자아, 초감성적 도덕계와 감성적 현상계는 어떤 방식으로 통합될 수 있는 것인가?[13]

---

12) 인간의 반사회성과 사회성은 인간 심성 또는 사회에서의 경쟁논리와 화합논리의 양 측면으로 볼 수 있다. 이는 곧 자유의 이념에 따른 상호 경쟁을 통해 사회발전을 꾀하려는 자본주의논리와 평등의 이념에 따라 상호 보충과 화합을 통해 사회 안정과 정의를 실현하려는 사회주의논리의 두 측면과도 비교될 수 있다. 칸트가 전자를 강조한 것은 당시부터 오늘날까지도 현실의 당연한 진리로 간주되는 생물학적 진화론에서의 적자생존의 논리를 무시할 수 없기 때문일 것이다. 그러면서도 낭만주의적 보편자아의 추구가 칸트로 하여금 후자에 입각한 시민사회와 국가나 국제연맹 등의 결성을 주장하게 한 것이다. 결국 경쟁의 논리와 화합의 논리는 그 둘이 상호 모순적임에도 불구하고 한 사회의 발전을 위해서는 다 같이 요구되는 것이다. 사실 그 둘 사이 어느 지점에다 적정선을 그어야 하는가가 더욱 중요하고 어려운 문제일 것이다.

13) 이는 곧 초월적 자아에 근거한 도덕과 경험적 자아에 입각한 사회와 법은 서로 어떤 관계에 있는가의 물음이다. 도덕은 초월과 현상, 이성과 감성의 대립에서부터 출발하지만, 도덕이 궁극적으로 지향하는 것은 그 둘의 통합인 것이다. 만일 현상과 무제약자, 인과성과 자유가 끝까지 이원성으로 남겨진다면, 따라서 도덕적 인격의 본질인 무제약적 자유가 현상세계와 단절된 것으로서 단지 인간의 순수한 내면성에만 머무르게 된다면, 그 자유는 단지 추상적이고 소극적인 자유이며, 자기 한계를 갖게 될 것이다. 왜냐하면 자유를 본질로 하는 인간의 의지는 단지 내면에 머물러 있는 것이 아니라, 도덕적 행위를 통해 결국

234

2) 법에 의거한 사회형성의 길

(1) 원초적 계약

자연상태를 벗어나 구축되는 합법적 질서의 사회를 칸트는 '시민사회'라고 부른다. 인간은 투쟁적 자연상태를 벗어나 현상세계를 합법적 질서의 시민사회로 변화시킨다는 것이다. 그러한 시민사회를 가능하게 하는 보편적 질서가 곧 법이다.

> 자연이 인류에 대해 그 해결을 강요하는 최대의 문제는 보편적으로 법이 지배하는 시민사회를 이룩하는 일이다.[14]

시민사회에서 법이 우선적으로 해결해야 하는 것은 사람들 간의 소유의 배타성에서 오는 갈등을 해소하는 것인데, 이는 사물에 대한 인간 각자의 소유를 보장함으로써만 가능해진다. 물론 자연상태에서도 소유는 있었지만, 이 때의 소유는 단지 잠정적 소유일 뿐이다. 즉 자연상태에서 소유는 오직 사적으로만 확보될 뿐이며, 소유가 침해당해도 오직 자기 자신의 힘으로 맞서 저항할 수밖에 없고

은 현상세계에서 실현되어야 하는 것이기 때문이다. 도덕적 의지가 자신을 실현시킬 수 있으려면, 초감성적 도덕계와 감성적 현상세계가 서로 대립되는 이원적 세계로 머물러 있어서는 안 된다. 도덕적 결단은 자아 또는 그 자아가 속하는 세계의 이원성을 전제하지만, 도덕적 지향은 결국 그러한 이원성의 부정과 극복이다. 다시 말해 도덕적 의지가 궁극적으로 지향하는 것은 무제약자와 현상, 자유와 인과성, 초월과 경험세계, 내면과 외면을 하나로 조화시키는 것이다. 무제약적 오성계와 현상적 감성계, "초감성적 자연과 감성적 자연"을 "원형과 모형"의 관계로 종합하는 것이다.(《실천이성비판》, 분석론, 순수 실천이성 원칙의 연역, 51면).

14)《세계시민적 관점에서 본 보편사의 이념》, 제5명제(VIII, 22면).

따라서 소유는 언제나 불안정한 상태에 있다. 소유가 공적인 법으로 지켜지지 않는 한, 소유를 둘러싼 인간 간의 갈등은 지속될 수밖에 없다. 따라서 인간은 그런 갈등을 종식시키기 위해 자연적인 잠정적 소유를 사회적 법이 보장하는 **확정적 소유**로 전환시키기를 원하게 되며, 이를 위해 상호 계약을 맺게 된다.[15]

> 〔상호 작용의 관계에 들어설 수밖에 없는〕 모든 다른 사람들과 공적인 법률의 외적 강제에 예속하기로 합의하여, 결국 누구에게나 그 자신의 것으로 인정되어야 할 것이 법적으로 규정되고 충분한 힘〔그 자신의 것이 아닌 외적인 힘〕에 의해 확보되는 그런 상태, 즉 시민상태로 이행해가게 된다.[16]

이처럼 투쟁적 자연상태에서의 갈등과 대립을 벗어나기 위해 인간 이성의 명령에 따라 맺게 되는 계약을 칸트는 "**원초적 계약**"이라고 부른다.[17] 이 계약에서는 어느 누구도 다른 사람보다 더 많은 권리를 가지는 것이 허용되지 않으며, 단지 각 개인의 개별적 의지를 공동의 전체의지로 결합시키는 것이 필요할 뿐이다. 즉 각자의 사적이며 개별적인 의지를 공동체의 공적 의지로, "국민의 통일된 의지"[18]로 결합시키는 것이다. 그렇다면 이러한 통일된 입법의지에

---

15) 자연상태에서의 소유는 오직 잠정적일 뿐이며, 외적으로 자신의 소유가 주장되고 보장될 수 있는 법적 소유는 오직 공적인 입법의 권력 하의 법적 상태, 즉 시민상태에서만 가능하다는 칸트의 주장에 대해서는《도덕 형이상학》, 제1부, 제1장, 제15절(VI, 265면) 참조.
16)《도덕 형이상학》, 제2부, 제1장, 제44절(VI, 312면).
17)《이론에서는 맞을 수 있지만 실천에서는 쓸모없다는 속담에 관하여》, 제2부 (VIII, 295면).

따른 법이란 어떤 원리를 지니는가?

(2) 자유의 공존을 위한 자유의 제한

도덕성에서도 그 근본원리가 자유이었듯이, 그 자유의 구체적 실현을 위해 요구되는 법에서도 인간이 지켜야 할 최후의 권리는 자유이다.

> 자유는 모든 인간에게 그 인간성 때문에 귀속되는 유일한 근원적인 권리이다.[19)]

도덕이 확보하고자 하는 것이 인간 의지의 내면적 자유라면, 법이 확보하고자 하는 것은 그와 같은 내면적 자유를 실현할 수 있게끔 하는 **외면적 자유**이다. 다만 외적 자유라는 것이 서로 간의 무제한의 자유를 제한함으로써만 가능하며 나아가 그 제한의 수용을 현실적으로 보장하는 강제력을 필요로 하기 때문에 법이라는 것이 일견 자유와 대립되는 듯이 보이는 자유의 제한과 강제라는 성격을 띠게 되지만, 자유의 제한은 결국 자유를 보장하기 위한 길인 것이다. 이 법을 통해 각자는 자신이 다른 사람의 자유를 침해하지 않는 한 다른 사람에 의해서도 그 자신의 자유를 침해받지 않는다는 보장을 받게 된다. 즉 법으로써 보장받고자 하는 것은 나의 자유이며, 이는 오직 내가 타인의 자유를 존중함으로써만 받을 수 있는 대가인 것이다. 나의 자유가 다른 사람의 자유와 양립할 수 있기 위해서

---

18)《도덕형이상학》, 제2부, 제1장, 제46절(VI, 313면).
19)《도덕 형이상학》, 서설(VI, 237면).

는 나의 행위가 다른 사람의 자유를 침해하지 않는 한에서만 허용될 수 있다는 나의 자유의 제한을 받아들이는 것이다. 따라서 공정한 법이란 각인의 자유를 보장받기 위해 각인의 자유를 제한하는 것으로서 성립한다.

> 법이란 그 아래에서 한 사람의 의지가 다른 사람의 의지와 자유의 일반적 법칙에 따라 합치할 수 있는 그런 제한의 총괄이다.[20]

따라서 칸트는 법의 일반적 원리를 다음과 같이 표현한다.

> 너의 의지의 자유로운 사용이 다른 사람의 자유와 일반법칙에 따라 양립할 수 있게끔 외적으로 행위하라.[21]

---

20) 《도덕 형이상학》, 서론 B(VI, 230면).
21) 《도덕 형이상학》, 서론 C(VI, 231면). 이와 같은 '자유의 제한'이라는 규정은 법이 원칙적으로 단지 형식만을 규정할 뿐 내용을 규정할 수 없는 것임을 보여준다. 이는 칸트에게서 도덕법칙이 경험으로부터 도출가능한 어떤 내용도 담지 않은 채 단지 보편성의 순수형식만을 표현하고 있는 것처럼, 법의 원리 역시 순수 형식적 규정 이상일 수가 없음을 말해준다. 칸트는 법의 형식적 원리를 "공개성의 형식"(Form der Publizität)으로 규정하기도 한다. 즉 어떤 것이 공적인 법으로서의 타당성을 지닐 수 있는가 아닌가를 판가름할 수 있는 제일의 척도를 바로 그것이 공개되어도 법으로서 기능할 수 있을 것인가라는 공개성에서 구하는 것이다. 이는 곧 그것이 보편적으로 수용가능한 것인가라는 보편화가능성에의 물음과 다를 바 없음을 말해준다. 이처럼 도덕과 마찬가지로 법에서도 내용적 규정, 예를 들어 행복의 원리 따위는 배제된다. 도덕 영역에서 행복이 그 내용적 성격 때문에 의지의 규정근거로부터 배제되어야 하듯이 법의 영역에서도 국가 구성원의 행복이 그 규정근거로 작용해서는 안 된다고 보는 것이다. 행복은 각자가 자신의 가치관에 따라 각자의 방식대로 추구해나가는 삶의 목적일 수는 있어도, 그것이 보편 타당성을 요구하는 법의 규정근거

그러나 이와 같은 자유의 제한은 결국 자신의 자유를 보장받기 위한 것이므로 법적 상태에로의 원초적 계약을 통해 "국민 누구나 공동체 구성원으로서 다시 되돌려 받기 위해 자신의 외적 자유를 포기한다"[22)라고 말할 수 있는 것이다. 이와 같이 법은 도덕성의 근본인 자유를 실현하기 위한 외적 장치에 다름 아니다. 이러한 법의 외적 장치를 따라서만 도덕적인 초월적 자유의 외화(外化)와 실현이 비로소 가능해지는 것이다.

각자의 자유를 제한함으로써 다시 서로의 자유를 보장해주는 공법체제를 갖추어 법적 상태를 유지하고자 하는 것은 그 안에서만 평화가 가능하기 때문이다. 그리고 그와 같이 평화상태가 구축되어야 하는 까닭은 자연의 투쟁상태가 아닌 평화 속에서만 인간이 자신의 자연적 소질을 개발하고 자신의 도덕성을 실현할 수 있기 때문이다.

(3) 법의 강제성

법적 상태란 개인이 자신의 자유를 무제한적으로 사용하는 것에 제한을 가함으로써 비로소 가능하다. 따라서 누군가 타인의 자유를 방해할 경우 법적으로 저지할 수 있는 장치가 마련되어야만 한다. 즉 법은 타인의 자유를 방해하는 것을 저지할 수 있는 강제력을 지

가 될 수 없다. 이는 법이나 정치는 그 안에서 각자가 자신의 삶의 내용을 채워 나갈 수 있게끔 하는 형식적 장치, 즉 공정하고 정의로운 형식적 틀의 마련이라는 소극적 의미만을 지녀야 하는 것이지, 내용적으로 적극적으로 규정되어서는 안 된다는 것을 뜻한다. 우리가 법적으로 확보할 수 있고 또 확보해야 하는 것은 단지 우리의 자유를 보장하는 절차적 정의일 뿐이지, 구체적 삶의 내용은 아니라는 것을 강조한 것이라고 볼 수 있다.

22) 《도덕 형이상학》, 제2부, 제1장, 47절(VI, 315면).

녀야만 하는 것이다. 강제력을 통해서만 나의 자유가 법적으로 보장될 수 있기 때문이다.

> 엄격한 법은 일반 법칙에 따라 모든 사람의 자유와 합치할 수 있는 전체적인 상호 간의 강제의 가능성으로서 표상될 수 있다.[23]

법의 강제성이란 누군가 그 법을 따르지 않을 경우 강제적으로 제재를 가할 수 있는 강제력으로부터 비롯된다. 따라서 누군가가 최고의 권력자이며 지배자로서 그러한 강제력을 통솔해야 하는 것이다. 그리고 그가 모든 사람에게 보편적 의지에 순종할 것을 강요하는 만큼 그 자신도 국민의 보편적 의지를 따라야만 한다. 그러나 인간은 그처럼 최고 권력을 갖게 되면, 최고 권력자로서 자기 자신만은 자유에 아무런 제한도 받지 않으려고 하는 경향이 있다. 즉 자기 자신만은 자유제한의 필요성에서 예외로 두고자 하는 것이다.

> 인간은 이성적 존재로서는 모든 인간의 자유에 제한을 가하는 법률을 원하지만, 그의 이기적 동물적 경향이 가능한 한 그 자신만은 예외로 삼고자 한다.[24]

그러므로 문제는 자신을 예외로 삼으려 하지 않는 공정한 지배자, 최고의 주권자를 어떻게 찾아낼 수 있는가 하는 것이다. 인간의 최고 주권자이되 자신을 예외로 두지 않는 이성적인 공정한 지배자

---

23) 《도덕 형이상학》, 서론 E(VI, 232면).
24) 《세계시민적 관점에서 본 보편사의 이념》, 제6명제(VIII, 23면).

를 찾아내는 것을 칸트는 가장 곤란하고 난해한 과제로 간주한다. 그것에 대해서는 "단지 그 이념에 접근해가는 것만이 자연에 의해 우리에게 부과된 과제"[25]라고 말할 수 있을 뿐이다. 이 난해한 과제의 해결을 위해 칸트는 우리가 가능한 정치체제에 대해 바른 이해를 가져야하며 또 많은 세속 경험을 필요로 한다는 것을 강조한다.

그렇다면 칸트는 지배자를 포함하여 서로가 서로를 견제할 수 있는 가장 이상적인 체제로서 어떤 정치체제를 생각하였는가? 우리가 지배자의 공정성을 기대할 수 있는 정치체제, 즉 원초적 계약의 의미를 가장 완전하게 실현할 수 있는 정치체제, 그래서 인간 간에 투쟁이 아닌 평화의 상태를 가져다 줄 정치체제는 어떤 것인가?

3) 입헌공화국과 국제 연맹

공법에 따라 각인의 자유를 보장하는 인간 집단 사회로서의 법적 상태는 국가에 의해서 비로소 실현된다.

국가는 법에 따른 인간 집단의 결합이다.[26]

칸트는 법의 정신을 가장 잘 살리는 국가의 정치형태를 공화제로 규정한다. 그리고 그 공화제의 이념은 권력의 분립을 함축한다. 칸트에 따르면 국가는 세 가지 권력, 즉 법칙 부여자의 지배력(입법), 통치자의 수행적 권력(행정)과 법관의 재판권력(사법)을 가지는데,

---

25) 《세계시민적 관점에서 본 보편사의 이념》, 제6명제(VIII, 23면).
26) 《도덕 형이상학》, 제2부, 제1장, 제45절(VI, 313면).

그들 권력이 하나로 모여 있을 경우에는 전제주의가 된다. 그 경우 지배자는 자신과 독립적인 법에 의거하는 것이 아니라, 스스로 임의적으로 법을 제정하게 됨으로서 공동체 내의 법의 정신이 사라지게 되는 것이다.

전제주의와 구분되는 공화제의 특징은 무엇보다도 입법이 행정과 분리되어 있으며, 그 입법의 근거를 원초적 계약의 이념에 따라 국민의 통일된 의지에서 구한다는 점이다. "입법적 권력은 오직 국민의 통일된 의지로부터만 생길 수 있다."[27] 이와 같이 입법을 행정과 분리시키고 그 입법권을 국민 전체의 통일된 의지에서 구하는 입헌적 정치체제를 칸트는 전제정치의 반대로서 공화제로 규정한다.

국민의 통일된 의지만을 입헌의 근거로 삼는다는 점에서는 칸트와 루소의 입헌제 주장이 동일하지만, 루소는 그 의지를 대변될 수 없는 것으로 간주하며 직접민주제를 주장한 데 반해, 칸트는 그 의지가 기능적으로 대변될 수 있는 것으로 간주하며, 따라서 주권의 주체로서의 국민과 현실적인 입법자는 구분될 수 있다고 본다. 칸트가 공화제를 이상적 정치형태로 간주하는 것은 공화제 체제 하에서만 국민이 자신의 본질적인 국민적 속성, 즉 법적인 자유와 시민적 평등 그리고 시민적 독립성을 지닐 수 있다고 보기 때문이다.

그러나 한 국가 내의 평화로운 법적 상태의 유지는 국민의 자유와 평등과 독립성이 보장되는 공법체제와 그 실현이라는 내적 조건만에 의존하는 것이 아니라, 그와 구분되는 외적 조건을 또 다시 요구한다. 즉 한 국가의 범위를 벗어난 국가 상호 간의 외적 관계가 문제시되는 것이다.

---

27) 《도덕 형이상학》, 제2부, 제1장, 제45절(VI, 313면).

242

완전한 시민 조직체를 건설하는 문제는 법적인 외적 국가관계의 문제에 의존하며, 후자의 해결 없이는 전자도 해결될 수 없다.[28]

만일 국가 간에 상호 자유와 권리를 제한하는 법적 관계가 확립되지 않는다면, 국가 간에는 다시금 무제한의 자유행사로서의 반사회성이 작용하게 되며, 결국은 서로 적대관계에 이르게 될 것이다. 현실적 전쟁뿐 아니라 잠정적 전쟁으로서의 전쟁준비태세도 적대관계의 표현이다. 만일 한 국가가 진정한 평화와 안정을 누리고자 한다면, 그를 둘러싼 국가 간의 적대관계가 평화와 안전의 상태로 전환되는 것이 필요하다. 칸트는 이와 같은 국가 간의 평화와 안정은 오직 '국제연맹'(Völkerband)을 통해서만 가능하다고 본다.[29] 국가 상호 간의 규합된 힘과 규합된 의지의 법률에 따라 결성된 국제연맹에 입각해서만 각국의 안전과 권리가 국가 외적으로도 보장받을 수 있으며, 그래야만 한 국가 내의 평화상태도 가능해진다고 주장한다.

칸트가 주장하는 국제연맹은 하나의 강대국에 의해 국가들이 통합되는 '국제국가'와는 구분된다. 국제국가 아래에서는 다른 국가들의 독자적 권리와 자유가 상실되는 위험성이 있는 데 반해, 칸트는 국가를 각기 독립된 인격체로 간주하며 결코 자신의 자유와 권리를 버리고 다른 강제에 굴복할 수 없는 것으로 여긴다. 나아가 국제국가에서는 국가 간의 경쟁이 사라짐으로써 평화가 이룩되는 데 반해, 칸트에 따르면 진정한 평화는 오히려 긴장관계 속에서만 가

28)《도덕 형이상학》, 서설(VI, 237면).
29)《세계시민적 관점에서 본 보편사의 이념》, 제7명제(VIII, 24면).

능한 것이다.

> 〔평화란〕 전제주의에서처럼 모든 힘들의 약화를 통해서가 아니라, 오
> 히려 모든 힘들의 활기찬 경쟁 속에서의 균형에 의해 산출되고 보장
> 되어야 한다.[30]

초강대국의 권력을 갖는 국제국가는 점차 전제정치의 형태를 띠게 됨으로써 결국 붕괴되고 오히려 무정부상태에 이른다는 것이 칸트의 생각이다. 국제연맹의 이념 아래 만인이 서로 평등한 세계시민적 권리를 가지게 되는 것이 도덕과 법이 지향하는 궁극적 목표이다.

국가가 개인의 무제한적 자유를 제한함으로써 오히려 각자의 자유를 보장하게 되는 것처럼, 국제연맹은 각 국가의 무제한적 자유를 제함으로써 다시 그 권리와 자유를 보장하는 통일적 법적 체계를 갖추어나가야 한다. 그러한 방식으로 국가 간의 평화가 확보되어야만 한 국가의 평화도 가능해지며, 결국 한 개인의 평화도 가능해진다. 이것이 칸트가 기획한 **영구평화**이다. 그렇지만 칸트에 따르면 "〔국제법의 궁극목적인〕 영구평화는 실현될 수 없는 이념"[31]이다. 그것은 성취되어야 함에도 불구하고 그 성취를 기약하기 힘든, 그런데도 우리가 끝없이 추구하고 접근해가야 할 과제인 것이다.

외면이 내면의 외화이듯 현상계가 도덕계의 외화이고 실현이어야 하므로, 도덕성이 정치의 기반이 되어야 한다고 말할 수 있지만, 그럼에도 불구하고 도덕과 법의 관계에서 칸트가 새롭게 강조하고

---

30) 《영구평화를 위하여》, 제3절(VIII, 367면).
31) 《영구평화를 위하여》, 제2절(VIII, 350면).

자 한 것은 오히려 그와 반대로 외면적 정치가 내면적 도덕성의 완
성에 기여하는 바가 있을 수 있다는 것이다. 즉 국제연맹의 질서가
한 국가의 평화를 기약하고, 국가의 질서가 한 개인의 도덕성을 촉
진한다. 외적 환경, 정치와 법이 내면의 도덕성의 성숙에 기여할 수
있다는 것이다. 정의로운 법, 바른 정치를 시행하는 것이 결국 인간
의 도덕성의 계발을 촉진할 수도 있다는 것이다.

> 좋은 국가제도가 도덕성으로부터 기대되기보다는 오히려 반대로 좋
> 은 국가제도로부터 국민의 나은 도덕적 교양이 기대되는 것이다.[32]

---

32) 《영구평화를 위하여》, 제3절(VIII, 366면).

8장 인간과 역사
인류의 역사는 어디로 가고 있는가?

1. 문제제기

1) 인류 사회에 시작과 끝이 있는가?

인류 역사의 의미와 방향을 묻는 것은 인간 개인이 자기 자신의 삶의 의미와 방향을 묻는 것과 연관되어 있다. 우리는 하루 하루 주어진 과제를 해결해나가면서 그 날 그 날의 삶을 살아가지만, 어느 날 문득 일상의 매임에서 풀려나 시야를 멀리하여 삶 전체를 조망하게 될 때가 있다. 그 때 우리는 탄생 후 어린 시절부터 청소년기를 거쳐 장년과 노년을 겪고 결국은 죽음에 이르게 되는 우리 인생의 길, 그 삶의 힘든 여정이 과연 무엇을 향한 그리고 무엇을 위한 과정이며, 그 과정의 의미가 과연 무엇인가를 묻게 된다. 삶의 과정이 고난과 역경의 연속으로 느껴질수록, 그 과정의 의미를 묻는 물음이 절실해질 것이다. 그 때 우리의 시야에 포착되는 것은 과연 무엇인가?

매일 동일한 방식으로 밤과 낮이 반복되고 매달 똑같은 달이 또 동일한 방식으로 차고 기울음을 반복하는 것을 보면, 그리고 매년 사시사철 자연의 번창과 쇠락이 되풀이되는 것을 보면, 우리는 모든 것이 반복되고 있으며, 우리 인생 또한 그 반복 속에 주어져 있음을 느끼게 된다. 흐르는 시간을 따라 개인의 삶뿐 아니라, 세대도 반복되고, 인류의 역사도 그런 식으로 끝없이 반복되는 것이 아닐까? 역사는 같은 궤도의 반복이고 순환이 아닌가? 이로부터 인류 역사에 대한 순환적 역사관이 발생하게 된다.

순환적 역사관:

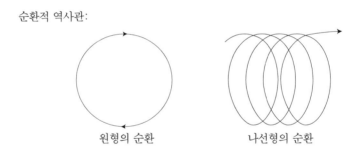

원형의 순환   나선형의 순환

그러나 어찌 단순한 반복과 순환이 가능하겠는가? 오로지 단순한 반복일 뿐이라면 그것이 무슨 의미가 있겠는가? 한 개인의 인생에 있어서도 매일 매일이 반복되고 매해마다 계절이 반복되지만, 그래도 그런 식으로 시간이 지나가면 결국 아이가 어른이 되고, 살아있던 자가 죽게 되지 않는가? 반복은 원점으로 되돌아와 동일한 자리에서 다시 시작되는 닫힌 원의 반복이 아니라 오히려 끝과 시작이 어긋나 있는 나선형 원의 반복이 아닐까? 그렇다면 그 반복

속에 일정한 방향이 놓여 있는 것일 수도 있다. 시간이 과거에서 미래로 향하는 일직선적인 것이듯, 그 시간 속에 살고 있는 인간도 개인이든 인류든 모두 일직선적인 역사를 갖고 있는 것이 아닐까? 이렇게 해서 **직선적 역사관**이 얻어지는데, 여기서는 역사가 일정 방향을 갖되 무한히 나아가는 것으로 표상된다. 만약 그 직선이 선분처럼 자신의 출발점과 종착점을 가진 것으로 그려진다면, 그 때의 역사관은 일정 방향으로 나아가되 역사의 시작과 끝이 있다는 의미에서 선분적 역사관 또는 **종말론적 역사관**이라고 할 수 있을 것이다.

직선적 역사관: 선분적 역사관:

직선적 역사관은 역사의 시작과 끝을 열어놓은 상태로 일정 방향만을 시사하고 있는 데 반해, 선분적 역사관은 그 직선적 역사흐름에다 시작과 끝을 덧붙여서 표상하는 것이다. 인류 역사에 시작과 끝의 표상이 더해지면, 역사의 출발에 대한 신화가 발생하고, 지정된 종착점에 대한 종말론이 펼쳐지게 된다. 그런데 직선으로서든 선분으로서든 역사가 일정 방향을 가지고 있다고 여겨지면, 그 방향이 보다 나은 상태로의 진보인지 아니면 보다 못한 상태로의 퇴보인지를 묻게 된다. 역사의 시간 흐름에서 지나간 과거가 다가올 미래보다 더 좋은 시절로 간주되면, 역사는 점점 좋지 않은 상황으로 퇴락해가는 퇴보로 이해되며, 반대로 다가올 미래가 지나간 과거보다 더 좋은 시절로 간주되면, 역사는 점점 더 나아지는 진보로 여겨지게 된다.

퇴보적 역사관: 진보적 역사관:

그런데 직선적 역사관이 철저하게 역사의 시작과 끝을 열어놓는다면, 그 때 역사는 과거나 미래에 있어 무한한 시간흐름을 가지는 무시무종의 흐름으로 간주되며, 그렇게 해서 역사는 다시 시작과 끝이 맞물리는 하나의 원으로 귀착되게 된다. 시작 없이 무한히 흘러온 과거가 그 무한한 시간 안에 일체를 포괄하고, 끝없이 무한히 흘러갈 미래가 다시 그 무한한 시간 안에 일체를 포괄한다면, 과거 속에 포함될 것이 미래 속에도 포함되며 미래 속에 포함될 것이 다시 과거 속에도 포함되어 결국 두 방향이 서로 맞물린 하나의 원으로 귀착되기 때문이다. 결국 반복적으로 나선형을 그리며 앞으로 나아가는 직선이 다시 시작과 끝이 맞물린 더 큰 원을 그리게 되는 것이다. 이렇게 해서 직선적 역사관을 포괄하는 순환적 역사관이 성립하게 된다.[1]

---

[1] 이러한 역사관은 니체의 《짜라투스트라는 이렇게 말했다》에서 찾아볼 수 있다. 무한한 과거와 무한한 미래가 교차하는 현재에 서서 영겁회귀를 설하는 곱추가 보여주는 역사관(전통 형이상학의 역사관)이 바로 그것이다. 꼬리를 물고 있는 뱀은 시작과 끝이 맞물린 순환의 역사와 그 안에서의 영겁회귀를 상징한다. 그 뱀이 나의 입 속으로 기어들어와 나를 집어삼키는 것에 대한 역겨움에서 그 뱀을 깨물어 끊어버리는 것은 영겁회귀를 초탈하고자 하는 니체 식의 시도를 시사해준다고 본다.

순환적 역사관:

　그러나 진화론이 상식이 된 오늘날 우리들은 대개 역사의 진보를 믿고 있다. 인간 자체가 자연에 있어 진화의 결과이며, 인류의 문명은 점점 더 나은 상태로 발전해간다고 믿는 것이다. 그런데 인류 역사는 정말로 진보하고 있는 중일까? 만일 그렇다면, 진보는 어떤 의미에서의 진보일까? 한 측면에서의 진보가 또 다른 측면에서의 퇴보와 병행하는 것은 아닌가? 총체적으로 역사가 나아가는 곳, 인류가 지향하는 곳은 과연 어디인가?

2) 역사에서 개인이 갖는 의미는 무엇인가?

　역사는 시간적인 것이므로 그 흐름 속의 개체적인 것에 의거할 수밖에 없다. 따라서 역사성은 일반성과 추상성보다는 개체성과 구체성을 강조하게 된다. 그렇다면 개체적 인간이 역사 안에서 갖는 의미는 무엇인가? 대개 역사에서 반복과 순환이 강조되면 역사성과 더불어 개체성도 상실되는 것처럼 여겨지게 된다. 개인이 반복적 역사 속에 던져져 있다면, 개인은 한 차례의 반복을 더한다는 것 이외에 역사에 기여하는 바가 없을 것이기 때문이다. 그러나 다른 한편으로 보면 순환의 한 복판에서 각각의 순간이 전체 순환의 중심이 될 수도 있기에 오히려 순환사관이 개체성의 의미를 살리는 것일 수도 있다. 각각의 사건 또는 각각의 순간이 역사성과 시간성을 넘어선 영원성으로서 개체성을 회복하는 것일 수도 있기 때문이다.

　반면 직선적 역사관은 그 안에서 각 계기가 다른 것들과 구분되는 새로운 유일회적인 것이라는 점에서 개체성과 구체성의 의미를 살리는 것 같지만, 다른 한편으로 보면 각 계기가 그 다음의 계기를 위한 진화의 한 단계에 지나지 않는다는 점에서 오히려 개체성을 상실하게 되는 측면이 있다. 역사의 의미를 전체적 시간흐름 안에서 연속적인 것으로 찾으려 할 경우 개체와 순간의 의미가 전체 또는 최후의 한 순간을 위한 수단으로 전락할 수도 있기 때문이다. 오히려 역사에서 각 개체가 갖는 진정한 의미는 시간의 연속성상에서가 아니라, 시간이 단절된 순간에서 찾아져야 하는 것은 아닐까? 오늘의 의미를 어제와 비교해서 또는 내일과 연관해서 비로소 찾아낸다는 것은 오히려 진정한 오늘의 의미를 상실하는 것은 아닌가? 오늘이 내일을 통해 의미 있게 된다면, 내일은 모레를 통해서일 것이며, 모레는 글피를 통해서일 것이다. 그러나 이런 식으로 각 순간의 의미를 그 다음 순간으로 연기하는 것이 과연 정당한가? 그러한 연기 안에서 순간의 진정한 의미는 오히려 사라져버리는 것은 아닌가? 어느 순간이 다른 순간보다 더 귀한 순간이라고 단정지을 수 없다면, 현재를 미래를 위한 수단으로 간주하는 것은 불합리하지 않을까? 그러므로 인류 역사의 흐름과 방향을 묻고 그 전체적 역사의 흐름 속에서 인간 각자의 삶의 의미를 찾는 것이 오히려 인간 개인을 그 역사의 일부분으로 환원시켜버리는 것일 수 있다. 그러나 인류를 형성하는 개인들을 제외하고 별도의 인류가 따로 있지 않은데, 인류 역사의 의미가 개인적 삶의 의미를 삼켜버려서야 되겠는가?

　이렇게 해서 우리는 개인의 관점에서 역사의 의미를 다시 되묻게 된다. 우리는 우리 대부분의 인생이 끊임없이 문제들과 부딪쳐 그 문제들을 해결해나가는 힘든 역경의 과정이기에, 대개 인생을 무언가를 성취하고 발전해 가는 과정인 것처럼 생각하게 된다. 인생의 시작보다는 인생의 끝에 우리가 더 많은 것을 이루고, 그 다음 세대는 이전 세대가 이룬 성취 위에서 시작하기에 인류의 역사는 보다 나은 것을 향해 나아가고 있다고 믿게 되는 것이다. 인류의 진보를 믿는 것이다.

　그런데 각자의 삶이 해결한 문제들은 결국 그 각자의 삶으로 인해 발생했던 문제들이 아닌가? 살지 않았다면 발생하지 않았을 문제, 살기 때문에 비로소 발생하는 문제들을 그렇게 살아가면서 해결해나간 것이라면, 문제를 다 해결하였다고 할지라도 그 삶이 끝나는 순간의 상태는 결국 삶이 시작되기 이전 문제가 없던 상태와 동일한 것이 아닌가? 삶으로써 문제를 일으키고 삶을 통해 문제를 해결해나가는 것은 결국 원점으로 되돌아가는 것이 아닌가? 그런데도 인류 전체의 역사에 대해 진보를 말할 수 있다면, 그 진보가 의미하는 바는 과연 무엇인가? 인류는 어떤 힘에 의해 앞으로 나아가고 있는 것인가?

　우리는 대개 개인이나 인류에 대한 진리는 시간이 밝혀주고 역사가 말해주리라고 기대하고 있다. 결국은 역사 속에서 감춰진 진리가 드러나며, 모든 것은 시간과 역사 속에서 심판받고 평가받는다고 생각하는 것이다. 이는 곧 역사에서의 승리가 바로 진리라는 것, 역사는 보다 나은 방향으로 진보해가고 있다는 것을 전제한 것이다. 그래서 역사에서 승리한 것은 그것이 보다 나은 것이고 발전한 것이기 때문이며, 역사 안에서 도태된 것은 그것이 보다 못한 것이기 때문이라고 여기는 것이다.

　그러나 과연 역사가 정말 보다 나은 방향으로 나아가고 있는 것일까? 사회주의의 몰락이 곧 사회주의의 불완전성을 말해주고, 자본주의의 번창이 곧 자본주의의 우수성을 말해주는 것인가? 한때 서구의 식민 제국주의가 각 지역의 토착문화를 말살시켰던 것, 현재 미국 패권주의가 전 세계로 확장되고 있는 것, 이런 것들이 곧 제국주의와 패권주의의 우수성을 말해주는 것이겠는가? 개인을 통해 자기실현하는 역사는 과연 어디로 나아가고 있는 중인가?

2. 칸트 이전 대답의 유형들

　인간 자신의 삶에서 출발하여 역사의 방향과 의미를 묻게 되면, 대개 순환적 역사관을 갖게 된다. 개인의 삶뿐만 아니라 인류의 역사 나아가 자연에서까지도 많은 것들이 늘 같은 궤도를 같은 방식으로 반복하는 것이 눈에 띄기 때문이다. 그래서 역사는 끊임없이 반복되는 순환과정으로 간주된다.

> 플라톤이 역사의 진로는 72,000년 안에 제자리로 되돌아간다고 발표하고 플리비우스가 역사상태는 순환운동에 따라 계속 제자리로 돌아온다고 선언한 이래 역사순환론은 유럽 사상에서 상식이 되어왔다.[2]

　그러나 역사를 반복되는 순환과정으로 이해하면, 역사 자체가 가지는 일회성과 특수성이 상실되지 않는가? 반복되는 순환을 통해 역사가 나아가고자 하는 방향은 어디인가? 용수철이 반복적으로

원을 그려도 그것이 나선형 원이기에 전체적으로는 직선처럼 앞으로 나아가듯 역사가 동일 과정을 반복하더라도 총체적으로는 직선처럼 방향을 가질 수 있다. 그러므로 순환적 역사관이 직선적 역사관과 병행하기도 한다.

역사를 직선으로 이해하게 되면, 역사의 진행은 진보와 퇴보라는 두 가지 방식으로 이해가능하다. 그런데 인간 본성상 지나간 과거는 아름답게 기억되지만 현재는 늘 불만족스럽고 미래는 더욱 불안한 까닭에 그리고 역사의 나아감이 근원으로부터의 멀어짐이기에, 역사는 대개 진보보다는 퇴보로 여겨지게 된다. 과거 역사의 출발점을 완벽한 황금시대로 간주하며, 그 이후의 역사를 그로부터 추방되고 몰락해 온 퇴행의 역사로 여기는 것이다.

헤시오도스는 인류 역사를 과거의 황금시대로부터 점차 멀어져 온 타락의 역사로 간주하는 퇴보적 역사관을 제시한다. 과거 신화의 시대를 인간성이 타락하기 이전의 순수와 아름다움의 시대로 간주하는 것이다. 이것은 플라톤이 우리 인간이 살아가고 있는 이 현상세계를 원형적인 이데아 세계의 모상과 거짓으로 간주하는 것과도 상통하는 것이다. 플라톤에 따르면 보다 완전한 세계, 보다 아름다운 세계는 우리가 살고 있는 가시적 현상세계가 아니라, 비가시적인 이데아의 세계이다. 생성 소멸하는 시간성의 현상세계는 불생불멸하는 영원성의 이데아의 세계에 비해 불완전한 것이다. 우리가 떠올리는 이데아의 세계에 대한 생각은 그 완전한 세계에 살던 전생으로부터 영혼에 남겨진 흔적이고 회상이며, 그래서 우리는 그 완전함과 아름다움에 대한 에로스를 갖고 있다.

---

2) 콜링우드, 《역사철학론》, 문학과 사회연구소 역, 청하, 1986, 117면.

그런데 그와 같은 역사의 시간적 흐름에 시작과 끝을 덧붙여 생각하면, 그 시작에 대한 신화는 곧 그 끝에 대한 종말론을 포함하게 된다. 그렇게 해서 기독교의 역사관은 좀더 극적인 인류 역사의 시작과 끝을 제시한다. 인류는 신에 의해 낙원에 창조되었다. 그러나 인간 자신의 죄로 인해 신으로부터 벌을 받아 낙원으로부터 추방된다. 낙원으로부터 지상으로의 추방이 곧 추락이고 타락이다. 그 다음의 역사는 다시 인간이 자신의 죄를 씻고 용서를 받고 구원에 이르는 것이어야 한다. 그렇게 해서 역사는 마지막 심판으로서 종말에 이르게 된다. 그 최후의 순간에 죄사함을 받은 자와 죄사함을 받지 못한 자가 구별될 것이며, 영원한 행복의 삶 또는 불행의 삶으로 심판받게 될 것이다. 이와 같은 기독교의 종말론적 역사관은 기독교가 국교로 되어있던 중세를 거쳐 오늘날에 이르기까지도 면면히 이어지고 있다.

그러나 근대 계몽주의시대에 이르면 인간은 더 이상 기독교적 신화의 방식으로 인류 역사를 이해하지 않는다. 과학에서의 진화론이 받아들여지면서 인간은 현재가 과거보다 더 나은 상태로 나아가고 있다는 진보적이고도 낙관적인 역사관을 취한다. 인간은 동물보다 진화된 존재로서 지성이나 이성이 훨씬 뛰어나다고 여기며, 인간 중에서도 오늘날의 현대인이 태고적 미개인보다 문명화를 거침으로써 월등히 나아졌다고 간주한다. 인간의 두개골이 진화해서 지능이 높아졌다거나, 인간의 자유가 확대되었다거나, 인간의 기술이 발전했다거나, 인간이 자연을 뜻대로 이용하고 지배할 수 있게 되었다거나 하는 것들이 인류 역사의 진보의 지표로 제시되는 것이다.

그러나 그 계몽주의시대에도 역사가 진정 진보하고 있는가에 대한 비판적인 반성의 목소리도 있었다. 인간의 이기심과 공격성, 잔

인성이 빚어내는 폭력과 전쟁, 억압과 살육 등은 예나 지금이나 변함없이 세계 도처에서 발견되며, 악한 자가 득세하고 선한 자가 오히려 박해받는 현실이 적지 않기 때문이다.

> 브루투스는 몰락했고 안토니우스는 승리했다. 게르마니쿠스는 파멸했고 네로는 군림했다. 공자는 이 나라 저 나라를 유랑하였으며, 소크라테스, 포키온, 세네카는 처형당했다. … 이는 거친 폭력과 그에 수반되는 음흉한 책략이 세상 모든 곳에서 승리한다는 사실을 널리 선포하는 서글픈 고백에 지나지 않는다. 그러므로 인간은 외견상의 역사적 경험들을 많이 겪고 난 후에 의심하고 낙담한다. … 인간 역사라는 방대한 대양에서 신을 잃었다고 믿는 사람들을 나는 많이 보아왔다.[3]

그러므로 현실적 삶의 현장을 진지하게 주목하다 보면, 역사가 과연 진보하는 것인지 아니면 오히려 퇴보하는 것인지를 되묻지 않을 수 없다. 만약 진보하는 중이라면, 그것은 정확히 어떤 의미에서 그런 것인가? 역사가 진보하는 것이라면, 그 안에서 발견되는 고통과 악의 확장은 어떻게 설명될 수 있는가?

---

3) 헤르더, 《인류의 역사철학에 대한 이념》, 강성호 역, 책세상, 2002, 18면.

3. 칸트적 대답의 길

1) 자연에서 자유로의 이행

칸트는 인간이 자신의 자연적 경향성이나 인과필연성에 따라 행하게 되는 것과 그 자신의 이성의 자유로운 선택에 의해 행하게 되는 것을 엄격히 구분한다. 전자는 동물에게서와 마찬가지로 물리생리적 법칙성에 따라 발생하는 필연적 과정이며, 후자는 자연필연성을 넘어선 초월적 자유의 자아가 스스로 선택하여 수행하는 자율적행위이다. 이처럼 자연과 자유, 필연성과 자유, 신체와 정신, 경향성과 이성 등을 서로 구분되고 대립되는 것으로 간주하는 것은 곧인간의 본성을 서로 대립하고 갈등하는 이원적 구조로 파악한다는것을 의미한다. 자신 안에서 양면적 본성을 자각하는 인간은 그만큼 불안정하고 갈등적인 존재이다.

그런데 칸트에 따르면 이처럼 인간 본성 안에 놓여있는 갈등과불안정성이 오히려 인간을 보다 나은 상태로 나아가게끔 하는 원동력이 된다. 인간 본성상의 이원적 갈등이 곧 인간의 자기부정성과자기 극복의 필요성을 말해주기 때문이다. 그러한 본성에 따라 인간은 스스로 평온한 자연상태로부터 벗어나 오히려 견디기 힘든 세간적 삶으로 나아가게 된다. 기독교 신화에 등장하는 낙원으로부터의 추방을 칸트는 그러한 과정으로 읽는다.

> 이러한 〔인간으로의〕 진보는 동시에 자연의 모태로부터 벗어남을 의미하며, 영예로운 것이면서 동시에 매우 위험한 변화이기도 하다. 왜냐하면 자연은 인간을 아무런 위험도 없고 안락한 어린아이의 상태

로부터, 말하자면 아무런 수고를 하지 않아도 인간을 돌보아 주던 정
원으로부터 끌어내어(창세기 3:23), 많은 걱정과 수고와 미지의 괴로
움이 기다리고 있는 넓은 세상으로 몰아냈기 때문이다. 이제 인간은
삶의 고통으로 인해 더욱 자주 자신의 상상물인 낙원을 꿈꾸게 될 것
이지만, 그러한 낙원에서는 인간이 아무것도 하는 일 없이 영원한 평
화 속에서 몽상이나 하면서 빈둥거릴 수밖에 없었을 것이다.[4]

   만일 인간이 자연의 요구나 신의 명령에 순응하면서 아무런 내적
갈등 없이 살아나갔다면, 그대로 낙원에 머물러 있었을 것이다. 그
러나 칸트에 따르면 그 생활은 동물적 안락함과 빈둥거림일 뿐이지,
영예로운 것도 바람직한 것도 아니다. 인간의 본성 안에 들어있는
이성의 맹아가 인간을 그 상태에 머물러 있게 하지 않고 그 밖으로
나오게 하였는데, 그것은 인간 자신을 위해 바람직한 것이었다. 그
때부터 인간이 비로소 인간이 되었기 때문이다. 낙원을 벗어남은 곧
자연상태를 벗어남이며, 인간성과 자유를 획득함을 의미한다. 칸트
는 바로 그것을 역사에서의 진보의 첫 출발이라고 단언한다.

   이성에 따라 인간이 인류 최초의 거주지로 생각되었던 낙원으로부터
나온 것은 결국 동물의 조야한 상태로부터 인간성의 상태로, 또 본능
의 유모차로부터 이성의 인도로 옮겨간 것을 의미한다. 이것은 한
마디로 자연의 보호상태로부터 자유상태로의 이행이라고 말할 수 있
다. 만일 우리가 완전성을 향한 진보로서의 인류의 운명을 생각해본
다면, 인간이 위와 같은 변화에 의해 승리한 것인지 패배한 것인지는

4) 《추측해 본 인류 역사의 기원》(VIII, 114~115면).

더 이상 물을 필요가 없다.[5)]

자연에서 자유로의 이행을 진보의 첫 발걸음으로 파악한 점에서 칸트는 자연상태를 평화로운 조화상태로 간주하면서 그 상태로 돌아가기를 꿈꾸었던 루소와 의견을 달리한다. 그렇다면 인간이 자유를 통해 무엇을 얻을 수 있기에, 칸트는 자유에로의 이행을 진보로 보는 것인가? 인간은 무엇으로부터 자유로워지고자 하는 것인가? 그리고 자유로워진다는 것은 무엇을 의미하는가? 칸트에 따르면 자유는 일차적으로 인간의 자연적 본능으로부터의 자유를 의미하는데, 이 때 자연적 본능이란 곧 식욕과 성욕을 뜻한다. 그러나 그런 본능으로부터 자유로워진다는 것이 곧 그 본능을 없앤다는 것을 뜻하는 것은 아니다. 자유란 인간의 의지가 그런 본능에 의해 수동적으로 결정되지 않고, 인간 스스로 자신의 본능을 따를 것인지 아닌지를 주체적으로 결정할 수 있는 능력을 의미할 뿐이다.

칸트는 이성이 이룩한 첫 번째 진보를 영양섭취에 있어서의 자유로 설명한다. 이는 인간이 눈앞에 주어진 영양물을 본능적인 후각에 따라 알아보고 그냥 섭취하는 것이 아니라, 이것과 저것을 비교하면서 어떤 것을 거부하고 어떤 것을 취할 것인지를 스스로 결정할 수 있음을 뜻한다. 이것은 결국 주어진 한 순간의 상황에 의해 심성상태가 결정되지 않고 주어진 세계의 한계를 넘어서서 더 넓은 세계를 그려낼 수 있는 상상력의 활동 결과이다. 이처럼 이성과 의지의 자유에 기여하는 것은 결국 인간의 상상력이다. 그렇다면 이러한 영양섭취에 있어서의 자유의 자각이 인간의 삶에서 가지는 의미

---

5) 《추측해 본 인류 역사의 기원》, 주석(VIII, 115면).

는 무엇인가? 이는 곧 인간이 자기 자신을 자기 삶의 주인으로 자
각하고 자신의 삶의 방식을 스스로 선택할 수 있게 되었음을 의미
한다.

> 상상력의 도움으로 이성은 자연적 충동에 의해 결정되지 않을 뿐만
> 아니라 그 충동에 대립되기까지 하는 인위적 욕망을 만들어 내기도
> 한다. 이로써 모든 동물들이 종속하고 있는 제한된 한계를 초월하는
> 능력으로서 이성을 깨닫게 해준 이런 최초의 시도가 성공한 것은 매
> 우 중대한 사실이며, 또 그것은 삶의 방식에 대해서도 결정적인 것이
> 었다. 인간은 자신 속에서 동물과 같이 단일한 삶의 방식에 얽매이지
> 않고 스스로 삶의 방식을 선택할 수 있는 능력을 발견한 것이다.[6]

 이성이 이룩한 두 번째 진보는 **성적 본능에 있어서의 자유**이다. 성
적 본능에 있어 이성이 자유로워질 수 있는 것도 영양섭취에서와
마찬가지로 상상력의 활동에 힘입어서이다. 즉 인간은 동물처럼 주
기적인 성적 흥분에 의해 행동이 결정되는 것이 아니라, 성적 흥분
자체를 상상력에 의해 지속시키기도 하고 강화시키기도 한다. 이는
자신의 내적인 성적 흥분뿐만 아니라 성적 흥분을 야기하는 대상으
로부터도 스스로 거리를 취함으로써 그 자신이 자유로운 선택권을
가진다는 것을 뜻한다.

> 동물의 경우 성적 흥분은 일시적이고 대부분 주기적 충동에 근거한
> 다. 그러나 인간의 경우에는 상상력에 의해 그러한 흥분이 더욱 지속

---

6) 《추측해 본 인류 역사의 기원》(VIII, 111면).

될 수도 있고 증가될 수도 있다. 상상력은 감관의 대상이 멀리 떨어져 있으면 있을수록 자신의 업무를 더욱 적절하게 수행한다. 대상을 감관으로부터 멀리 놓음으로써 어떤 성향을 더욱 내적이고 지속적이게끔 만드는 것은 이미 충동에 대한 이성의 지배의 의식을 보여준다. 이성은 초기 단계에서처럼 단지 특정 범위 내에서 감관에 봉사하는 능력으로만 머무르지 않는다. 거절은 단순한 감각적 매력으로부터 정신적 매력으로, 동물적 욕구로부터 사랑으로, 그리고 그 사랑과 더불어 쾌적한 느낌으로부터 아름다움에 대한 취미에로 이르게 해주는 묘술이 된다.[7]

이처럼 상상력에 기반하여 이성은 영양섭취에 있어서나 성적 충동에 있어서나 단순히 자연적 본능에 굴종하는 것이 아니라, 스스로 자신의 본능의 한계를 넘어서게 된다. 주어진 현상세계의 한계를 넘어서서 보다 넓은 세계로 나아가는 것이다. 이는 결국 의식이 주어진 현재에 매여 있지 않고 현재의 한계를 넘어 의식이 미래로 확장됨을 의미하는데, 칸트는 이를 이성이 이룩한 세 번째 진보로 설명한다.

이성은 일차적이고 직접적으로 지각되는 욕구들과 결합되어 있는 상태로부터 벗어나 세 번째의 진보를 이루게 되는데, 미래에 대한 의식적인 기대가 그것이다. 이것은 현재의 순간적 삶에 만족하지 않고 다가올 아주 먼 시기를 현재화하는 능력으로서 인간의 장점 가운데에서 결정적인 특징을 가진다. 그러나 이것은 또한 불확실한 미래로부

---

7)《추측해 본 인류 역사의 기원》(Ⅷ, 112~113면).

터 야기되는 걱정과 불안의 고갈되지 않는 원천이 되기도 한다.[8]

인간은 상상력을 통해 현재를 넘어선 미래세계를 그려보게 되며, 그 안에서 스스로 자기 의지를 결정하는 자유를 의식하게 된다. 그러나 그렇게 자유롭게 그려지는 미래세계는 현재적 세계에 의해 규정된 것이 아니므로, 그 자유의 의식 안에는 "걱정과 불안", "죽음에의 두려움"이 스며들기 마련이다. 그렇기 때문에 인간은 그러한 "이성 사용을 비난하며 그것을 죄로 간주"[9]하기까지 한다. 그러나 칸트에 따르면 그러한 불안과 공포는 이성이 자신의 본능으로부터 자유로워짐에서 빚어지는 피할 수 없는 결과이며, 그렇게 함으로써만 획득될 수 있는 자유를 위한 대가인 것이다.

인간이 자신을 대상적 현상세계인 자연으로부터 자유로운 존재로 자각한다는 것은 곧 자신을 자연세계의 일원이 아니라 그것을 넘어선 존재로 자각한다는 것, 자신을 자연의 본래적 목적으로 파악한다는 것을 의미한다. 이것이 이성의 네 번째 진보이다.

---

8) 《추측해 본 인류 역사의 기원》(VIII, 113면).

9) 《추측해 본 인류 역사의 기원》(VIII, 113면). 이것은 인간이 왜 자연에서 자유로 나아감을 '낙원에서의 추방', '죄의 결과'로 파악하는지를 설명해주는 것이다. 물론 이 생각은 본능을 따르는 자연세계에는 선악의 구분이 없다는 점에서 타당한 측면이 있다. 인간이 상상력에 의해 자연으로부터 벗어나 자유의 세계로 들어선 순간부터 인간의 선택과 책임이 따르게 되며, 선악의 분별이 있게 되기 때문이다. 따라서 칸트는 자유와 더불어서, 즉 인간 자신에 의해서, 비로소 악이 시작되었다고 말한다. "자연의 역사는 신의 작품이므로 선으로부터 시작되고, 자유의 역사는 인간의 작품이므로 악으로부터 시작한다."(《추측해 본 인류 역사의 기원》, 주석(VIII, 115면).

이성이 행한 네 번째 진보이자 마지막 진보는 인간이 자신을 자연의
본래적 목적으로 파악하고, 그리고 이 점에서 인간 자신을 지상에 살
고 있는 다른 어떤 것과도 견줄 수 없는 것으로 파악하게 된 것이
다.… 이런 생각은 모든 인간들은 자연의 본성에 있어 동등하다는 생
각을 내포하고 있다. … 이렇게 해서 인간은 모든 이성적 존재와 평
등의 관계를 유지할 수 있게 되었다.[10]

인간 서로 간의 차이성이 자연적인 현상세계에 속한 것이기에,
인간이 자기 자신을 자연으로부터 독립적인 존재로, 자연의 목적으
로 자각한다는 것은 곧 자기 자신뿐 아니라 모든 인간 존재가 그러
하다는 자각을 함축한다. 따라서 이는 곧 인간의 평등성의 자각이
된다. 그리고 이러한 평등성의 자각으로부터 인간은 서로를 단지
수단이 아닌 목적으로 대우하는 평등사회를 형성할 수 있게 된다.

2) 자유의 실현과 이성의 계발: 시민사회 건설

칸트에 따르면 인간들이 모여 자유롭게 형성한 사회는 몇 단계에
걸쳐 변화를 겪는데, 그 최초의 단계가 '수렵과 목축생활'의 단계이

---

10) 《추측해 본 인류 역사의 기원》(VIII, 114면). 이것은 물론 인간 이외의 다른 자
연물에 대한 인간의 지배권, 인간이 그것을 마음대로 사용해도 된다는 인간의
특권을 주장한다는 점에서 칸트의 인간중심적 사유를 보여준다. 칸트는 인간
이 양에게 "양아, 네가 입고 있는 가죽은 자연이 너를 위해 준 것이 아니라 나
를 위해 준 것이다"라고 말해도 된다고 생각했다.(《추측해 본 인류 역사의 기
원》, VIII, 114면) 물론 우리의 삶이 실제로 그렇게 진행된다는 점에서 칸트가
솔직한 것일 수도 있다. 그러나 인간뿐 아니라 다른 자연적 생명체 역시 자연
의 목적이 아닐까?

다. 이때는 "먹이가 풍부하고 인간이 거주하지 않은 광활한 대지가
있었기 때문에"[11] 서로 다툴 필요가 없는 "안락과 평화의 시기"가
유지되었다.

　그러다가 대지와 먹을 것의 제한성으로 인해 더 이상 수렵과 목
축으로 생계가 유지되지 않는 상태가 되면, 먹을 것을 얻기 위해서
스스로 씨를 뿌리고 모종을 하고 곡식을 가꾸는 등 힘든 노동을 해
야 하는 '경작생활'의 단계가 시작된다. 이 때에는 일체를 자신의 노
동의 결과로 얻게 되므로 노동의 결과에 대해 자기 소유를 주장하
게 되는데, 이러한 소유의 주장은 경작물에 대해서뿐 아니라 경작
대지에 대해서까지도 행해진다. "일정한 거주장소와 대지를 소유해
야 하고 그것을 보호할 힘도 가지고 있어야"[12] 하는 것이다. 이처럼
배타적 소유의식이 생겨나고 그걸 지키기 위한 힘을 기르다 보면
결국 불화가 등장하게 되며, 따라서 경작시기는 "노동과 불화의 시
기"가 된다.

　그런데 경작시기에도 아직 목축하는 자들이 존재하며 목축자는
농부의 경작의 결실인 농작물을 거리낌 없이 취하고자 하므로, 경
작자들은 힘을 합해 목축자들로부터 자신을 지킬 필요성을 느끼게
된다. 그렇게 해서 경작자들이 집단적으로 모여 자신을 방어하는
마을을 형성하게 되는데, 이로써 '마을생활'이라는 세 번째 단계가
시작된다. 많은 사람들이 함께 모여 삶으로써 생활필수품을 서로
교환하게 되고, 기술과 오락 등이 발생하게 되어 문화가 형성된다.
이 단계에서 비로소 법에 따르는 **시민사회**가 형성되기 시작한다.

---

11) 《추측해 본 인류 역사의 기원》, 역사의 종말(VIII, 118면).
12) 《추측해 본 인류 역사의 기원》, 역사의 종말(VIII, 118면).

무엇보다도 가장 중요한 것은 시민적 정치 체제와 공적인 정의에 관한 장치가 갖추어지기 시작한다는 것이다. 폭력행위에 대한 보복행위는 이제 더 이상 야만 상태에서와 같이 개별적으로 행해지지 않게 되며, 전체의 통일을 유지하는 법적 힘에 의지하게 된다. 이것이 바로 행정력이며, 어떤 힘도 그 위에 군림할 수는 없게 된다.[13]

법과 행정력에 의거하여 유지되는 사회가 바로 시민사회이다. 이때부터 인간의 소유가 법적으로 지켜지게 되며, 따라서 소유에서 비롯되는 "인간의 불평등"이 시작된다. 그러나 칸트에 따르면 불평등과 긴장과 투쟁, 한마디로 인간의 반사회성은 오히려 사회 구성원들을 서로 비교하고 경쟁하게 하여 결국 자신의 미래를 현재 상태보다 더 나은 상태로 만들고자 끊임없이 노력하게 한다는 점에서 필요한 것이다. 그런 긴장과 갈등으로부터 모든 기술, 특히 "사회성과 시민생활의 안전에 관한 기술"[14]이 발전하게 된다는 것이다.

개인과 개인 사이에 긴장과 갈등이 있어야만 개인이 더 나아지고 따라서 국가도 더 나아지게 되는 것처럼 칸트는 국가와 국가 사이에도 긴장과 갈등이 있어야만 국가의 발전이 있게 된다고 주장한다. 따라서 전쟁은 그로 인해 "자유가 침해받고 개인을 위한 국가적 차원의 보살핌은 가혹하고 혹독한 수탈로 바뀌게" 되어 그 자체로는 악이지만, 그럼에도 불구하고 "전쟁은 인류문화를 계속 진보하게 하기 위한 불가결한 수단"[15]이라고 주장된다. 외부로부터의 위협이 있어야만, 자기 자신을 보호하고 강화하기 위해 보다 나은 상

13) 《추측해 본 인류 역사의 기원》, 역사의 종말(VIII, 119면).
14) 《추측해 본 인류 역사의 기원》, 역사의 종말(VIII, 119면).
15) 《추측해 본 인류 역사의 기원》, 결론의 주석(VIII, 121면).

태로 나아가려는 노력을 하게 된다고 보기 때문이다.

> 여러 민족들이 하나의 집단을 이루고 아무런 외부의 위협을 받지 않
> 게 된다면, 그것은 문화적 진보의 장애이며 치유할 수 없는 타락으
> 로의 몰입을 뜻하게 된다.[16]

전쟁의 위협 앞에서 다른 나라로부터 자신을 지키기 위해서는, 즉 전쟁에서 이기기 위해서는 나라가 부강해야 하는데, 칸트에 따르면 한 나라의 부는 시민들의 자유로운 활동을 통해서만 가능하다. 그러므로 어떤 경우에도 결국 자유는 부정될 수 없는 것이다.

이렇게 해서 칸트는 개인 간의 관계에서나 국가 간의 관계에서나 모두 적절한 긴장과 갈등 나아가 전쟁의 위협조차도 보다 나은 발전을 위해 필요하다고 주장한다. 자유는 자유의 위협이 있을 때에만 비로소 그에 굴하지 않는 자유로서 드러난다는 것이 칸트의 통찰이다. 사람들이 평화로운 낙원 상태에 머물러 있었다면, 인류의 발전이 있을 수 없었을 것이며, 국가들 간의 관계도 단지 안정된 평화로운 상태에만 머물러 있었다면, 국가 간의 갈등과 긴장에서 비롯되는 발전도 없었을 것이라고 주장한다. 결국 인간의 사회는 인간 본성의 반사회성에 기반하고 있다고 보는 것이다. 그렇다면 이와 같은 반사회성에서 비롯되는 인간 사회의 발전이란 궁극적으로 무엇을 의미하는가?

---

16) 《추측해 본 인류 역사의 기원》, 결론의 주석(VIII, 121면). 칸트는 중국이 강력한 적대국을 갖지 않았기에 모든 자유를 상실했다고 주장한다.

3) 인류의 진화

칸트에 따르면 인간의 정치사회가 그렇듯 인류의 역사도 결국은 인간의 반목 투쟁하는 반사회성에 기반하여 앞으로 전진해가는 것이다. 인류의 역사는 인간의 자유로서의 주체적 자각에서 비롯되는 것이지만, 그 자유의 실현은 현상세계에서 이루어지는 것이기에 언제나 갈등과 투쟁이 있기 때문이다. 그럼에도 불구하고 그런 과정을 통해 인류가 발전한다는 것은 곧 현상세계의 질서가 인간 자유의 실현의 장에 합당하게 발전해간다는 것을 뜻한다. 인류의 역사는 개별적으로 보면 선에서 악으로 나아가는 것 같은 시기도 없지 않지만, 그 과정도 인류 전체의 관점에서 다시 조망하면 악은 다시 선을 향해 나아가는 촉매가 된다는 것이다. 그러므로 칸트는 전체적으로 보았을 때 인류는 발전하는 것이라고 주장한다.

> 인간사 전체의 과정은 선으로부터 악으로 타락해가는 것이 아니라, 오히려 나쁜 것에서부터 나은 것으로 서서히 발전해가는 것이다. 자연은 모든 사람에게 각자 힘이 닿는 한 이러한 진보를 위해 기여할 사명을 부여하였다.[17]

칸트에 따르면 자연이 이룩하고자 하는 것은 인간이 자신의 자연적 소질을 모두 계발하는 것이다. 인간의 소질이 모두 계발되어 자연의 현상세계가 자유에 합당한 상태로 되는 것, 달리 말해 자유의 기술에 따라 다스려지는 사회가 곧 자연이 되는 것, 그리하여 결국

---

17) 《추측해 본 인류 역사의 기원》, 결론의 주석(VIII, 123면).

자연과 자유가 합치하게 되는 것이다.

> 완전한 기술이 다시 자연이 되는 상태가 바로 인류의 도덕적인 궁극
> 목적이다.[18]

 인류의 진보는 개체적 인간의 개별적 행위를 통해 이룩되는 것이
지만, 그러나 그러한 인류의 진보는 칸트에 따르면 인간 개인의 차
원에서가 아니라 오직 인간류(類)의 차원에서만 논할 수 있다. 그는
자연 안의 이성의 계획은 인간 개인을 위한 것이라기보다는 인간류
로서의 인류 전체의 관점에서만 발견될 수 있다고 강조한다.

> 인간에게 있어서 그의 이성의 사용을 지향하는 자연적 소질은 개인
> 에서가 아니라 유(類)에 있어서만 완전하게 계발될 수 있다.[19]

> 인간이 자신의 자유를 사용할 때, 단지 자기 자신만을 생각하는 개인
> 에게는 이러한 변화[자연에서 자유에로의 변화]는 손실이었다. 그러나
> 그의 목적을 인류에 두고 있는 자연에서는 그것은 이익이었다.[20]

 그러나 여기서 칸트가 말하는 인류의 발전이란 인간이 서로 견제
하면서 시민사회를 형성해나간다는 경험적 차원에서의 발전을 의미
할 뿐이지 개인의 도덕성의 발전이나 개인적인 삶의 발전을 뜻하는
것은 아니다. 결국 인류의 발전이 의미하는 것은 도덕성의 증대라기

---

18)《추측해 본 인류 역사의 기원》, 역사의 종말(VIII, 120면).
19)《세계 시민적 관점에서 본 보편사의 이념》, 제2명제(VIII, 18면).
20)《추측해 본 인류 역사의 기원》, 주석(VIII, 115면).

보다는 오히려 현상세계의 질서로서의 합법성의 증가일 뿐이다.

> 보다 나은 것으로의 진보가 인류에게 가져오는 이익은 무엇인가? 그
> 것은 심성 속에서 증대하는 도덕성의 양이 아니라, 어떤 동기에서 비
> 롯되든지 간에 의무에 충실한 행위 속에 존재하는 합법성의 산물이
> 증가한다는 것이다.[21]

그렇다면 합법성의 산물이 증가한다는 것은 무엇을 뜻하는가?
인류가 나아가게 될 발전된 양태에 대해 칸트는 다음과 같이 서술
한다.

> 강자의 무력 행사는 점점 줄어들고 법칙에의 복종이 증가하게 될 것
> 이다. 한편으로는 명예욕에 의해서 또 다른 한편으로는 자기 이익에
> 대한 올바른 이해에 의해서 국가에 있어 더 많은 선행과 약속에 대한
> 신뢰가 생겨나게 되며, 소송의 싸움은 줄어들 것이다. 그리고 이러한
> 현상은 마침내 국가들의 대외적인 상호 관계에까지 확장되어 우리는
> 세계 시민사회의 실현을 향해 한발짝 더 다가가게 될 것이다.[22]

이처럼 시민사회 안에서 인류가 이룩하는 진보는 경험적 차원에
서의 합법성의 진보이지 개인에게서의 도덕성의 진보가 아니다. 역
사의 발전을 통해 증대하는 것은 오직 현상세계의 질서인 합법성일
뿐인 것이다. 합법적 질서가 증대된 사회 속에서 인간이 자신의 도

---

21) 《다시 제기된 문제: 인류는 보다 나은 상태를 향해 계속 진보하고 있는가?》
   (129면).
22) 《추측해 본 인류 역사의 기원》, 주석(VIII, 115면).

덕성을 얼마만큼 자각하고 실현시켜나가는가 하는 것은 사회 전체
나 인류 전체의 차원에서 결정되는 것이 아니라, 각 개인의 의지와
자유에 맡겨진 일이기 때문이다.

> 인류의 도덕적 기초는 조금도 증대되지 않았다고 말할 수 있다. 그러
> 기 위해서는 일종의 새로운 창조가 요구될 것이다. 우리는 보다 나은
> 것을 향한 인간의 진보에 관해 너무 많은 것을 기대해서는 안 된다.[23]

　인류의 발전 방식에 대해 칸트는 혁명보다는 개혁을 통한 점진적
진보를 추구하며, 그것도 아래로부터 위로의 개혁보다는 위로부터
아래로 향하는 개혁을 기대한다. 위로부터의 교육과 계몽에 기대를
거는 것은 그가 계몽주의시대의 사상가로서 인간 본성과 인류의 미
래에 대해 낙관적 견해를 갖고 있기 때문이라고 말할 수 있다.

---

23) 《다시 제기된 문제: 인류는 보다 나은 상태를 향해 계속 진보하고 있는가?》
　　(129면).

결론: 칸트와 독일관념론

1. 칸트의 초월철학

1) 초월철학의 의미

(1) 세계의 현상성: 시간의 관념성

칸트 철학의 특징은 코페르니쿠스적 전회가 보여주는 주체적 사유에 놓여 있다. 그에 따르면 인식과 존재를 매개하는 기준, 진리의 기준, 현상 구성의 근거 등은 모두 인식주관인 인간 안에 놓여 있다. 우리가 인식하는 대상세계는 우리 자신에 의해 인식가능한 구조로 형성된 것, 그려진 것, 제약된 것이다. 우리의 대상인식의 조건이 곧 인식대상세계의 존재의 조건인 것이다. 이는 다음과 같이 정리될 수 있다.

무제약자	제약	제약된 것
인식주체	인식의 형식 시간+범주 (인식조건/존재조건)	인식대상
초감성적	비감성적	감성적
광원/빛	빛의 분산	색

  그러나 이것을 단순히 인간중심주의나 인간만능주의의 선포로 읽는다거나 인간을 신격화하는 과대망상의 표현으로 해석하는 것은 칸트 철학의 핵심과 깊이를 놓친 것이라고 본다. 인간이 보고 인식하는 것은 단지 인간 자신이 그린 것이고 인간 자신이 만든 것이며 따라서 인간에게만 그렇게 존재하는 것일 뿐인 현상이라는 주장은 오히려 인간 인식의 한계에 대한 철저한 자기자각을 포함하고 있다. 이는 곧 인간이 보고 알게 되는 이 세계를 마치 절대적인 객관세계인 듯 여기지 말라는 것, 인간이 인식하는 수학적 원리나 자연과학적 원리들을 마치 절대적인 신적 진리인 듯 착각하지 말라는 것을 의미한다. 이는 곧 절대적인 것은 인간이 객관화해서 대상으로 인식할 수 있는 것이 아니라는 통찰을 담고 있다.

  이 세계가 인간이 그린 세계라는 것은 이 세계가 꿈과 다르지 않음을 말해준다. 따라서 이 세계 속의 나 역시 꿈속의 나일 뿐이다. 내가 본 나와 내가 본 세계가 꿈과 같다는 자각은 꿈 너머의 것을 묻게 한다. 문제는 그 실재를 꿈 안에서 아무리 찾아도 발견할 수 없다는 것이다. 오히려 꿈꾸는 의식이 꿈에서 깨어나야, 그 때 비로소 실재를 접하게 된다. 꿈꾸는 의식은 꿈속의 나의 의식과는 구분된다. 꿈속의 나는 꿈속의 너나 꿈속의 세계와 구분되지만, 꿈꾸는 의식은 나와 너, 나와 세계를 포괄하는 초월적이고 보편적인 의식이다.

(2) 자아의 초월성: 자유의 실재성

인간주체가 현상세계의 이론적 인식에 있어 그 궁극적인 가능근거일 수 있는 것은 인간이 단지 현상세계에 국한된 제약된 존재가 아니라, 현상을 넘어서는 초월적 존재이기 때문이다. 인간의 개체적 특징은 현상적 차원에서 성립하며, 초월적 측면에서 인간은 사적 차별성을 넘어서는 보편성을 지닌다. 따라서 이런 초월적인 면을 '초월적 자아', '초월적 통각', '의식일반' 또는 '순수 자아'라고 부른다.

초월적 자아는 현상세계의 자연필연성을 넘어서는 초월적 자유를 본질로 한다. 현상적으로 규정되거나 제약되지 않는 이 초월적 자유가 인간 각자에게서 현상으로부터 독립적인 '나는 나다'라는 자기의식을 가능하게 한다. 이러한 현상으로부터의 독립성, 자율성이 실천적 자유로 의식되며, 바로 이것이 도덕의 근거로서의 자유의지가 된다. 따라서 초월적 자아는 이론적 인식근거이면서 동시에 실천적 도덕의 근거이기도 하다. 즉 인식주체로서의 이론이성인 오성이 보편성을 갖듯, 실천주체로서의 실천이성인 의지도 보편성을 갖는다. 오성의 보편성이 그 형식으로부터 현상세계의 원칙들을 제공하듯이, 의지의 보편성은 의지의 형식으로부터 도덕원칙을 제공한다.

그렇다면 거기에서 남겨지는 형식적이지 않은 내용, 보편적이지 않은 특수한 것은 무엇인가? 그것은 우리에게 감성적으로 주어지는 것이며, 이론이성이나 실천이성, 오성이나 의지에 의해 규정되지 않고 남겨지는 비규정적인 것이다. 그것은 인간의 감성에 주어지며, 인간은 그것들에 대해 느낌을 갖게 된다. 그런데 인간의 느낌, 감정에도 보편적 형식이 있다. 그것이 현상세계에 대한 미적 판단을 가능하게 한다.

　이성과 의지와 감정에 있어 그 형식은 보편성을 지니며, 그런 보편성을 갖는 주체는 개체적이고 사적인 존재가 아니라, 현상초월적인 보편적 주체이다. 현상세계에 대한 이론적 인식, 도덕적 판단, 미적 판단 등은 모두 이 보편적인 초월적 주체에 의해 가능한 것이다. 칸트는 인간 주체가 경험주의자가 말하는 대로 빈 종이와 같은 무형식의 존재가 아니라, 초월적 형식을 지닌 보편적 주체라는 것, 그 순수 자아의 보편성에 근거해서 보편적 인식, 보편적 도덕, 보편적 미학이 가능하다는 것을 논증한 것이다.

2) 칸트 철학에서 남는 문제

　인간의 인식형식이나 의지형식 나아가 감성형식에 있어서의 보편성을 통해 인식과 도덕과 미학의 보편성을 확보하려 한 것이 칸트 초월철학의 공로이다. 그렇다면 그런 것들을 기초짓는 초월적 순수 자아는 어떤 존재인가?

　그것은 칸트 철학에서 규정될 수 없고 인식될 수 없는 것으로 남는다. 그것은 현상의 근거이지만 그 자체가 현상이 아니며, 따라서 일체의 보편타당한 인식의 근거이지만 그 자체는 인식되지 않는 것이다. 또 그것은 의지의 자유로서 도덕판단의 근거이지만 그 자체 안에 자신의 자유를 부정하고 전도시킬 수 있는 근본악이 도사리고 있으므로 절대적 자유도 아니다.

　'인간이 인식할 수 있는 것은 현상이지 물자체가 아니다'라는 말을 통해 인식불가능한 것으로서 남겨지는 물자체는 바로 무제약자로서의 초월적 자아이다. 자아는 단지 '나는 나다'라는 자기의식으로서 의식될 뿐, 그 구체적 내용이 규정되지 않으므로 인식될 수가 없는 것이다. 물론 자아에 대해 우리는 많은 것을 안다. 그러나 우리가 자아에 대해 아는 것은 모두 자아가 자기 자신을 대상화하여 인식한 것이며, 따라서 이는 모두 현상으로서의 자아에 대한 인식이지, 그렇게 현상을 인식하는 인식주체 자체, 즉 초월적 자아에 대한 인식은 아니다. 현상세계를 보고 인식하는 자아는 그렇게 세계를 보고 알지만 막상 세계를 보는 자기 자신에 대해서는 알지 못하는 것이다. 세계를 보는 눈은 자기 자신은 볼 수 없고, 세계를 아는 자아는 자기 자신은 알 수 없다는 것이다.

　칸트가 이렇게 자기 자신을 알 수 없는 존재로 남겨놓은 것은 기본적으로 기독교적 인간관이 전제되기 때문이라고 볼 수 있다. 즉 인간은 현상세계를 인간 나름의 방식으로 그 형식에 따라 구성하므로 그렇게 구성된 현상에 대해서는 인식할 수 있다. 그런데 그렇게 현상세계를 아는 자기 자신은 신이 만든 존재이다. 그러니 인간이 어떻게 인간 자신을 알 수 있겠는가? 인간을 아는 자는 신이다. 인간은 신이 아니므로, 인간 자신을 알 수 없다는 것이다. 인간은 인간 자신에 의해서 객관화된 현상에 대해서 '현상지'는 갖지만, 주객으로 이원화되기 전의 인간 자체, 주객미분의 실재에 대해 '절대지'는 갖지 못한다. 인간은 분별지만을 가질 뿐이다. 인간은 그 스스로 분별한 것, 즉 현상에 대해서만 객관적 인식을 가질 수 있다는 것이 칸트의 기본 생각이다.

2. 피히테의 절대자아의 철학

칸트에 따르면 인간은 그 자신의 선험적 조건들에 따라 현상을 구성하며 또 그렇게 구성된 현상세계에 대해 선험적 인식을 가진다. 그리고 그와 같이 현상세계의 인식조건이며 동시에 존재조건이 되는 초월적 주체는 대상적 현상성을 넘어서는 무제약적 존재이며 자유의 존재이다. 피히테는 바로 이러한 초월적 주체의 무제약성과 자율성을 초월철학의 핵심으로 파악하며, 자신이 칸트 초월철학의 그 근본정신을 보다 철저화하여 '지식론'으로 완성하였다고 주장한다.

> 비판철학의 본질은 바로 절대적 자아가 단적으로 무제약적이며 어떠한 상위의 것에 의해서도 규정될 수 없는 것으로서 설정된다는 데에 있다. 그리고 그 철학이 이 원칙으로부터 일관성 있게 전개되면 그것은 곧 지식론이 된다.[1]

그러나 그 무제약적인 '초월적 자아'에 대해 칸트는 그것이 현상이 아니기에 인식할 수 없는 것이라고 주장하는 데 반해, 피히테는 오히려 초월적 자아의 자기인식이 모든 학문의 가장 기초가 된다고 주장한다. 초월적 자아의 의식의 통일성과 보편성에 근거해서 현상세계에 대한 보편타당한 인식을 가질 수 있는데, 그 현상세계에 대한 인식은 인정하고, 그 인식의 근거가 되는 자아에 대한 인식은 부정하는 것은 말이 맞지 않는다고 보기 때문이다. 내가 대상화된 현상세계를 인식할 수 있고, 또 그런 대상적 인식이 보편타당성을 가

---

[1] 피히테, 《전체 지식론의 기초》, 한자경 역, 서광사, 1996, 47면.

질 수 있는 것이라면, 거기에는 이미 인식주체인 나 자신에 대한 인식의 확실성이 전제된 것이 아니겠는가? 거울 속에 투사된 나를 그것이 바로 나 자신이기에 내가 분명히 인식할 수 있는 것이라면, 그것은 내가 거울이 없이도 나를 나로서 분명히 인식하고 있기 때문이 아니겠는가? 반성적 자기의식에 앞서 직접적 자기의식이 있어야 하지 않겠는가? 내가 세계 안에 집어넣은 것을 확실히 안다는 것은 그에 앞서 그렇게 집어넣는 나를 더 확실히 알고 있기 때문이 아닌가? 그러므로 대상세계를 구성하는 최종 근거로서의 초월적 자아의 자기인식이 가장 확실한 앎, 학문의 제 일원리가 되어야 한다는 것이 피히테의 기본통찰이다.

　칸트가 현상 너머의 초월적 자아를 인식할 수 없다고 생각한 것은 그가 당시 경험주의적 사유에 따라 인간에게 가능한 직관은 오직 감성적 직관일 뿐이라고 여겼기 때문이다. 즉 칸트는 '감성적 직관'만을 인정하고 '지적 직관'을 부정한다. 이에 반해 피히테는 인간이 자기 자신에 대한 지적 직관을 가지고 있다고 본다. 지적 직관은 사태를 대상화시킴이 없이 그 자체로서 직접 포착하는 정신활동이다. 따라서 지적 직관에서는 주체와 객체, 보는 자와 보여지는 자가 감성적 직관에서처럼 이원화되고 대상화되지 않는다. 초월적 자아는 '나는 나다'라는 직접적 자기의식 속에서 자기 자신을 직관한다.

> 단지 내가 존재함으로써 직접적으로 알게 되는 것이 바로 나이다. 나는 그것을 직접적으로 안다. 여기에서는 주체와 객체 사이에 어떠한 끈도 필요하지 않다. 나 자신의 본질이 곧 이 끈이다. 나는 주체이며 동시에 객체이다. 그리고 이 주체-객체성, 앎의 자기 자신에로의 귀환이 곧 내가 자아라는 개념으로서 지시하는 것이다. … 주체와 객체

의 동일성이 곧 지성으로서의 나의 본질이다.[2]

존재와 인식이 구분되지 않는 주객의 절대적 동일성으로서의 '나는 나다'의 명제를 피히테는 어떤 방식으로 확립하는가? '나는 나다'는 형식적으로 보면 '책상은 책상이다', 'A는 A이다'와 마찬가지이다. 우리는 후자를 형식논리의 기본법칙인 동일률로 간주한다. 이는 사유의 법칙이면서 동시에 그 사유를 통해 인식되는 존재 자체의 법칙이다. 즉 우리는 암암리에 인식의 논리가 존재에 그대로 적용된다는 의미에서 인식과 존재가 구분되지 않는 접점을 설정하고 있는 것이다. 그런데 그 동일성은 책상이나 A에서 성립하는 것이 아니라, 바로 그런 것들을 인식하는 자아에서 성립한다. 즉 자아에 있어서는 인식이 존재와 구분되지 않는다. 나의 존재는 나의 의식활동을 떠나 있지 않으며, '나는 나다'라는 의식활동 자체가 그 자신의 존재를 정립한다. 이러한 자아의 의식의 활동성을 피히테는 존재사실(Tat)과 인식행위(Handlung)가 하나인 '사행'(Tathandlung)이라고 부른다. 이는 곧 인식과 존재의 동일 지평을 형성하는 근원적 자아의 **자기정립**의 활동성으로서 모든 학문의 제1원리가 된다.

> 자아의 자기 자신에 의한 정립은 자아의 순수 활동성이다. 자아는 자기 자신을 정립한다. 그리고 자아는 자기 자신에 의한 단순한 정립에 의해 존재한다.[3]

---

2) 피히테, 《인간의 사명》, 한자경 역, 서광사, 1996, 89면.
3) 피히테, 《전체 지식론의 기초》, 21면.

이처럼 절대적으로 정립된 자아 이외의 일체의 다른 존재는 모두 자아의 자기 정립의 기반 위에, 그 자아 아닌 것으로서 정립된 것이다. 즉 다른 것들은 자아 안에 자아 아닌 **비아로서** 반정립된다. 이것이 바로 '자아가 자신 안에 비아를 반정립한다'는 반정립의 명제로서 학문의 제2원리가 된다.

비아가 자아에 단적으로 대립된다.[4]

자아에 의해 자아 아닌 것으로서 반정립된 비아는 바로 자아에 의해 보여지는 세계인 현상세계이다. 이렇게 자아가 자신 안에 비아를 반정립하면, 그렇게 해서 자아는 가분적 자아와 가분적 비아로 이분된다. 가분적 자아는 가분적 비아가 아닌 것으로서 현상적 자아에 해당한다. 세계와 대면하여 세계의 상대가 되는 현상적 자아와 그 자아에 대면하여 자아의 상대가 되는 세계, 그 둘이 현상적 자아와 현상적 세계, 정신과 물질, 심리와 물리, 정신과 자연의 이분적 세계이다. 이와 같이 절대적 자기정립의 자아에 의해 그 자신 안에 비아가 반정립되면, 결국 절대 자아 안에 **가분적 자아와 가분적 비아의 대립**이 발생하게 되는데, 이것이 학문의 제3원리이다.

자아는 자아 안에서 가분적 자아에 대해 가분적 비아를 대립시킨다.[5]

현상세계는 결국 가분적 자아와 가분적 비아의 상대적이고 대립

---

4) 피히테, 《전체 지식론의 기초》, 31면.
5) 피히테, 《전체 지식론의 기초》, 38면.

적인 관계 속에서 전개된다. 그리하여 인간의 역사는 자아와 비아와의 투쟁이 된다. 가분적 자아가 비아에 의해 규정되는 것이 인식이고, 가분적 자아가 비아를 규정하는 것이 실천이다. 즉 '자아는 가분적 자아를 비아에 의해 규정된 것으로서 정립한다'가 인식과정이고, '자아는 가분적 자아를 비아를 규정하는 것으로서 정립한다'가 실천과정이다. 이상 과정을 도표화하면 다음과 같다.

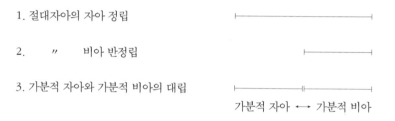

이런 상호 규정의 투쟁관계를 거쳐 정신이 지향하는 바는 절대자아가 가분적 자아를 자아 자신으로 회복시키는 것이다. 즉 자아가 비아를, 정신이 자연을 규정함으로써 자연을 정신화하는 것이다. 이는 곧 자아가 더 이상 자연에 의해 규정되는 수동적 상태에 머무르지 않고, 능동적 활동성으로 회복된다는 것을 의미한다. 비아는 결국 자아에 의해 부정되고 가분적 자아가 절대자아에 점차 접근해가야 하는 것이다.

그러나 현상을 넘어서는 무제약자인 능동적 활동성의 주체는 정말로 오직 자기의식 또는 초월적 자아일 뿐인가? 오직 인간만이 초월적 주체이며, 자연은 단지 제약된 현상에 지나지 않는가? 이처럼 자연을 자아와의 투쟁을 거쳐 극복되고 무화되어야 할 비아로 간주하는 것이 과연 올바른 통찰인가?

3. 쉘링의 동일철학

쉘링은 자연 역시 수동적으로 규정되는 시공간적 현상에 그치는
것이 아니라, 능동적 활동성의 존재임을 강조한다. 스피노자가 자
연을 능산적 자연과 소산적 자연으로 구분하면서 시공간적 현상으
로서의 자연물(소산적 자연)에 대해 그런 자연물을 현상으로서 존재
하게끔 하는 능동적 활동성(능산적 자연)이 자연의 근원적 존재임을
밝혔듯이, 쉘링 역시 자연의 내적 활동성을 강조한다. 그렇게 함으
로써 자연 자체도 피히테 철학에서 자아가 갖는 만큼의 근원적 활
동성의 주체로 확립하고자 하는 것이다.

피히테에서 절대자아가 비아의 반정립을 통해 가분적 자아와 가
분적 비아로 이분되듯이, 쉘링은 자연의 근원적 활동성을 양극적인
대립적 힘이라고 본다. 자연은 무한한 생산적 활동성의 힘과 그 무
한한 활동성을 저지하는 힘이라는 이원성을 가진다는 것이다.

> 자연은 절대적 활동성이며, 그 활동성은 무한히 저지되는 것으로 나
> 타나야만 한다. … 자연 안에는 근원적인 이원성이 단적으로 전제되
> 어야 한다. 왜냐하면 이원성만이 오직 그 아래에서 무한자가 유한하
> 게 서술될 수 있는 조건, 즉 비로소 자연을 가능하게 하는 조건이기
> 때문이다. 자연 자체 안의 이 근원적인 대립을 통해 비로소 자연은
> 본래 그 자체 안에서 완전하고 결정적인 것이 된다.[6]

무한한 활동성을 저지하여 현상으로 드러난 것이 소위 자연이지

---

6) 쉘링,《자연철학의 이념》, 한자경 역, 서광사, 1999, 125~126면.

만, 이는 그 자체 안의 무한한 활동성이 저지받아 드러난 '가상생산물'일 뿐이다. 자연 자체는 끊임없이 그 저지를 넘어서서 자신을 전개하는 무한한 활동성이다.

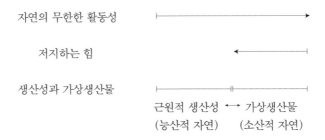

자연이 피히테에서는 자아의 무한한 활동성의 저지, 자아의 유한화 결과로 이해되었다면, 쉘링은 그것이 자아의 활동성의 저지가 아니라, 자연 자체의 활동성의 저지로 본다. 그러나 이는 다시 자아와 자연을 각각 구별되는 두 무한성으로 설정하는 것이 아니라, 오히려 자연 자체 안에 자아의 활동성과 동일한 활동성이 존재한다는 것, 따라서 자아와 자연이 근원적으로 동일한 존재라는 것을 의미한다. 말하자면 현상 너머의 무제약자는 자아이고 동시에 자연이며, 정신이고 동시에 물질이라는 것이다. 근원에 있어서는 나와 너, 나와 세계, 자아와 자연이 하나라는 것이다. 따라서 피히테의 구호가 '자아만이 일체다'였다면, 쉘링은 이를 변형하여 '일체가 자아다'라고 말한다.

[진정한 객관적] 관념론을 위해서는 '활동성과 생과 자유만이 진정으로 현실적인 것이다'라고 주장하는 것, 따라서 주관적 관념론이 성립할 수 있다고 주장하는 것만으로는 충분하지 않다. 요구되는 것은 오

히려 그와 반대로 (자연과 사물세계를 포함하는) 모든 현실적인 것이 활동성과 생과 자유를 근거로 가진다는 것을 지시하는 것, 또는 피히테의 표현대로 '오직 자아만이 모든 것'이 아니라 오히려 반대로 '모든 것이 자아'라는 것을 지시하는 것이다.[7]

피히테의 철학에서는 자아만이 일체라고 주장되며 자연이 단지 부정되어야 할 가상으로서 여겨졌다면, 쉘링은 일체가 자아라고 주장함으로써 자연 또한 자아와 다를 바 없는 궁극적 실재성을 가진다는 것을 강조한다.

현상:　　경험적 자아　↔　경험적 현상세계
　　　　　　↑　　　　　　　　↑
근원:　　초월적 자아　＝　자연의 활동성

이처럼 쉘링이 동일철학으로 의도한 바는 '정신과 물질의 근원적 동일성', '자연과 자유의 절대적 통합'이다. 쉘링은 이를 다음과 같은 간략한 명제로 표현한다.

자연은 가시적 정신이며, 정신은 비가시적 자연이다.[8]

쉘링은 이러한 근원적 동일성은 철학적 반성에서 비로소 확보되는 것이 아니라, 오히려 반성 이전에 우리의 일상의식에 이미 전제되어 있다고 주장한다. 쉘링에 따르면 일상적 세계경험에 있어 우

---

7) 쉘링, 《인간 자유의 본질》, 한자경 역, 서광사, 1998, 37~38쪽.
8) 쉘링, 《자연철학의 이념》, 82면.

리의 의식은 주와 객, 표상과 대상이 서로 구분되거나 분리되지 않은 채 하나로 통합되어 있다. 즉 세계의 존재는 그 존재의 직관과 구분되지 않는다.

> 이 물음[외부세계에 대한 인식가능성의 물음]을 묻기 전에는 인간은 (철학적인) 자연상태에 살고 있었다. 그 때 인간은 자신과 자신을 둘러싼 세계와 합일되어 있었다.[9]

이처럼 직접적 확실성의 단계, 즉 반성이나 분리가 시작되기 이전의 합일의 상태를 쉘링은 '철학적 자연상태'라고 부른다. 그러다가 '어떻게 대상의 경험이 가능한가?'라는 철학적 반성의 물음을 물으면서 인간은 이원화를 시작한다. 주체를 객체와 분리하고, 자아를 세계와 분리하며, 표상과 존재를 이원화한다. 쉘링에 따르면 이처럼 반성을 통해 분리를 시작하면서 다시 반성을 통해 그 분리를 넘어서고자 하는 것이 철학인데, 그것은 결국 자연적 통합과 동일성을 상실한 일종의 "정신병"과 유사하다. 철학은 상실한 자연적 통합을 스스로의 반성을 통해, 즉 자유에 의해 다시 회복하고자 하는 것이다.

> 철학은 근원적 분리에서 출발하지만, 이것은 오직 인간 정신 안에 본래 필연적으로 통합되어 있었던 것을 [반성적으로 분리한 후] 자유에 의해 다시 통합시키기 위해서, 즉 그 분리를 영원히 지양하기 위해서일 뿐이다.[10]

---

9) 쉘링, 《자연철학의 이념》, 23면.

그러므로 철학의 시작과 끝은 결국 동일성이다. 사유와 존재, 자아와 세계, 자유와 자연, 정신과 물질이 분리되지 않은 근원적 동일성이 궁극적 실재의 참모습이며, 반성을 통해 그 동일성에 이르고자 하는 것이 철학인 것이다.

4. 헤겔의 절대정신의 철학

헤겔이 보기에 쉘링의 자아와 자연, 정신과 물질, 나와 세계의 동일성의 철학은 근원적 차원에서의 무분별적 동일성만을 강조할 뿐, 현상적으로 드러나는 차별성과 분별을 제대로 설명하지 못하는 문제점을 가진다. 헤겔은 쉘링의 동일성을 모든 차별성을 배제한 무차별적 동일성이라고 비판하며, 이를 깜깜한 밤에 소들을 보면서 모두 검다고 말하는 것과 다를 바 없다고 혹평한다.

헤겔이 밝히고자 하는 것은 근원적인 동일성과 현상적인 비동일적 차별성을 다시 종합하는 것, 즉 "동일성과 비동일성의 동일성"을 확립하는 것이다. 유한과 구분되는 무한의 관점만을 고수하면서 차별성을 넘어선 동일성만을 강조하는 것은 그와 반대로 유한의 관점에 고착되어 동일성을 망각하고 일체의 차별성만을 주장하는 것과 마찬가지로 전체를 놓친 불완전한 논리일 뿐이다. 중요한 것은 동일성과 차이성(비동일성), 무한과 유한, 그 둘 중 어느 하나의 선택이 아니라, 그 둘 간의 관계이기 때문이다. 그래야만 현상과 근거, 유한과 무한의 관계가 하나의 체계로 설명될 수 있는 것이다.

---

10) 쉘링, 《자연철학의 이념》, 26면.

그러므로 헤겔 철학이 기획하는 것은 차별적인 현상지에만 머무르는 것도 아니고, 반대로 무차별적인 절대지에만 머무르는 것도 아니며, 그렇다고 그 둘을 단지 대립적 관계로 놓는 것도 아니다. 오히려 헤겔은 그 둘이 어떤 방식으로 상호 연관되는가를 밝히고자 한다. 그리하여 그는 주관과 객관이 구분되는 분별적 현상지에서부터 출발해서 점차적으로 주객이 일치되는 무분별적 절대지에 이르기까지의 과정을 현상학적으로 서술하고 해명한다. 절대지는 현상지 바깥에 놓여 있는 것이 아니라, 현상지가 가능한 근거를 밝혀가는 과정에서 그 내적 근거로서 드러나게 된다. 무한은 유한 밖에 있는 것이 아니라, 유한 내부의 운동을 통해 자기를 실현해가는 과정적 존재이다.

이와 같이 현상지에서 절대지에 이르는 과정을 영혼의 끊임없는 자기 부정과 자기 극복의 과정, 실망과 좌절의 과정, 그러면서도 절대와 무한에 대한 희망을 갖고 정상을 향해 나아가는 영혼의 경험의 오솔길로 밝혀나가는 것이 바로 헤겔의 《정신현상학》이다. 감각적 확실성에서 지각으로 다시 오성으로 의식의 단계를 밝혀나가고, 그러한 의식작용의 근거로서 다시 자기의식의 작용을 분석하며, 그로부터 다시 자연이나 행위 속에서 자기 자신을 발견하는 이성 활동을 해명한다. 그리고는 역사 안에서 자기를 실현해가는 정신, 현상의 근거인 절대를 대상적으로 표상하는 종교, 다시 그 절대를 자기 자신으로 인식하는 절대지에로 나아가는 과정을 단계적으로 그리고 체계적으로 밝혀나간다.

이렇게 해서 칸트의 초월철학은 피히테와 쉘링을 거쳐 헤겔의 절대정신의 철학으로 전개되면서 서양 형이상학을 완성시킨다. 피히테의 절대자아의 철학(주관적 관념론), 쉘링의 동일철학(객관적 관념

론) 그리고 헤겔의 절대정신의 철학(절대적 관념론)은 모두 칸트가
비판적으로 확립한 초월적 관념론의 핵심을 다시 자아와 자연과 절
대정신의 관점에서 전개한 형이상학 체계라고 말할 수 있다.[11]

---

11) 이상 독일관념론 체계에 대한 간략한 약술은 다음의 글들을 통해 보충될 수 있
   을 것이다.

   - "칸트의 물자체와 독일관념론", 칸트철학회 편, 《칸트와 형이상학》, 민음사,
     1995.
   - "칸트와 피히테에서 대상과 자아", 철학연구회 편, 《철학연구》, 제28집,
     1991.
   - "피히테: 무한과 유한 사이에서 유동하는 자아", 《자아의 연구》, 서광사,
     1997.
   - "쉘링철학에서 자연과 자아", 한국철학회 편, 《철학》, 제56집, 1998.
   - "헤겔: 보편을 실현하는 개체로서의 자아", 《자아의 연구》, 서광사, 1997.
   - "마음의 본성과 견성의 문제: 불교의 공적영지와 견성, 독일관념론의 사행
     과 지적 지관의 비교", 불교학연구회 편, 《불교학 연구》, 제5호, 2002.